Arbeitsrecht

Prüfungswissen
Multiple-Choice-Tests
Klausurfälle

Prof. Dr. Irmgard Küfner-Schmitt

13. Auflage

HAUFE.

Inhalt

Teil 2: Multiple-Choice-Tests und Klausurfälle

Vorwort

Der nunmehr bereits in 13. Auflage vorliegende Taschenguide bietet einen Einstieg in das Arbeitsrecht für Studierende und alle, die über ein arbeitsrechtliches Grundwissen verfügen müssen (z. B. Betriebsräte/innen, Personalsachbearbeiter/innen, Unternehmer/innen). Angefangen von der arbeitsrechtlichen Rechtsquellenlehre, über arbeitsrechtliche Grundbegriffe, werden das Arbeitsverhältnis und die damit verbundenen Rechtsfolgen von seiner Begründung bis zu seiner Beendigung behandelt. Beteiligungsrechte des Betriebsrats bei individuellen Maßnahmen werden integriert. Der klausurrelevante Stoff wird in knapper, übersichtlicher Weise dargestellt. Das Layout des Buches ermöglicht die rasche Orientierung. Zahlreiche Beispiele veranschaulichen den Stoff. Tabellen, Übersichten und Schemata fassen zusammen und verschaffen Überblick. Die 13. Auflage berücksichtigt die aktuelle Rechtsprechung und die Gesetzesänderungen seit der Vorauflage. Alle Entscheidungen sind mit Datum und Aktenzeichen aufgeführt, um die Auffindbarkeit über das Internet zu erleichtern. Die Multiple-Choice-Tests am Ende des Buchs orientieren sich an den einzelnen Kapiteln und ermöglichen ein Überprüfen des Wissens. Klausurfälle mit Lösungsskizzen und ausformulierten Musterlösungen dienen der Vertiefung des Wissens. Die Lösungen sind jeweils im Anschluss an die Aufgaben abgedruckt.

Ich habe versucht, meine jahrelangen Erfahrungen als Hochschullehrerin für Wirtschaftsrecht in den Taschenguide einzubringen. Ich hoffe, Ihnen macht die Arbeit mit dem Taschenguide ebenso viel Freude wie mir. Meinem Mitarbeiter, Herrn Patrick Müller, danke ich für die fachkundige Unterstützung bei der Vorbereitung der Neuauflage.

Kritik und Anregungen nehmen der Verlag und ich gerne entgegen: unter info@haufe.de an die Redaktion oder unter irmgard.kuefner-schmitt@htw-berlin.de direkt an mich.

Berlin, im Februar 2016

Irmgard Küfner-Schmitt

Grundlagen des Arbeitsrechts

Gliederung und Begriff des Arbeitsrechts

Historisch hat sich das Arbeitsrecht entwickelt zum Schutz der abhängigen Arbeitnehmer, deshalb wird es gemeinhin wie folgt definiert:

Das Arbeitsrecht ist das Recht der unselbstständigen Arbeitnehmer.

Das Arbeitsrecht regelt die Rechtsbeziehungen zwischen Arbeitnehmern und Arbeitgebern, das Recht der Koalitionen der Arbeitgeber und Arbeitnehmer (Arbeitgeberverbände, Gewerkschaften) und deren Verhältnis zueinander, die Verpflichtungen des Arbeitgebers zur sicheren Arbeitsplatzgestaltung und das arbeitsgerichtliche Verfahren.

Das Arbeitsrecht gliedert sich damit in **vier Teilbereiche:**

Individualarbeitsrecht	Begründung, Inhalt und Beendigung des Arbeitsverhältnisses, Arbeitnehmerhaftung	BGB und Spezialgesetze, z. B. AGG, NachwG, BUrlG, EFZG, KSchG, ArbZG, TzBfG
Kollektives Arbeitsrecht	Mitbestimmung auf Unternehmensebene, Arbeitskampfrecht, Tarifvertragsrecht, Mitbestimmung im Betrieb	Art. 9 GG, MitbestG, Montan-MitbestG, MitBestErgG, DrittelbeteiligG, TVG, EBRG, BetrVG, SprAuG
Arbeitsschutzrecht	Technischer und sozialer Arbeitsschutz	Zahlr. Einzelgesetze, z. B. ASiG, ArbSchG, JArbSchG, MuSchG,
Arbeitsgerichtliches Verfahren	1. Instanz ArbG 2. Instanz LAG 3. Instanz BAG	ArbGG, ZPO

Gegenstand der Darstellung in diesem Taschenguide ist im Wesentlichen das Individualarbeitsrecht. Die Beteiligungsrechte des Betriebsrats werden bei den jeweiligen individuellen Maßnahmen mit erörtert.

Rechtsquellen des Arbeitsrechts

Das Arbeitsverhältnis wird bestimmt von einer Vielzahl von Rechtsquellen, die dem **Rangprinzip** unterliegen, d. h. die ranghöhere Rechtsquelle geht der rangniedrigeren vor.

- Internationales und supranationales Recht
- Grundgesetz
- Bundes- und Landesgesetze
- Verordnung
- Tarifvertrag
- Betriebsvereinbarung
- Arbeitsvertrag
- Gesamtzusage, betriebliche Übung
- Weisungsrecht

1. Internationales Recht

Hat ein arbeitsrechtlicher Sachverhalt Bezug zu mehreren Staaten, so lässt sich das einschlägige nationale Recht mithilfe von **Kollisionsnormen** ermitteln. Grundsätzlich gilt **Art. 3 Rom I VO**, d. h. der Vertrag unterliegt dem gewählten Recht. **Art. 8 Abs. 1 Rom I VO** enthält jedoch eine Beschränkung für Arbeitsverträge. Die Rechtswahl darf nicht dazu führen, dass dem ArbN der Schutz entzogen wird, der durch die zwingenden Bestimmungen des Rechts gewährt wird, das anzuwenden wäre, wenn keine Rechtswahl stattgefunden hätte. Ohne Rechtswahl ergibt sich das anwendbare Recht aus **Art. 8 Abs. 2–4 Rom I VO.** Anwendbar ist das Recht des Staates, in dem der Arbeitnehmer in Erfüllung des Vertrages seine Arbeit gewöhnlich verrichtet oder in dem sich die Niederlassung befindet, die den ArbN eingestellt hat, sofern der ArbN seine Arbeit gewöhnlich nicht in ein und demselben Staat verrichtet. Ausnahmen aufgrund der Umstände des Einzelfalles ergeben sich dann, wenn ein Arbeitsverhältnis eine engere Bindung zu einem anderen Staat aufweist (BAG v. 24.08.1989 – 2 AZR 3/89 – NZA 1990, 841).

2. Supranationales Recht

Zum Supranationalen Recht gehören neben dem **Europarecht** allgemeine völkerrechtliche Verträge, wie etwa die **Europäische Sozialcharta**, die **Europäische Menschenrechtskonvention** und die Übereinkommen der **International Labour Organisation** (ILO).

Den größten Einfluss auf das nationale Arbeitsrecht hat dabei das **Europarecht**. Zu unterscheiden ist hier zwischen dem primären (Gemeinschaftsverträge) und dem sekundären Gemeinschaftsrecht (Richtlinien und Verordnungen).

Primärrecht

Zum Primärrecht gehört der EU-Vertrag (EUV), der „Vertrag über die Arbeitsweise der Europäischen Union“ (AEUV) und gem. Art. 6 AEUV auch die Charta der Grundrechte.
Der AEUV geht auf den EG-Vertrag zurück, der durch den Vertrag von Lissabon umbenannt wurde in den AEUV. Arbeitsrechtlich wichtige Normen des AEUV sind z. B. Art. 157, der die Entgeltgleichheit von Männern und Frauen regelt, und Art. 45, der die Arbeitnehmerfreizügigkeit innerhalb der Union gewährleistet.
Durch den Vertrag von Lissabon dem Primärrecht gleichgestellt wurde die Charta der Grundrechte der europäischen Union (GRC), die z. B. neben einem Anhörungs- und Unterrichtungsrecht der Arbeitnehmer (Art. 27 GRC) auch das Streikrecht gewährleistet (Art. 28 GRC).

Verordnungen

Gem. Art. 288 II AEUV gehören die Verordnungen zum europäischen Sekundärrecht. Sie haben unmittelbare und zwingende Wirkung und bedürfen keiner Umsetzung in nationales Recht.

Verordnungen berechtigen und verpflichten ArbG und ArbN unmittelbar.

Arbeitsrechtliche Verordnungen gibt es allerdings nur sehr wenige, da in das nationale Arbeitsrecht der Mitgliedstaaten nur mit einer gewissen Zurückhaltung unmittelbar eingegriffen werden soll.

Richtlinien

Großen Einfluss auf das deutsche Arbeitsrecht haben die gem. Art. 288 III AEUV erlassenen Richtlinien. Es sind eine Vielzahl von Richtlinien mit arbeitsrechtlicher Bedeutung erlassen worden.

Beispiele: RL 91/533/EWG Nachweis des Arbeitsvertrages umgesetzt u. a. im NachwG; RL 94/45 EG Europäische Betriebsräte umgesetzt im EBRG; RL 96/71/EG Entsendung von Arbeitnehmern umgesetzt im AEntG; RL 97/81/EG Teilzeitarbeit und RL 1999/70/EG Befristung umgesetzt im TzBfG; RL 77/187/EWG und RL 2001/23/EG Betriebsübergang umgesetzt in § 613a BGB; Auch das Allgemeine Gleichbehandlungsgesetz (AGG) beruht auf vier europäischen Richtlinien, z. B. RL 2000/43/EG Gleichbehandlung wegen Rasse, Herkunft u. a.

Richtlinien sind kein unmittelbar geltendes Recht, sind jedoch hinsichtlich ihrer Ziele verbindlich und verpflichten die Nationalstaaten zur Umsetzung.

Die Richtlinien geben den Nationalstaaten jeweils ein Datum vor, bis zu dem die Ziele der Richtlinie in nationales Recht umgesetzt werden müssen. Innerhalb der Umsetzungsfrist muss der nationale Gesetzgeber prüfen, ob das jeweilige nationale Recht das Ziel der Richtlinie bereits verwirklicht oder ob eine Rechtsanpassung notwendig ist. Innerhalb der Umsetzungsfrist entfaltet die Richtlinie keinerlei Wirkung in den einzelnen Nationalstaaten, allenfalls eine richtlinienkonforme Auslegung bestehenden Rechts kann in Betracht kommen. Es bleibt grundsätzlich den Nationalstaaten überlassen, wie die Ziele der Richtlinie umgesetzt werden.

Wurde die Richtlinie von einem Nationalstaat nicht innerhalb der vorgegebenen Frist umgesetzt, bleibt es grundsätzlich dabei, dass die Richtlinie nicht unmittelbar gilt (Art. 288 III AEUV).

Eine Ausnahme soll nach der Rechtsprechung des EuGH nur dann gelten, wenn eine nicht fristgemäß umgesetzte Richtlinie eine unbedingte und hinreichend bestimmte Klausel enthält, die dem Betroffenen eine entsprechende Rechtsposition gegenüber dem Mitgliedsland einräumt. Dann soll die **Richtlinie ausnahmsweise unmittelbare Wirkung** entfalten und dem einzelnen Bürger gegenüber dem Staat (vertikales Verhältnis) einen eigenen Anspruch gewähren. Im Verhältnis der Bürger zueinander (horizontales Verhältnis) entstehen aber keine Rechte und Pflichten (EuGH Rs. 148/78, Ratti, Slg. 1979, S. 1629; RS. 152/84, Marshall I, Slg. 1986, S. 723). Für das Arbeitsrecht bleibt es daher – abgesehen vom öffentlichen Dienst (EuGH RS C 253/96, Kampelmann, Slg. 1997, 6907) – bei dem Grundsatz, dass Richtlinien keine unmittelbare Wirkung entfalten, sondern zunächst umgesetzt werden müssen. Die Gerichte sind jedoch gehalten, das bestehende nationale Recht so weit möglich richtlinienkonform auszulegen.

Rechtsprechung des EuGH

Richterrecht sollte man grundsätzlich nicht zu den Rechtsquellen zählen. Es kann aber nicht verleugnet werden, dass der Rechtsprechung des EuGH im Arbeitsrecht ein eigener Bedeutungsgehalt zukommt. Grundsätzlich sind die nationalen Gerichte an das Europäische Recht gebunden, nicht jedoch an die Rechtsprechung des EuGH. Eine Bindungswirkung ergibt sich für die Parteien bzw. das vorlegende nationale Gericht nur im konkreten Einzelfall. Rein faktisch orientieren sich aber viele Untergerichte bei ihrer Rechtsfindung an der Rechtsprechung des EuGH.

Von Interesse sind hier immer wieder die **Vorabentscheidungsverfahren** aufgrund Art. 267 AEUV. Danach sind die nationalen Gerichte berechtigt, Verfahren auszusetzen und dem EuGH Fragen zur Entscheidung vorzulegen, wenn es um die Auslegung Europäischen Rechts geht. Die letztinstanzlichen Gerichte sind sogar zur Vorlage verpflichtet. Manche Vorabentscheidungsverfahren haben arbeitsrechtliche Berühmtheit erfahren (z. B. RS Schmidt und Süzen zum Betriebsübergang gem. § 613a BGB oder RS Paletta zur Entgeltfortzahlung oder RS Mangold zur Altersdiskriminierung).

3. Grundgesetz

Das Grundgesetz steht an oberster Stelle der nationalen Rechtsquellen. Es hat somit auch entscheidenden Einfluss auf das Arbeitsrecht. Auf den ersten Blick erkennt man allerdings nur wenige Normen arbeitsrechtlichen Inhalts. Dazu gehören z. B. das **Sozialstaatsprinzip** (Art. 20, 28 GG), die **Kompetenznormen** (Art. 74 Nr. 12, Art. 73 Nr. 8 GG) und Art. 9 Abs. 3 GG, der die **Koalitionsfreiheit** gewährleistet und Basis der gesamten Rechtsprechung zum Arbeitskampfrecht ist.

Darüber hinaus sind die **Grundrechte** bedeutsam. Heute ist herrschende Meinung, dass die Grundrechte – abgesehen von Art. 9 Abs. 3 GG, der unmittelbare Wirkung hat – im Arbeitsrecht nicht direkt anzuwenden sind, sondern nur mittelbar (BVerfG v. 15.01.1958 – 1 BvR 400/51 – BVerfGE 7, 198; BAG GS v. 27.02.1985 – GS 1/84 – NZA 1985, 702).

Die Grundrechte haben mittelbare Drittwirkung und wirken über die Generalklauseln des Zivilrechts (§§ 138, 242, 307, 315 BGB) auch im Arbeitsverhältnis. Art. 9 Abs. 3 GG hat unmittelbare Wirkung.

Im Prinzip können sich alle Grundrechte im Arbeitsverhältnis auswirken. Von besonderer Bedeutung sind aber das allgemeine Persönlichkeitsrecht (Art. 2 Abs. 1 i. V. m. Art. 1 Abs. 1 GG), der **Gleichheitssatz** (Art. 3 GG) und die **Berufsfreiheit** (Art. 12 GG).

Beispiel: ArbG Findig schickt die ArbNin Schlau zu einer Fortbildung und übernimmt die Fortbildungskosten. Gleichzeitig vereinbart er, dass die ArbNin für die nächsten 10 Jahre das Arbeitsverhältnis nicht kündigen darf, sonst muss sie ihm die Fortbildungskosten zurückzahlen. Schlau wird hier in ihrer Berufswahlfreiheit gem. Art. 12 GG beeinträchtigt. Rückzahlungsklauseln müssen deshalb einem zu billigenden Interesse des ArbG entsprechen, und der ArbN muss durch die Ausbildung eine angemessene Gegenleistung erhalten haben, außerdem müssen Bindungsdauer und Rückzahlungshöhe angemessen sein (BAG v. 24.01.1963 – 5 AZR 100/62 – AP Nr. 29 zu Art. 12 GG).

Aus dem allgemeinen **Persönlichkeitsrecht** leitet sich z. B. ein Anspruch des ArbN auf tatsächliche Beschäftigung während des ungekündigten Arbeitsverhältnisses ab (BAG v. 10.11.1955 – 2 AZR 591/54 –, BAGE 2, 221) und das allgemeine Persönlichkeitsrecht des Arbeitnehmers begrenzt das Fragerecht des Arbeitgebers im Einstellungsgespräch (siehe dazu unten: Anbahnungsverhältnis S. 36 ff.).
Art. 9 Abs. 3 GG hat im Gegensatz zu den anderen Grundrechten unmittelbare Wirkung. Abreden und Maßnahmen, die die Koalitionsfreiheit behindern oder beschränken sind nichtig bzw. rechtswidrig. Ein ArbG darf z. B. die Einstellung eines ArbN nicht von dessen Gewerkschaftsaustritt abhängig machen (BAG v. 02.06.1987 – 1 AZR 651/85 –, BAGE 54, 353).

4. Gesetze des Bundes und der Länder

Arbeitsrechtliche Gesetze sind **meist Bundesgesetze**. Länderunterschiedliche Regelungen, die sich auf das Arbeitsrecht auswirken, findet man im Wesentlichen im Bereich des Feiertagsrechts und des Bildungsurlaubsrechts. Dies liegt an Art. 74 Nr. 12 GG, der die Gesetzgebungskompetenz regelt.

Das Arbeitsrecht ist Gegenstand der konkurrierenden Gesetzgebung gem. Art. 74 Nr. 12 GG.

Das Arbeitsrecht gehört damit zu den Kernkompetenzen der konkurrierenden Gesetzgebung gem. Art. 72 Abs. 1 GG, die dadurch gekennzeichnet sind, dass von Bundesgesetzen eine zeitliche und sachliche Sperrwirkung für die Landesgesetzgebung ausgeht. Seit der Föderalismusreform ist daher nicht mehr zu prüfen, ob „die Herstellung gleichwertiger Lebensverhältnisse im Bundesgebiet oder die Wahrung der Rechts- und Wirtschaftseinheit im gesamtstaatlichen Interesse eine arbeitsrechtliche Regelung auf Bundesebene erforderlich macht“ (Art. 72 Abs. 2 GG a. F.). Der verfassungsändernde Gesetzgeber ist vielmehr davon ausgegangen, dass bei diesem Kompetenztitel die Erforderlichkeit einer bundesgesetzlichen Regelung stets zu bejahen ist (Begründung BT-Drs. 16/813, S. 11).

Arbeitsgesetze legen Mindeststandards fest.

Ein **Abweichen** von arbeitsgesetzlichen Regelungen ist grundsätzlich **zugunsten des Arbeitnehmers möglich** (sog. Günstigkeitsprinzip). Zulasten des einzelnen ArbN kann von einem Gesetz nur dann abgewichen werden, wenn das **Gesetz dispositiv** ist. Ob ein Gesetz zwingenden Charakter hat oder dispositiv ist, lässt sich meist dem Gesetz selbst entnehmen (z. B. § 619 BGB) oder muss im Wege der Auslegung ermittelt werden, wobei der Schutzgedanke der Norm bestimmend ist (z. B. sind die Normen des MuSchG zwingend, da hier der Schutz der betreffenden Personen im Vordergrund steht). Hinsichtlich der dispositiven Normen ist zu unterscheiden zwischen **tarifdispositiven Normen und parteidispositiven Normen**. Von tarifdispositiven Normen kann in Tarifverträgen auch zulasten der Arbeitnehmer abgewichen werden

(z. B. können kürzere als die gesetzlichen Kündigungsfristen vereinbart werden, § 622 Abs. 4 BGB). Parteidispositive Normen, von denen auch in Individualarbeitsverträgen zulasten der Arbeitnehmer abgewichen werden kann, sind selten (z. B. § 613, § 616 BGB).
Wird allerdings in einem Tarifvertrag von der Tarifdispositivität Gebrauch gemacht, kann meist auch in Einzelarbeitsverträgen die schlechtere tarifliche Regelung übernommen werden. Durch Einbeziehung des Tarifvertrages in den Individualvertrag wird dem Schutzzweck des Gesetzes Genüge getan, denn die Regelung ist durch die Tarifvertragsparteien zustande gekommen (z. B. § 622 Abs. 4 S. 2 BGB). Das Gleichgewicht der Verhandlungspartner ist damit sichergestellt.

Beispiel: Der Tarifvertrag für das Hotel- und Gaststättengewerbe im Land X sieht vor, dass während einer Probezeit von einem Monat eine Kündigungsfrist von drei Tagen gilt. Diese Regelung weicht von der gesetzlichen Probezeitkündigung des § 622 Abs. 3 BGB zu Lasten des ArbN ab und kann gem. § 622 Abs. 4 Satz 1 BGB nur von den Tarifvertragsparteien vereinbart werden. Im Geltungsbereich des Tarifvertrages können dann aber auch die nicht tarifgebundenen Arbeitsvertragsparteien diese Regelung in den Einzelarbeitsvertrag übernehmen (§ 622 Abs. 4 Satz 2 BGB), sie müssen aber die gesamte Regelung übernehmen und nicht nur Teile davon.

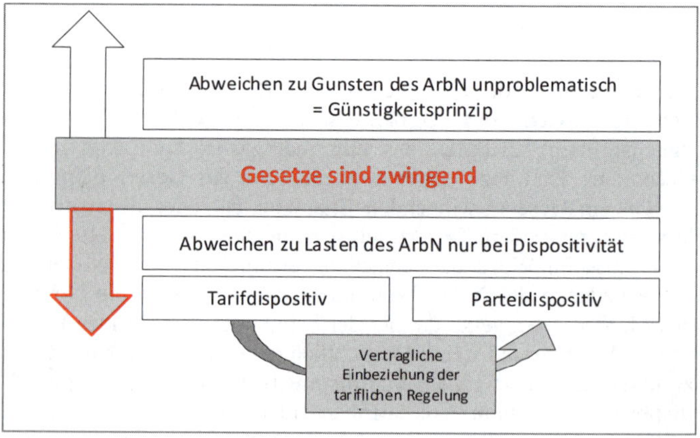

5. Verordnungen

Die Verordnungsebene ist im Arbeitsrecht kaum besetzt. Von Bedeutung ist z. B. die Wahlordnung zur Durchführung des Betriebsverfassungsgesetzes oder die Arbeitsstättenverordnung.

6. Tarifverträge

Tarifverträge haben als Rechtsquellen im Arbeitsrecht erhebliche Bedeutung. Rechtstechnisch handelt es sich beim Tarifvertrag um einen **bürgerlich-rechtlichen Vertrag**, der dem allgemeinen Vertragsrecht des BGB unterliegt. Tarifvertragsparteien sind Gewerkschaften, einzelne Arbeitgeber und Vereinigungen von Arbeitgebern (§ 3 Abs. 1 TVG). Die Koalitionen unterliegen dabei der Voraussetzung der Tariffähigkeit, welche insbesondere Fragen der Organisation, des Aufbaus und der sozialen Mächtigkeit betreffen (siehe hierzu u. a. den Beschluss des BAG zur CGZP v. 14.12.2010 – 1 ABR 19/10 – NZA 2011, 289).

Ein Tarifvertrag gliedert sich in zwei Teile. Es ist zu unterscheiden zwischen dem **normativen** und dem **schuldrechtlichen** Teil des Tarifvertrages.

Der schuldrechtliche Teil bindet im Wesentlichen die Tarifvertragsparteien und kann daher bei der hier überwiegenden Betrachtung des Individualarbeitsrechts weitgehend außer Betracht bleiben. Von großem Einfluss auf die Rechtstellung des einzelnen Arbeitnehmers ist aber der normative Teil.
Der **normative Teil** des Tarifvertrags enthält Rechtsnormen, die den Inhalt, Abschluss und die Beendigung von Arbeitsverhältnissen regeln, sowie betriebliche und betriebsverfassungsrechtliche Normen. Für den ArbN ist vor allen Dingen der normative Teil relevant.

Wirkung der Tarifnormen

Der normative Teil des Tarifvertrages gilt unmittelbar und zwingend zwischen dem tarifgebundenen Arbeitgeber und dem tarifgebundenen Arbeitnehmer (§ 4 Abs. 1 TVG).

Der normative Teil des Tarifvertrages gilt damit wie ein Gesetz im einzelnen Arbeitsverhältnis. Dem ArbN wird sogar die Verfügungsbefugnis über seine tariflichen Rechte entzogen. Ein Verzicht auf tarifliche Rechte ist nach § 4 Abs. 4 TVG nur in einem von den Tarifvertragsparteien gebilligten Vergleich zulässig, die Verwirkung ist ausgeschlossen. Voraussetzung für diese gesetzesgleiche Wirkung ist aber die **beiderseitige Tarifbindung**.

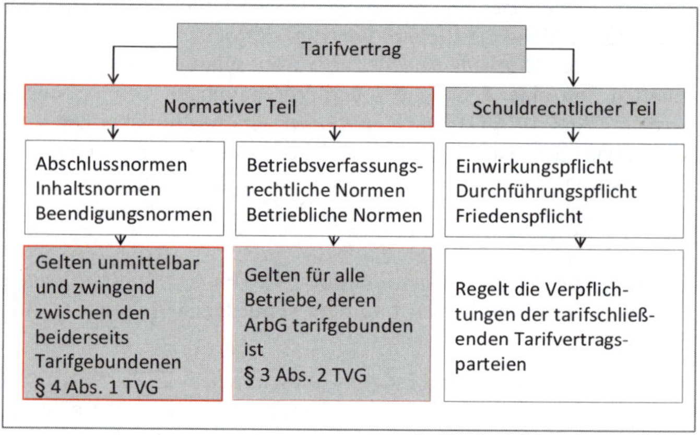

Die **Tarifbindung** regelt § 3 Abs. 1 TVG. Tarifgebunden sind danach die ArbN, die Mitglied der tarifschließenden Gewerkschaft sind und die ArbG, die Mitglied des tarifschließenden Verbandes (Verbandstarif) oder selbst Partei des Tarifvertrages (Firmentarif) sind.

Fehlt auf einer Seite die Tarifbindung, tritt die unmittelbare und zwingende Wirkung nicht ein. Möglich ist in solchen Fällen nur eine **einzelvertragliche Einbeziehung** des Tarifvertrages, die dann allerdings auch nur individualvertragliche Wirkung entfaltet und keine normative. In der Praxis wird von dieser Möglichkeit oft Gebrauch gemacht; nicht tarifgebundenen ArbN wird auf diese Weise auch eine Tariflohnerhöhung zugesichert. Außerdem wird auf diese Weise kein Druck auf die ArbN ausgeübt, der Gewerkschaft beizutreten. Bei lediglich vertraglicher Einbeziehung des Tarifvertrages kann der einzelne ArbN auf die Rechte aus dem TV auch verzichten oder einen Vergleich schließen, ohne hierfür die Billigung der Tarifvertragsparteien zu benötigen (§ 4 Abs. 4 TVG). Bei sog. Betriebsnormen reicht allerdings die Tarifbindung des ArbG, um die normative Wirkung auszulösen (§ 3 Abs. 2 TVG). Bei beiderseitiger Tarifbindung kann die Tarifnorm einzelvertraglich nicht zum Nachteil des Arbeitnehmers unterschritten werden. Gem. § 4 Abs. 3 TVG ist jedoch ein Abweichen zugunsten des ArbN möglich (**Günstigkeitsprinzip**).

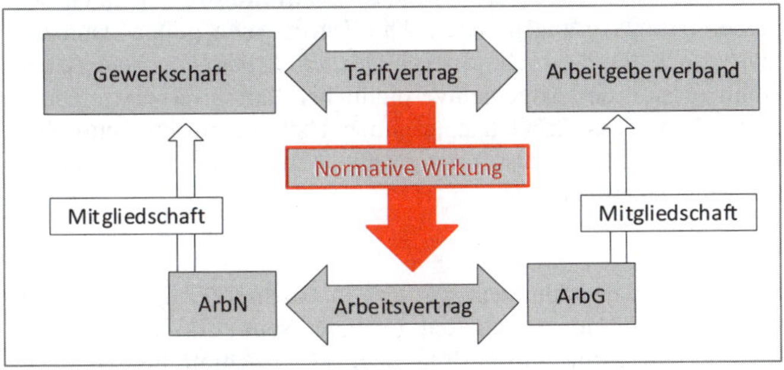

Beispiel: Der Tarifvertrag sieht einen Stundenlohn von 10 € vor. Bei beiderseitiger Tarifbindung ist eine arbeitsvertragliche Vereinbarung, die weniger als 10 € Stundenlohn enthält unzulässig. Verträge, die dem ArbN einen höheren Stundenlohn gewähren, sind jedoch zulässig. Fehlt die Tarifbindung des Arbeitnehmers oder des Arbeitgebers oder von beiden, sind die Arbeitsvertragsparteien nicht an den Tarifvertrag gebunden und können auch untertarifliche Entgeltvereinbarungen treffen.

Neben dem **Günstigkeitsprinzip** kommt ein Abweichen von der zwingenden Wirkung des Tarifvertrages auch dann in Betracht, wenn der Tarifvertrag eine **Öffnungsklausel** gegenüber einer rangniedrigeren Rechtsquelle enthält. In der Regel bestehen Öffnungsklauseln nur zugunsten von Betriebsvereinbarungen. Solche Öffnungsklauseln finden sich häufig im Zusammenhang mit betrieblichen Beschäftigungsbündnissen. Meist stehen hier abweichende betriebliche Regelungen allerdings unter dem Genehmigungsvorbehalt der Gewerkschaften. Öffnungsklauseln, die den Arbeitsvertragsparteien ein Abweichen durch den Arbeitsvertrag erlauben sind selten.

Allgemeinverbindlichkeit

Unter den Voraussetzungen des § 5 TVG besteht die Möglichkeit, dass das Bundesministerium für Arbeit und Soziales einen Tarifvertrag für allgemeinverbindlich erklärt. Die Allgemeinverbindlicherklärung **überwindet die fehlende Tarifbindung** der einen oder beider Arbeitsvertragsparteien. Die Tarifnormen gelten dann normativ auch für die nicht tarifgebundenen Arbeitgeber und Arbeitnehmer. Sinn der Allgemeinverbindlicherklärung ist zum einen zu verhindern, dass ArbG hauptsächlich Nichtorganisierte einstellen, und zum anderen, dass organisierte ArbG Nachteile gegenüber nichtorganisierten haben.

Tarifkollision

Ein Arbeitgeber kann nach § 3 TVG an mehrere Tarifverträge unterschiedlicher Gewerkschaften gebunden sein (z.B. Verbandstarifvertrag und Firmentarifvertrag oder Mehrfachmitgliedschaft des Arbeitgebers). Soweit sich diese Tarifverträge in ihrem Geltungsbereich überschneiden und nicht inhaltsgleich sind, spricht man von kollidierenden Tarifverträgen. Der Gesetzgeber hat hier im Juli 2015 in § 4a TVG eine höchst umstrittene Regelung zur Auflösung der Kollision nach dem Mehrheitsprinzip getroffen. Dem BVerfG liegen bereits fünf Verfassungsbeschwerden gegen diese Regelung vor (Az. 1 BvR 1803, 1707, 1582, 1588, 1571/15). Die Rechtsprechung des BVerfG bleibt deshalb abzuwarten.

7. Betriebsvereinbarung/Betriebsabsprache

Im Betrieb ist der Betriebsrat Verhandlungspartner des Arbeitgebers. Die Regelungsinstrumentarien auf betrieblicher Ebene sind die **Betriebsvereinbarung** und die **Betriebsabsprache** (auch als Regelungsabrede bezeichnet).

Betriebsvereinbarung

Bei der **Betriebsvereinbarung** handelt es sich um einen Vertrag zwischen ArbG und Betriebsrat, der nach den Regeln des BGB zustande kommt. Sie unterliegt gem. § 77 Abs. 2 BetrVG Formvorschriften. Sie ist schriftlich niederzulegen, von beiden Seiten (ArbG und Betriebsratsvorsitzendem) zu unterzeichnen und vom ArbG an geeigneter Stelle im Betrieb auszulegen.

Inhalt der Betriebsvereinbarung

Inhaltlich können Betriebsvereinbarungen über Fragen abgeschlossen werden, die zum Aufgabenbereich des Betriebsrates gehören. Dazu zählen insbesondere soziale Angelegenheiten gem. § 87 BetrVG (z. B. Arbeitszeitregelungen, Urlaubspläne, technische Überwachungseinrichtungen) und alle Fragen, die den Betrieb und seine Arbeitsverhältnisse betreffen (§ 88 BetrVG). Dabei muss beachtet werden, dass die Betriebsvereinbarung im Verhältnis zum Tarifvertrag die rangniedrigere Rechtsquelle darstellt. § 77 Abs. 3 BetrVG enthält deshalb eine **Regelungssperre** zugunsten der Tarifautonomie. Arbeitsentgelte und sonstige Arbeitsbedingungen, die durch Tarifvertrag geregelt sind oder üblicherweise geregelt werden, können nicht Gegenstand einer Betriebsvereinbarung sein. Insoweit gilt grundsätzlich auch **kein Günstigkeitsprinzip,** die Betriebsvereinbarung wäre nichtig.

Wirkung der Betriebsvereinbarung

Die Betriebsvereinbarung enthält Rechtsnormen, die unmittelbar und zwingend für alle aktiven Arbeitnehmer des Betriebes gelten (§ 77 Abs. 4 BetrVG).

Auf eine Gewerkschaftszugehörigkeit kommt es bei der normativen Geltung der Betriebsvereinbarung nicht an. Erfasst werden alle ArbN des Betriebes.

Abweichende einzelvertragliche Regelungen sind nur möglich, wenn sie für den ArbN günstiger sind. Das **Günstigkeitsprinzip** gilt auch im Verhältnis Betriebsvereinbarung – Arbeitsvertrag, obwohl § 77 BetrVG insoweit keine ausdrückliche Regelung enthält (BAG GS v. 07.11.1989 – GS 3/85 – NZA 1990, 816). Belastende

Betriebsvereinbarungen können damit bessere arbeitsvertragliche Bedingungen nicht verdrängen. Eine arbeitsvertragliche Regelung kann aber betriebsvereinbarungsoffen gestaltet werden, d. h. eine Betriebsvereinbarung geht dann auch günstigeren vertraglichen Regelungen vor. Nach neuerer – bedenklicher – Rechtsprechung des BAG soll eine solche betriebsvereinbarungsoffene Gestaltung regelmäßig dann anzunehmen sein, wenn der betreffende Vertragsgegenstand in den allgemeinen Geschäftsbedingungen geregelt wird und einen kollektiven Bezug hat (BAG v. 05.03.2013 – 1 AZR 417/12 – NZA 2013, 916).

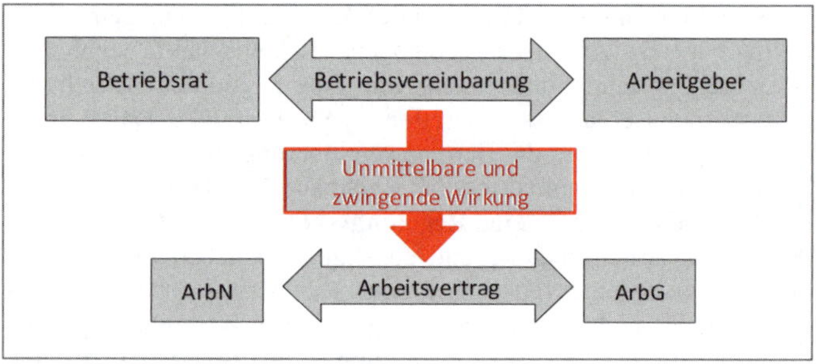

Betriebsabsprache

Unterhalb der Betriebsvereinbarung ist die Betriebsabsprache oder Regelungsabrede angesiedelt. Eine **Betriebsabsprache** ist formlos wirksam, gilt aber auch nur schuldrechtlich zwischen Arbeitgeber und Betriebsrat und muss vom Arbeitgeber noch durch arbeitsvertragliche Gestaltung, z. B. Änderungsvertrag oder Änderungskündigung, umgesetzt und ausgeführt werden, um Auswirkungen auf die einzelnen Arbeitsverhältnisse zu haben.

Betriebsabsprachen unterliegen aber auch nicht der Regelungssperre des § 77 Abs. 3 BetrVG. Neben organisatorischen Fragen (Sprechstunden des Betriebsrates etc.) werden Betriebsabsprachen in der Praxis insbesondere für sog. „Betriebliche Beschäftigungsbündnisse" getroffen (vgl. dazu die „Burda-Entscheidung" BAG v. 20.04.1999 –

1 ABR 72/98 – NZA 1999, 887 und BAG v. 19.03.2003 – 4 AZR 271/02 – NZA 2003, 1221).

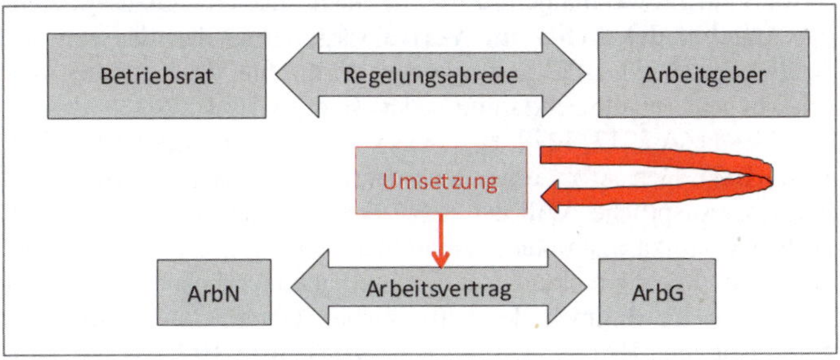

8. Vertragliche Regelungen

Auf der Ebene der vertraglichen Regelungen stehen als Rechtsquellen der Arbeitsvertrag, die Gesamtzusage und die betriebliche Übung zur Verfügung.

Arbeitsvertrag

Der Arbeitsvertrag unterliegt im Rahmen der ranghöheren Rechtsquellen der Vertragsfreiheit (§ 105 GewO). Als Rechtsquelle bedeutungsvoll ist der Arbeitsvertrag aber meist nur für nicht tarifgebundene Arbeitsverhältnisse, ansonsten ist der Regelungsspielraum durch die ranghöheren Rechtsquellen weitgehend eingeschränkt. Nicht immer wird der Arbeitsvertrag allerdings individuell ausgehandelt. In vielen Arbeitsverträgen finden sich **Einheitsregelungen**, die vom Arbeitgeber in Formulararbeitsverträgen vorgegeben werden. Formulararbeitsverträge unterliegen der AGB-Kontrolle. Gem. § 310 Abs. 4 BGB finden die §§ 305ff. BGB auch auf Arbeitsverträge Anwendung. **Die im Arbeitsrecht geltenden Besonderheiten sind jedoch angemessen zu berücksichtigen.** Was dies bedeutet, ergibt sich aus der BAG-Rechtsprechung (siehe dazu auch unten Formulararbeitsverträge S. 43 ff.).

Gesamtzusage

Bei einer Gesamtzusage handelt es sich um eine förmliche Bekanntmachung des ArbG (z. B. durch Aushang am schwarzen Brett) an die ArbN des Betriebes bzw. nach bestimmten Gesichtspunkten abgrenzbare Teile der ArbN, zusätzliche Leistungen zu gewähren (etwa Sonderzuwendungen zu Weihnachten). Die Gesamtzusage stellt ein **Angebot des ArbG zur Vertragsergänzung** dar, das von den ArbN gem. § 151 BGB angenommen wird, ohne dass es einer ausdrücklichen Annahmeerklärung bedarf (BAG v. 15.05.2012 – 3 AZR 610/11 – NZA 2012, 1279; BAG GS v. 16.09.1986 – GS 1/82 – NZA 1987, 168). Den ArbN erwachsen dann aus der Gesamtzusage vertragliche Ansprüche. Will der ArbG den Anspruch vermeiden, kann er die Gesamtzusage unter Freiwilligkeitsvorbehalt stellen. (Beachte aber die Rechtsprechung zu Freiwilligkeitsvorbehalten, die im Folgenden im Rahmen der betrieblichen Übung dargestellt wird. Vgl. dazu auch BAG v. 13.11.2013 – 10 AZR 848/12 – NZA 2014, 368 zur Stichtagsregelung bei Weihnachtsgratifikationen) .

Betriebliche Übung

Zu den vertraglichen Ansprüchen eines ArbN gehören schließlich auch solche aufgrund einer betrieblichen Übung.

> Eine betriebliche Übung stellt eine regelmäßige Wiederholung einer bestimmten Verhaltensweise durch den ArbG dar.

Beispiel: ArbG Fritz Freundlich zahlt seinen ArbN seit Jahren ein Monatsgehalt als Weihnachtsgeld. Verpflichtet ist er dazu weder aufgrund des Tarifvertrages noch aufgrund des Arbeitsvertrages.

Vertragliche Ansprüche entstehen dann, wenn in der wiederholten Übung ein **konkludentes Vertragsergänzungsangebot** des ArbG zu sehen ist, das von dem einzelnen ArbN gem. § 151 BGB angenommen wird (Vertragstheorie; BAG v. 28.02.1996 – 10 AZR 516/95 – AP Nr. 192 zu § 611 BGB Gratifikation).

> Voraussetzung für das Entstehen des Anspruchs ist, dass das ArbG-Verhalten Angebotsqualität hat und ohne Vorbehalt erfolgt.

Abzustellen ist insoweit auf den Empfängerhorizont, der Bindungswille des ArbG ist nicht entscheidend. Hinsichtlich der notwendigen Dauer der Wiederholung ist auf den Einzelfall abzustellen. Bei einer Weihnachtsgratifikation ist das BAG von einem

Anspruch ausgegangen, wenn die Gratifikation mindestens dreimal vorbehaltlos gewährt wurde (BAG v. 14.08.1996 – 10 AZR 69/96 – NZA 1996, 1323). Eine nach „Gütdünken" in der Höhe unterschiedliche Zahlung hindert die Entstehung des Anspruchs nicht (BAG vom 13.5.2015 – 10 AZR 266/14 – NZA 2015,922). Das BAG hat hier seine frühere Rechtsprechung ausdrücklich aufgegeben.

Nach der Rechtsprechung des BAG entsteht ein Anspruch grundsätzlich nicht, wenn die Leistung mit einem eindeutigen Vorbehalt versehen wurde.

Beispiel: ... es handelt sich um eine freiwillige Leistung, auf die kein Rechtsanspruch in der Zukunft besteht.

Nach der neueren Rechtsprechung des BAG zu **Freiwilligkeitsvorbehalten** (BAG v. 25. 04.2007 – 5 AZR 627/06 – NZA 2007, 853) muss man hier allerdings Vorsicht walten lassen. Vergütungsbestandteile, die als Gegenleistung für die Arbeitsleistung gezahlt werden, können danach nicht mehr unter Freiwilligkeitsvorbehalt gestellt werden. Provisionen und Leistungszulagen kommen deshalb für einen Freiwilligkeitsvorbehalt nicht in Betracht (dazu gehören auch Sonderzahlungen mit Mischcharakter wie z. B. Weihnachtsgeld, das auch als Gegenleistung für eine im Kalenderjahr erbrachte Arbeitsleistung gewährt wird, BAG v. 13.11.2013 – 10 AZR 848/12 – NZA 2014, 368). Bei sonstigen Sonderleistungen sind Freiwilligkeitsvorbehalte aber möglich (BAG v. 21.01.2009 – 10 AZR 219/08 – NZA 2009, 310) und verhindern das Entstehen eines Anspruchs. Der Freiwilligkeitsvorbehalt muss allerdings eindeutig formuliert sein, sonst ist auf Grund der **Unklarheitenregelung** des § 305c Abs. 2 BGB mit der Unwirksamkeit der Regelung zu rechnen (BAG v. 08.12.2010 – 10 AZR 671/09 – NZA 2011, S. 628).

In der Praxis werden Freiwilligkeitsvorbehalte oft mit Widerrufsvorbehalten vermengt. Dabei gibt es dann Auslegungsschwierigkeiten, da der Freiwilligkeitsvorbehalt das Entstehen des Anspruchs verhindern soll, ein Widerrufsvorbehalt aber von einem Anspruch ausgeht, der dann wieder beseitigt werden kann.

Beispiel für eine unklare Formulierung: ArbG A zahlt jährlich ein Monatsgehalt als Weihnachtsgratifikation, das die Betriebstreue honorieren soll. Die Zahlung wird jeweils mit dem Hinweis verbunden, dass es sich um eine freiwillige, jederzeit widerrufbare Leistung handelt.

Eine solche Verknüpfung von Widerrufs- und Freiwilligkeitsvorbehalt wird in der Regel aufgrund von Intransparenz § 307 Abs. 1 S. 2 BGB zur Unwirksamkeit der gesamten Klausel führen (BAG v. 14.09.2011 – 10 AZR 526/10 – NZA 2012, 81).

Widerrufsvorbehalte sind möglich, aber unter der Geltung der §§ 305 ff. BGB auch nicht unproblematisch. Steht eine Leistung unter Widerrufsvorbehalt entsteht zwar der Anspruch auf Grund der betrieblichen Übung, der ArbG hat aber die Widerrufsmöglichkeit, die sonst einseitig bei vertraglichen Ansprüchen nicht möglich ist. Der Widerrufsvorbehalt muss jedoch eindeutig formuliert sein und die **sachlichen Gründe für den Widerruf** müssen im Vertrag angegeben sein (BAG v. 12.01.2005 – 5 AZR 364/04 – NZA 2005, 465). Außerdem muss die Ausübung des Widerrufs billigem Ermessen entsprechen (§ 315 Abs. 1 BGB).

Ohne Vorbehalt oder Widerrufsmöglichkeit kann die bindende Wirkung einer betrieblichen Übung nur durch einverständliche Vertragsänderung oder Änderungskündigung gem. § 2 KSchG beseitigt werden. Die frühere Rechtsprechung des BAG zur **Umkehrübung** (BAG v. 24.11.2004 – 10 AZR 202/04 – NZA 2005, 349) wurde vom BAG ausdrücklich aufgegeben, da sie mit dem Klauselverbot für fingierte Erklärungen gem. § 308 Nr. 5 BGB nicht vereinbar ist (BAG v. 18.03.2009 – 10 AZR 281/08 – NZA 2009, 601).

Das Entstehen eines Anspruchs aufgrund einer betrieblichen Übung kann – abgesehen von einem Freiwilligkeitsvorbehalt – verhindert werden, wenn der Vertrag mit einer sog. **doppelten Schriftformklausel** versehen ist, wonach Ergänzungen des Arbeitsvertrages der Schriftform bedürfen und eine mündliche Änderung der Schriftformklausel nichtig ist (BAG v. 24.06.2003 – 9 AZR 302/02 – NZA 2003 S. 1145). In Formulararbeitsverträgen ist allerdings die neuere Rechtsprechung des BAG zu beachten, wonach eine zu allgemein gefasste Schriftformklausel bei Arbeitnehmern den Eindruck erwecken könnte, dass der Vorrang der Individualabrede gem. § 305b

BGB nicht gilt. Eine solche Klausel wäre insgesamt nichtig (BAG v. 20.05.2008 – 9 AZR 382/07 – NZA 2008, 1233). Die Schriftformklausel muss deshalb auf diesen Umstand hinweisen.

Beispiel für eine doppelte Schriftformklausel: Änderungen des Vertrages durch individuelle Vertragsabreden sind formlos wirksam. Im Übrigen bedürfen Vertragsänderungen der Schriftform; die Aufhebung dieser Schriftformklausel ist ebenfalls nur schriftlich möglich.

Betriebliche Übung = Arbeitsvertraglicher Anspruch		
Anspruch entsteht	Anspruch kann beseitigt werden	Anspruch kann verhindert werden
▪ durch konkludentes Vertragsangebot ▪ im Regelfall nach dreimaliger Leistung ohne Vorbehalt ▪ gegenüber den ArbN des Betriebes, auch gegenüber neu eingestellten, es sei denn Anspruch wird im ArbV ausgeschlossen	▪ bei ordnungsgemäß vereinbartem Widerrufsvorbehalt einseitig, sofern die Sachgründe gegeben sind ▪ einverständlich durch Vertragsänderung ▪ durch Änderungskündigung	▪ durch eindeutig formulierten Freiwilligkeitsvorbehalt (nicht bei Leistung mit Entgeltcharakter) ▪ durch doppelte Schriftformklausel mit Hinweis auf Vorrang der Individualabrede

9. Weisungsrecht

Innerhalb der **Grenzen der ranghöheren Rechtsquellen**, insbesondere der vom Arbeitsvertrag gezogenen Grenzen, steht dem ArbG ein Weisungsrecht bzw. Direktionsrecht zu. § 106 GewO stellt dies für alle ArbN klar. Das Weisungsrecht betrifft

- die Art der Tätigkeit und ihre Ausführung,
- den Ort der Tätigkeit,
- die zeitliche Lage der Tätigkeit.

Das Weisungsrecht als einseitiges Leistungsbestimmungsrecht muss gem. § 106 GewO billigem Ermessen entsprechen (BAG AP Nr. 5 zu § 611 BGB Gewissensfreiheit).

Rechtmäßigen Weisungen muss der ArbN nachkommen, sonst begeht er eine Vertragsverletzung und muss mit Abmahnung bzw. Kündigung rechnen (BAG v. 17.03.1988 – 2 AZR 576/87 – NZA 1989, 261). Rechtswidrige Weisungen braucht der ArbN nicht zu befolgen.
Die Weisungen unterliegen den Festlegungen der ranghöheren Rechtsquellen (§ 106 GewO).

Art der Tätigkeit

Grundsätzlich gilt: Je konkreter die Tätigkeit im Arbeitsvertrag festgelegt ist, desto enger sind die Grenzen des Weisungsrechts. Dies gilt insbesondere für die Art der Tätigkeit. Eine **andere als die vertraglich geschuldete Tätigkeit** kann kraft des Weisungsrechts grundsätzlich nicht angeordnet werden.

Beispiel: Paule ist als Buchhalter eingestellt. Der ArbG kann ihn nicht kraft Weisungsrechts auf eine Stelle als Pförtner versetzen.

Ausnahmen gelten bei einer entsprechenden vertraglichen Regelung und wenn ein ArbN vorübergehend die vertraglich geschuldete Tätigkeit nicht ausüben kann (z. B. während einer Schwangerschaft). Dann kann u. U. eine zumutbare Verweisungstätigkeit angewiesen werden (BAG v. 15.11.2000 – 5 AZR 365/99 – NZA 2001, 386).

Beispiel: Paula arbeitet als Kellnerin und soll während der Schwangerschaft aufgrund ärztlicher Feststellung nicht mit dem Tragen schwerer Tabletts in rauchigen Räumen belastet werden. Der ArbG bietet ihr einen Arbeitsplatz im Büro an. Paula ist hier verpflichtet, im Büro zu arbeiten, da dies zumutbar ist.

Wenn die Anweisung einer anderen Tätigkeit eine Versetzung i. S. d. § 95 Abs. 3 BetrVG darstellt und ein Betriebsrat existiert, hat dieser gem. § 99 BetrVG ein Beteiligungsrecht (vgl. dazu S. 39 ff.).

Ort der Tätigkeit

Auch hinsichtlich des **Tätigkeitsortes** kommt es auf den Arbeitsvertrag an. Hier kann als **Leistungsort** der Betrieb, das Unternehmen, ein Bundesland oder Deutschland vorgesehen sein, auch konzernweite Versetzungsklauseln sind denkbar. Fehlt es an einer Versetzungsklausel, kann der ArbN nur innerhalb des Betriebes an jeden zumutbaren Arbeitsplatz versetzt werden (vgl. auch die Regelung in § 2 Abs. 1 S. 2 Nr. 4 NachwG) bzw. in einem anderen Betrieb desselben Unternehmens, wenn sich dieser Betrieb am selben Ort befindet. Besteht ein Betriebsrat, ist allerdings dessen Mitbestimmungsrecht bei Versetzungen (Begriff § 95 Abs. 3 BetrVG) gem. § 99 BetrVG zu beachten.

Arbeitszeit

Der **Umfang** der Arbeitszeit richtet sich regelmäßig nach dem Tarifvertrag bzw. dem Arbeitsvertrag. Fehlt es an einer eindeutigen (tarif-)vertraglichen Regelung, ist regelmäßig anzunehmen, dass die betriebsübliche Arbeitszeit gelten soll (BAG v. 15.05.2013 – 10 AZR 325/12 – NZA-RR 2014, 519). Da der Umfang der Arbeitszeit gleichzeitig das Arbeitsentgelt bestimmt, ist er nicht kraft Weisungsrecht änderbar. Anderes gilt für die **zeitliche Lage** der Arbeit, jedenfalls dann, wenn der Arbeitsvertrag auf die betriebsübliche Arbeitszeit abstellt (BAG v. 23.06.1992 – 1 AZR 57/92 – NZA 1993, 89). Hier kann der ArbG die Lage der Arbeitszeit bestimmen, z. B. den morgendlichen Arbeitszeitbeginn verlegen. In Betrieben mit Betriebsrat wird dieses Weisungsrecht allerdings durch die zwingende Mitbestimmung des Betriebsrates gem. § 87 Abs. 1 Nr. 2 BetrVG eingeschränkt.

Grundbegriffe des Arbeitsrechts

Zu den Grundbegriffen des Arbeitsrechts gehören der Arbeitnehmer- und der Arbeitgeberbegriff sowie der Betriebs- und der Unternehmensbegriff. Darüber hinaus wird die Gruppe der Arbeitnehmer in verschiedene Untergruppen eingeteilt (z. B. Arbeiter und Angestellte, leitende Angestellte). Außerdem gibt es Rechtsverhältnisse, die arbeitnehmerähnlich sind und deshalb teilweise in den Schutzbereich des Arbeitsrechts gezogen werden.

1. Arbeitnehmerbegriff

Die meisten Arbeitsgesetze wenden sich an den **Arbeitnehmer als Normadressaten**, enthalten jedoch keine Definition des Arbeitnehmers.

Arbeitnehmer ist, wer aufgrund eines privatrechtlichen Vertrags zur Arbeit im Dienste eines anderen verpflichtet ist.

Der Arbeitnehmerbegriff enthält **drei Tatbestandsmerkmale:**

- den privatrechtlichen Vertrag,
- die Verpflichtung zur Arbeit,
- im Dienste eines anderen.

Dabei ist zu beachten, dass es bei der Feststellung der Arbeitnehmereigenschaft auf die konkrete Vertragshandhabung ankommt.

Ob jemand ArbN ist oder nicht, ist objektiv zu beurteilen. Der Parteiwille ist dabei nicht entscheidend, sonst könnte der Schutzzweck des Arbeitsrechts unterlaufen werden (BAG v. 14.03.2007 – 5 AZR 499/06 – NZA-RR 2007, 424).

Privatrechtlicher Vertrag

Anhand des Kriteriums „privatrechtlicher Vertrag“ können z. B. Beamte, Richter, Soldaten, Strafgefangene und mithelfende Familienangehörige aus der Gruppe der Arbeitnehmer ausgeschieden werden. Auch Personen, die Dienstleistungen aufgrund einer vereinsrechtlichen Mitgliedschaft oder aus religiösen, karitativen Motiven erbringen (z. B. Diakonissen), sind keine Arbeitnehmer.

Verpflichtung zur Arbeit

Der Arbeitsvertrag ist ein Unterfall des Dienstvertrags i. S. d. § 611 BGB. Der Arbeitnehmer ist zur Leistung von Arbeit gegen Entgelt verpflichtet. **Arbeit i. S. d. Arbeitnehmerdefinition ist rein wirtschaftlich** zu verstehen. Arbeitsleistung kann alles sein, was einen wirtschaftlichen Wert darstellt. Es kann sich um körperliche oder geistige Arbeit handeln, um positives Tun oder auch passives Verhalten (z. B. Arbeitsbereitschaft, Modellsitzen).

Im Dienste eines anderen

Dieses Merkmal, auch als **persönliche Abhängigkeit** des ArbN bezeichnet, ist das Entscheidende des Arbeitnehmerbegriffs, denn hierdurch wird die Unselbstständigkeit des ArbN ausgedrückt. Durch dieses Merkmal werden ArbN von selbständig Dienstleistenden unterschieden. Anhaltspunkte für die Abgrenzung liefert § 84

HGB. Gem. § 84 HGB ist selbständig, wer im Wesentlichen seine Tätigkeit frei gestalten und seine Arbeitszeit bestimmen kann. Die Rechtsprechung hat hieraus im Umkehrschluss die **zwei wesentlichen Kriterien** für die persönliche Abhängigkeit des ArbN entwickelt (BAG v. 30.11.1994 – 5 AZR 704/93 – NZA 1995, 622).

Der ArbN wird gekennzeichnet durch die **Einbindung in eine fremde Arbeitsorganisation** und das **Weisungsrecht** des Arbeitgebers bezüglich Inhalt, Durchführung, zeitlicher Lage, Dauer und Ort der Tätigkeit.

Daneben kommen noch **weitere Indizien** in Betracht, die für oder gegen eine Arbeitnehmerstellung sprechen, z. B. die Unterordnung unter andere im Dienst des ArbG stehende Personen, die Pflicht zum regelmäßigen Erscheinen, die Verpflichtung, die gesamte Arbeitskraft zur Verfügung zu stellen, die Vergütungsform (Stundenlohn oder Leistungslohn), die Urlaubsgewährung, das Führen von Personalakten, Abführung von Steuern und Sozialversicherungsbeiträgen sowie Stellung von Arbeitsgerät und Arbeitsmaterialien. Beachtet werden muss allerdings, dass die Indizien nur insoweit entscheidend sein können, als sie nicht Folge einer falschen Rechtsauffassung der Parteien sind. **Ob jemand Arbeitnehmer ist oder nicht, ist objektiv zu beurteilen.**

Die wirtschaftliche Abhängigkeit ist kein Merkmal der Arbeitnehmereigenschaft.

Zwar wird ein ArbN in den meisten Fällen auch **wirtschaftlich** von seinem ArbG **abhängig** sein, dies ist jedoch **nicht Voraussetzung** für die Arbeitnehmerstellung. Auch der Lottomillionär bleibt ArbN, solange er abhängige Arbeit verrichtet.

Werkvertragliche Verpflichtungen schließen eine Arbeitnehmerstellung aus.

Der Werkunternehmer schuldet gem. § 631 BGB nicht nur die Arbeitsleistung, sondern einen Erfolg. Für diesen Erfolg hat er auch Gewähr zu leisten. Dies kann er nur, wenn er allein entscheiden kann, wie dieser Erfolg zustande kommt. **Werkvertragliche Verpflichtungen** schließen daher arbeitsvertragliche Weisungsrechte (nicht werkbezogene Weisungen gem. § 645 BGB) und damit eine

Tätigkeit als ArbN aus. Auch hier ist wieder zu beachten, dass es nur auf die vertragliche Handhabung und nicht auf den Parteiwillen bzw. die Bezeichnung im Vertrag ankommt. Auch ein Vertrag, der als „Werkvertrag" bezeichnet wird, kann sich durch seine Handhabung als Arbeitsvertrag darstellen.

2. Arbeitnehmergruppen

Teilweise bestehen für die unten aufgeführten Untergruppen **spezielle gesetzliche Regelungen** (z. B. § 105 ff. GewO, BBiG).

Arbeitnehmergruppen			
Berufliche Gliederung	Gliederung nach ArbG	Gliederung nach Tätigkeit	Zur Berufsausbildung Beschäftigte
▪ Gewerbliche ArbN ▪ Kaufmännische ArbN ▪ ArbN im Bergbau ▪ ArbN auf Schiffen ▪ ArbN in der Landwirtschaft	▪ ArbN der Privatwirtschaft ▪ ArbN des öffentlichen Dienstes	▪ Arbeiter ▪ Angestellte ▪ Leitende Angestellte	▪ Auszubildende ▪ Volontäre ▪ Praktikanten ▪ Werkstudenten ▪ Schüler

Die Trennung in ArbN der Privatwirtschaft und ArbN des öffentlichen Dienstes ist insbesondere für die anwendbaren Mitbestimmungsregelungen (BetrVG, BPersVG, LänderPersVG) relevant. Die Besonderheiten des Kirchenarbeitsrechts werden hier nicht erörtert.

Arbeiter/Angestellte

Lange Zeit war die interessanteste Abgrenzung die zwischen Arbeitern und Angestellten, da für die Angestellten günstigere Regelungen galten (z. B. längere Kündigungsfristen, Entgeltfortzahlung im Krankheitsfall). Heute kann die **Unterscheidung** von der Rechtsfolgenseite her **als überwunden** gelten, denn die Regelungen wurden entweder vereinheitlicht oder angeglichen. Sollte einmal eine

Abgrenzung notwendig werden, ist die Verkehrsanschauung heranzuziehen. Tätigkeiten, die büromäßig ausgeübt werden, sind danach den Angestelltenberufen zuzuschlagen. Sollte die Verkehrsanschauung als Abgrenzungskriterium versagen, muss auf die nur historisch begründbare Abgrenzung zurückgegriffen werden, wonach Arbeiter manuelle, handwerkliche Tätigkeiten ausüben, Angestellte dagegen eher geistige Tätigkeiten.

Leitende Angestellte

Von erheblicher praktischer Bedeutung ist aber nach wie vor die Abgrenzung der leitenden Angestellten von sonstigen Arbeitnehmern.

Leitende Angestellte sind Arbeitnehmer und unterliegen grundsätzlich dem Arbeitsrecht. **Aufgrund ihrer Stellung im Unternehmen und der damit verbundenen Arbeitgebernähe nehmen sie jedoch eine arbeitsrechtliche Sonderstellung ein.**

> Leitender Angestellter ist, wer spezifisch unternehmerische Aufgaben von erheblicher Bedeutung, mit erheblichem eigenem Entscheidungsspielraum wahrnimmt.

Für leitende Angestellte ergeben sich folgende Besonderheiten. Sie

- werden nicht vom Geltungsbereich des BetrVG erfasst (§ 5 Abs. 3, 4 BetrVG), sondern werden durch Sprecherausschüsse vertreten (SprAuG),
- unterliegen nicht dem ArbZG (§ 18 Abs. 1 ArbZG),
- genießen nur eingeschränkten Kündigungsschutz (§ 14 KSchG),
- dürfen nur auf Arbeitgeberseite als ehrenamtliche Richter tätig werden (§ 22 Abs. 2 Nr. 2 ArbGG).

Die einzelnen gesetzlichen Regelungen kennen jedoch keinen einheitlichen Begriff des leitenden Angestellten. Am umfassendsten ist noch die Definition in § 5 Abs. 3 und 4 BetrVG, auf die auch das Arbeitszeitrecht zurückgreift und die letztlich pragmatisch und gut handhabbar ist, da bei einem Versagen der unbestimmten Rechtsbegriffe auf die Entgelthöhe abgestellt wird. Im Übrigen muss auf die jeweilige Norm und den allgemeinen Begriff zurückgegriffen werden.

3. Arbeitnehmerähnliche Personen

Von den (unselbstständigen) Arbeitnehmern sind die **arbeitnehmerähnlichen Personen** zu unterscheiden. Sie sind

- persönlich unabhängig (sonst läge ein Arbeitsverhältnis vor),
- wirtschaftlich abhängig vom Auftraggeber,
- einem Arbeitnehmer vergleichbar sozial schutzbedürftig.

Erfasst werden Personen, die wegen ihrer **wirtschaftlichen Unselbstständigkeit** in ähnlicher Abhängigkeit stehen wie ein Arbeitnehmer und deshalb auch ähnlich **schutzbedürftig** sind. Daran fehlt es z. B., wenn fremde Hilfskräfte zum Einsatz kommen. Nur derjenige, der seine persönliche Arbeitskraft zur Verfügung stellt, ist sozial schutzbedürftig. Für die Abgrenzung i. d. S. liefert **§ 12a TVG** brauchbare **Kriterien**. Danach ist eine Person zumindest dann wirtschaftlich abhängig, wenn sie überwiegend für eine Person tätig ist oder ihr von einer Person im Durchschnitt mehr als die Hälfte des Entgelts zusteht, das ihr für ihre Erwerbstätigkeit insgesamt gebührt. Zu den arbeitnehmerähnlichen Personen gehören Heimarbeiter, Einfirmenvertreter, oft aber auch die sog. freien Mitarbeiter.

Das Arbeitsrecht findet auf arbeitnehmerähnliche Personen grundsätzlich keine Anwendung, es sei denn, es greift eine Sonderregelung.

Gesetzliche Regelungen für arbeitnehmerähnliche Personen finden sich in § 5 ArbGG, § 2 BUrlG und § 12a TVG. Wirtschaftlich relevant ist insbesondere der Urlaubsanspruch gem. § 2 BUrlG.

4. Arbeitgeber

Gegenspieler des Arbeitnehmers ist der Arbeitgeber. Die Definition des Arbeitgebers ist wesentlich einfacher: **Arbeitgeber ist, wer mindestens einen Arbeitnehmer beschäftigt** (BAG v. 27.09.2012 – 2 AZR 838/11 – NJW 2013, 1692). Arbeitgeber kann auch eine juristische Person, z. B. eine GmbH sein.

5. Betrieb/Unternehmen/Konzern

Der Betriebs- bzw. Unternehmensbegriff ist vielfach **Bezugspunkt arbeitsrechtlicher Regelungen** (z. B. § 23 KSchG, § 99 BetrVG).

Der Betrieb ist eine organisatorische Einheit von materiellen und immateriellen Arbeitsmitteln, mit deren Hilfe der Arbeitgeber gemeinsam mit seinen Arbeitnehmern einen arbeitstechnischen Zweck fortgesetzt verfolgt.

Der klassische Fall des **Betriebs** ist das Produktionswerk. Unter den Betriebsbegriff fallen aber z. B. auch Verwaltungen, Büros und landwirtschaftliche Betriebe.

Das Unternehmen ist eine organisatorische Einheit, die bestimmt wird durch den wirtschaftlichen oder ideellen Zweck, dem ein oder mehrere Betriebe desselben Unternehmens dienen.

Das Unternehmen ist die Ebene der wirtschaftlichen Entscheidung, der Betrieb die Ebene der Produktion. Ein Unternehmen hat mindestens einen Betrieb (z. B. die X-AG mit ihren Produktionswerken in München und Berlin). Möglich ist aber auch, dass mehrere Unternehmen einen gemeinsamen Betrieb unterhalten. Dazu werden sich die Unternehmen im Regelfall zu einer BGB-Gesellschaft zusammenschließen und eine gemeinsame Leitung für den Betrieb bilden (z. B. ArGe im Baugewerbe). Eine **Vermutungsregelung** für einen **gemeinsamen Betrieb** findet sich in § 1 Abs. 2 BetrVG.

Ein Konzern liegt vor, wenn rechtlich selbstständige Unternehmen unter einheitlicher Leitung zusammengefasst sind. Man unterscheidet den Unterordnungskonzern und den Gleichordnungskonzern (§ 18 Abs. 1 und 2 AktG).

Der Konzernbegriff ist insbesondere im Betriebsverfassungsrecht relevant, für den Konzernbetriebsrat und die Konzern-Jugend- und Auszubildendenvertretung. Besonderheiten bestehen aber auch in anderen arbeitsrechtlichen Gesetzen (z. B. § 1 Abs. 3 Nr. 2 AÜG).

Begründung des Arbeitsverhältnisses

Das Anbahnungsverhältnis

1. Die Ausschreibung von Arbeitsplätzen

Das Anbahnungsverhältnis beginnt im Regelfall mit der Ausschreibung des Arbeitsplatzes. Die Ausschreibung kann dabei **betriebsintern oder extern** vorgenommen werden, z. B. durch ein Zeitungsinserat. Denkbar ist auch, dass Arbeitsvermittlung in Anspruch genommen wird. Bei der Ausschreibung sind jedoch einige Punkte zu beachten.

Betriebsinterne Ausschreibung

> Existiert in dem Betrieb ein Betriebsrat, kann dieser verlangen, dass die Ausschreibung betriebsintern erfolgt (§ 93 BetrVG).

Dieses Verlangen hindert den ArbG nicht an einer gleichzeitigen externen Ausschreibung, die dann aber keine anderen Anforderungen enthalten darf als die interne. Interne Bewerber haben keinen Einstellungsanspruch, es ist ihnen aber die gleiche Chance zu gewähren wie externen Bewerbern. Unterlässt der ArbG trotz Verlangens des BR eine interne Ausschreibung, wird dies **mittelbar sanktioniert**, da der Betriebsrat in diesem Fall gem. § 99 Abs. 2 Nr. 5 BetrVG die Zustimmung zur Einstellung verweigern kann.

Benachteiligungsfreie Ausschreibung

> Die Ausschreibung darf gem. § 11 AGG nicht unter Verstoß gegen § 7 Abs. 1 AGG erfolgen.

Die Ausschreibung darf nicht gegen § 7 Abs. 1 AGG verstoßen. Dies gilt unabhängig von der Art der Ausschreibung (Internet, Zeitung, Mitteilung an die Agentur für Arbeit etc.) und sowohl für interne als auch externe Ausschreibungen.
Beispiel für unzulässige Ausschreibung: In einem Ausschreibungstext wird ausdrücklich ein junger Mann gesucht (BAG v. 19.08.2010 – 8 AZR 530/09 – NZA 2010, 1412).

Die Stellenbeschreibung darf weder unmittelbar noch mittelbar an ein Benachteiligungsmerkmal des § 1 AGG anknüpfen. Die Benachteiligungsmerkmale sind

- Rasse,
- ethnische Herkunft,
- Geschlecht,
- Religion oder Weltanschauung,
- Behinderung,
- Alter und
- sexuelle Identität.

Eine Ausschreibung darf jedoch dann an eines der Diskriminierungsmerkmale des § 1 AGG anknüpfen, wenn es sich um eine **positive Maßnahme gem. § 5 AGG** handelt, um bestehende Nachteile wegen eines der Diskriminierungsmerkmale auszugleichen.

Beispiele: Ein Unternehmen stellt fest, dass auf der Führungsebene keine Frauen vertreten sind und will hier Frauen bevorzugt einstellen bzw. in Führungspositionen befördern.

Darüber hinaus ist eine unterschiedliche Behandlung wegen **beruflicher Anforderungen** gem. § 8 Abs. 1 AGG auch bei der Ausschreibung möglich, wenn das Diskriminierungsmerkmal wegen der Art der auszuübenden Tätigkeit oder der Bedingungen ihrer Ausübung eine wesentliche und entscheidende berufliche Anforderung darstellt, sofern der Zweck rechtmäßig und die Anforderung angemessen ist.

Beispiele für zulässige Ausschreibungstexte: gesucht wird ein männliches Model für eine Modenschau für Herrenmode; ein Theater sucht eine Schauspielerin für eine weibliche Rolle; für eine Stelle im Vorstandssekretariat wird jemand gesucht, der die deutsche Sprache in Wort und Schrift sicher beherrscht; für die Leitung der Personalabteilung wird jemand mit Berufserfahrung gesucht.

Beispiele für unzulässige Ausschreibungstexte: gesucht wird junger, kräftiger Mann für Transportarbeiten; für die Parfümerieabteilung eines Kaufhauses wird christliche Verkäuferin gesucht; der V-Verlag sucht Redakteur arischer Herkunft.

Neben § 5 und § 8 AGG enthält **§ 9 AGG** die speziellen Voraussetzungen für eine **zulässige unterschiedliche Behandlung wegen der Religion und Weltanschauung** und **§ 10 AGG** die Voraussetzungen für **zulässige unterschiedliche Behandlung wegen des Alters**. Diese Regelungen gelten auch bei der Ausschreibung.

Beispiele: Ein katholisches Gymnasium will nur Lehrer/innen katholischen Glaubens einstellen. Unzulässig ist dagegen, dass das Einstellungsalter für Piloten festgesetzt wird (BAG BAG v. 08.12.2010 – 7 ABR 98/09 – NZA 2011, 751 und EUGH v. 13.09.2011 – C-447/09 – NZA 2011,1039).

<table>
<tr><th>Benachteiligungstatbestand</th><th>Rechtfertigungsgrund</th><th>Spezieller Ausnahmetatbestand</th></tr>
<tr><td>Rasse</td><td rowspan="7">Positive Maßnahme gem. § 5 AGG; Berufliche Anforderungen gem. § 8 AGG;</td><td></td></tr>
<tr><td>Ethnische Herkunft</td><td></td></tr>
<tr><td>Geschlecht</td><td></td></tr>
<tr><td>Religion, Weltanschauung</td><td>§ 9 AGG</td></tr>
<tr><td>Behinderung</td><td></td></tr>
<tr><td>Alter</td><td>§ 10 AGG</td></tr>
<tr><td>Sexuelle Identität</td><td></td></tr>
</table>

Das AGG enthält keine unmittelbare Rechtsfolge bei einem Verstoß gegen die Verpflichtung aus § 11 AGG zur benachteiligungsfreien Ausschreibung. Erfolgt eine Arbeitsplatzausschreibung unter Verstoß gegen § 11 AGG, besteht aber eine Vermutung für einen Verstoß gegen § 7 AGG (BAG v. 05.02.2004 – 8 AZR 112/03 – NZA 2004, 540). Die nicht benachteiligungsfreie Ausschreibung stellt dann ein Indiz dar, das gem. § 22 AGG zu einer Beweislastumkehr führt. Somit werden Ausschreibungsfehler mittelbar sanktioniert über § 15 AGG. Dem Stellenbewerber steht ein Schadensersatz- und Entschädigungsanspruch zu.

Information der BA über behindertengerechten Arbeitsplatz

Eignet sich der ausgeschriebene Arbeitsplatz auch für die Besetzung mit einem schwerbehinderten Menschen, so ist gem. § 81 Abs. 1 SGB IX die Agentur für Arbeit hierüber zu informieren.

Unterlässt der ArbG diese Information, kann er gem. § 15 AGG **entschädigungspflichtig** und schadensersatzpflichtig werden, da es auch hier zu einer Beweislastumkehr kommt und eine Diskriminierung vermutet wird (BAG v. 13.10.2011 – 8 AZR 608/10 – AP Nr. 9 zu § 15 AGG).

Ausschreibung als Teilzeitarbeitsplatz

Wenn sich der Arbeitsplatz für Teilzeit eignet, ist er gem. § 7 Abs. 1 TzBfG auch als Teilzeitarbeitsplatz auszuschreiben.

Eine Sanktion für einen Verstoß gegen die Regelung besteht nach gegenwärtiger Rechtsprechung nicht, wird aber in der Literatur teilweise diskutiert.

2. Ersatz von Vorstellungskosten

Unabhängig von dem Zustandekommen des Arbeitsverhältnisses hat der Bewerber Anspruch auf Ersatz der Vorstellungskosten. Der Anspruch ergibt sich aus § 670 BGB und **setzt voraus**, dass der **Bewerber zur Vorstellung aufgefordert** und die Kostenerstattung nicht ausgeschlossen wurde. Zu ersetzen sind alle Aufwendungen, die der Stellenbewerber den Umständen nach für erforderlich halten durfte. Hierzu zählen Fahrtkosten, auch die für die Anfahrt mit eigenem Pkw, wenn der ArbN darauf vertrauen durfte, dass er nicht nur die Kosten für die öffentlichen Verkehrsmittel ersetzt bekommt; Übernachtungskosten, wenn An- und Abreise am gleichen Tag nicht möglich sind; Verpflegungskosten pauschal nach steuerlichen Richtlinien. Nicht zu ersetzen sind Verdienstausfälle und genommene Urlaubstage.

Der Anspruch auf Vorstellungskosten kann allerdings ausgeschlossen werden. Hierzu muss der ArbG bei der Aufforderung zur Vorstellung ausdrücklich darauf hinweisen, dass Vorstellungskosten nicht übernommen werden. Arbeitslose und von Arbeitslosigkeit bedrohte Arbeitnehmer können nach §§ 44 SGB III dann einen Zuschuss zu den Vorstellungskosten von der Agentur für Arbeit erhalten.

3. Fragerechte und Personalfragebogen

Während des **Vorstellungsgespräches** wird der ArbG dem Bewerber eine Vielzahl von Fragen stellen, um möglichst viel über seinen potenziellen neuen Mitarbeiter zu erfahren. Dieser wird andererseits ein Interesse an der **Wahrung seiner Privatsphäre** haben.

Der Arbeitgeber darf nur solche Fragen stellen, an deren Beantwortung er ein berechtigtes, billigenswertes und schutzwürdiges Interesse hat (BAG v. 16.12.2012 – 6 AZR 553/10 – NZA 2012, 555).

Grundsätzlich darf nur nach solchen Eigenschaften des ArbN gefragt werden, die für die spezielle Tätigkeit bzw. den konkreten Arbeitsplatz von Interesse sind, um die Eignung des ArbN für die vorgesehene Tätigkeit festzustellen.

Beispiele: Ein Kraftfahrer darf nach Straßenverkehrsdelikten gefragt werden; ein ArbN, der mit Lebensmitteln zu tun hat, nach ansteckenden Krankheiten; generell unzulässig ist die Frage nach einer Schwangerschaft. Früher als zulässig erachtet wurde vom BAG die Frage nach einer Schwerbehinderung. Nach der Neugestaltung des § 81 SGB IX und dem Inkrafttreten des AGG ist die Frage nach der Behinderung oder Schwerbehinderung im Einstellungsverfahren nur noch im Rahmen des § 8 AGG zulässig. Ist das Arbeitsverhältnis allerdings begründet worden, hat der schwerbehinderte ArbN auf Nachfrage des ArbG jedenfalls dann wahrheitsgemäß zu antworten, wenn das Arbeitsverhältnis länger als sechs Monate besteht und der Behindertenschutz gem. §§ 85 ff. SGB IX greift (BAG v. 16.12.2012 – 6 AZR 553/10 – NZA 2012, 555).

Unzulässige Arbeitgeberfragen berechtigen zur sanktionslosen Lüge, auch die Anfechtung wegen arglistiger Täuschung ist in diesem Fall nicht möglich.
Sind die Fragen in einem **Personalfragebogen** enthalten, ist die Mitbestimmung des Betriebsrates zu beachten. Personalfragebögen bedürfen gem. § 94 Abs. 1 BetrVG der Zustimmung des Betriebsrats. Die Zustimmung des Betriebsrats macht allerdings unzulässige Fragen nicht zulässig.

4. Einstellungsuntersuchung und Einstellungstests

Eine Einstellungsuntersuchung ist grundsätzlich nur auf **freiwilliger** Basis möglich (Ausnahmen z. B. § 32 ff. JArbSchG oder § 43 IfSG für Personen, die im Lebensmittelbereich tätig sind) und muss im **berechtigten Interesse** des ArbG liegen. Der Arzt darf dann dem potentiellen ArbG nicht die Untersuchungsbefunde weitergeben, sondern nur, ob der Bewerber gesundheitlich für die betreffende Stelle geeignet ist. Eine Sonderregelung besteht für gendiagnostische Untersuchungen. Diese dürfen gem. § 19 GenDG weder vor noch nach Begründung des Arbeitsverhältnisses verlangt werden.

Einstellungstests können psychologische Tests sein, Probearbeiten oder auch sog. Assessmentcenter. Die Durchführung solcher Testverfahren ist ebenfalls nur auf freiwilliger Basis zulässig und genau wie bei den Fragerechten nur, soweit ein berechtigtes, billigenswertes und schutzwürdiges Interesse an der Durchführung im Hinblick auf den zu besetzenden Arbeitsplatz besteht. Bei der Durchführung von Assessmentcentern sollte man eventuell religiöse Feiertage beachten, um nicht ein Indiz für eine Benachteiligung wegen der Religion zu setzen.

5. Benachteiligungsverbote

Bei der Auswahl des ArbN sind die Benachteiligungsverbote nach dem AGG zu beachten, die durch Schadensersatz- und Entschädigungsansprüche sanktioniert sind. Bei der Auswahl eines Bewerbers, darf der ArbG diesen nicht wegen seiner Rasse, seiner ethnischen Herkunft, seiner Religion oder Weltanschauung, einer Behinderung, des Alters oder seiner sexuellen Identität ablehnen. Nicht unproblematisch sind die sogn., Scheinbewerber (AGG-Hopping). Das BAG hat hier den EuGH zur Vorabentscheidung angerufen (BAG, Beschl. v. 18.6.2015 – 8 AZR 848/13 - NZA 2015, 1063).

Bei einem Verstoß gegen das Benachteiligungsverbot bestehen gem. § 15 Abs. 1 und 2 AGG Schadensersatz- und Entschädigungsansprüche. Ein Anspruch auf Begründung des Arbeitsverhältnisses besteht gem. § 15 Abs. 6 AGG dagegen nicht.

Gem. § 15 Abs. 1 AGG besteht ein **verschuldensabhängiger Schadensersatzanspruch**, der den entstandenen **Vermögensschaden** ausgleicht. Danach sind bei einer Einstellung im Wesentlichen die Bewerbungskosten zu ersetzen.

Nach § 15 Abs. 2 AGG kann der Benachteiligte wegen eines Schadens, der nicht Vermögensschaden ist, eine angemessene Entschädigung in Geld verlangen. Für diesen **Entschädigungsanspruch** muss **kein Verschulden** des ArbG vorliegen. Bei einer Benachteiligung im Einstellungsverfahren ist dieser Anspruch für die Bewerber, die auch bei benachteiligungsfreier Auswahl den Arbeitsplatz nicht erhalten hätten auf drei Monatsgehälter begrenzt. Für den sog. bestqualifizierten Bewerber, der bei benachteiligungsfreier Auswahl den Arbeitsplatz hätte erhalten müssen, gilt diese Obergrenze nicht.

Die Beweislast für die Benachteiligung trägt grundsätzlich der Bewerber. Diese Beweislast wird aber durch § 22 AGG wesentlich erleichtert. Beweist der Bewerber Indizien, die eine Benachteiligung vermuten lassen, kommt es zu einer Beweislastumkehr. Dann muss der Arbeitgeber Tatsachen vortragen und gegebenenfalls beweisen, dass ausschließlich andere Gründe, als das Benachteiligungsmerkmal zu der Entscheidung geführt haben, den Bewerber nicht ein zu stellen (BAG v. 19.08.2010 – 8 AZR 530/09 – NZA 2010,1412).

Beispiele für Indizien: Nicht geschlechtsneutrale Ausschreibung; öffentl. Äußerung eines ArbG, keine ArbN einer bestimmten ethnischen Herkunft einzustellen (EuGH v. 10.07.2008 – C-54/07 – NZA 2008, 929); die Statistik über die Geschlechterverteilung auf den einzelnen Hierarchieebenen eines Unternehmens wird als Indiz zurecht kontrovers gesehen (LAG Berlin Brandenburg 15. Kammer AuR 2009, 134; a. A. 2. Kammer LAG Berlin Brandenburg vom 12.02.2009 2 Sa 2070/08, hierzu BAG v. 27.01.2011 – 8 AZR 483/09 – NZA 2011, 689).

Ansprüche nach § 15 Abs. 1 oder 2 AGG müssen gem. § 15 Abs. 4 AGG innerhalb einer **Frist** von zwei Monaten schriftlich geltend gemacht werden, es sei denn die Tarifvertragsparteien haben etwas anderes vereinbart. Die Frist beginnt mit dem Zugang der Ablehnung. Das **Klageverfahren** regelt § 61b ArbGG.

6. Beteiligung des Betriebsrats

Hat sich der ArbG auf Grund des Auswahlverfahrens für einen Bewerber entschieden, ist in **Unternehmen mit mehr als zwanzig wahlberechtigten ArbN** gem. § 99 BetrVG der Betriebsrat zu beteiligen. Der ArbG hat

- den Betriebsrat zu unterrichten,
- die erforderlichen und (auch die vom Arbeitgeber selbst erstellten) Bewerbungsunterlagen aller Bewerber vorzulegen (BAG v. 14.4.2015 – 1 ABR 58/13 – NZA 2015, 1081),
- Auskunft über die Person der Beteiligten zu geben; auch über die Person der nicht zur Einstellung vorgesehenen Bewerber (BAG AP Nr. 7 zu § 99 BetrVG),
- Auskunft über die Auswirkungen der Einstellung zu geben und
- die Zustimmung des Betriebsrates einzuholen.

Ohne die Zustimmung des Betriebsrates darf der ArbG nicht einstellen, sonst kommt ein Zwangsgeldverfahren gem. § 101 BetrVG gegen ihn in Betracht. Der Betriebsrat kann seine Zustimmung nicht aus freiem Ermessen verweigern, sondern ist an die **Zustimmungsverweigerungsgründe gem. § 99 Abs. 2 BetrVG** gebunden und hat die Formalien des § 99 Abs. 3 BetrVG einzuhalten. Danach hat der Betriebsrat die Verweigerung der Zustimmung innerhalb einer Woche nach Unterrichtung durch den ArbG schriftlich unter Angaben von Gründen mitzuteilen. Versäumt der Betriebsrat die Wochenfrist, gilt die Zustimmung als erteilt.
Verweigert der Betriebsrat die Zustimmung zur Einstellung, kann der ArbG gem. § 99 Abs. 4 BetrVG beim Arbeitsgericht beantragen, die Zustimmung zu ersetzen.

Will der Arbeitgeber den Arbeitsvertrag abschließen, bevor das Zustimmungsverfahren bzw. das arbeitsgerichtliche Zustimmungsersetzungsverfahren abgeschlossen ist, empfiehlt es sich, den Arbeitsvertrag **unter der Bedingung** der Zustimmung des Betriebsrats bzw. der Ersetzung der Zustimmung durch das Arbeitsgericht abzuschließen. Sonst besteht ein Arbeitsverhältnis, der ArbG darf den ArbN aber nicht beschäftigen und muss mind. bis zum Ablauf einer Kündigungsfrist Arbeitsentgelt ohne Gegenleistung bezahlen.

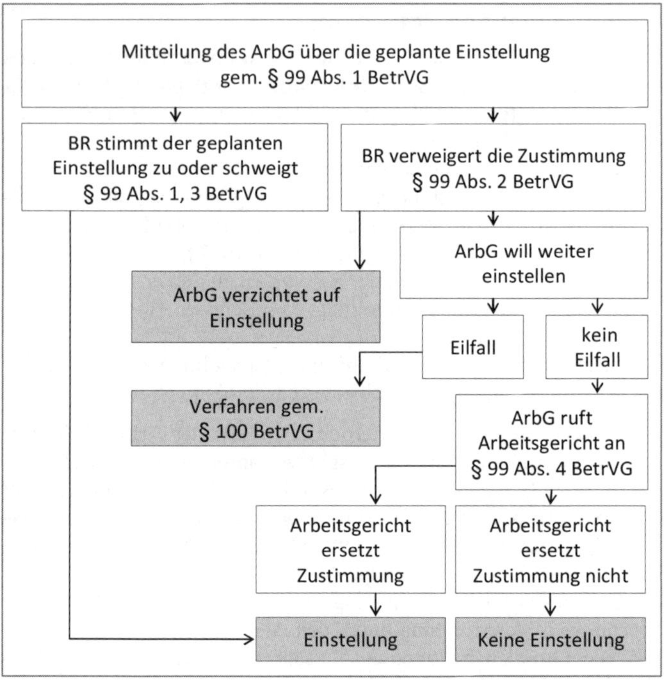

Nicht immer ist es dem ArbG möglich, vor der Einstellung den Ablauf der Wochenfrist oder den Abschluss des arbeitsgerichtlichen Zustimmungsersetzungsverfahrens abzuwarten. Oftmals ist es aus betrieblichen Gründen notwendig, den ArbN sofort einzustellen (z. B. wenn der ArbN gebraucht wird, um Lieferfristen etc. einhalten zu können). Dem trägt § 100 BetrVG Rechnung. Wenn sachliche Gründe es gebieten (Eilfall), kann die Einstellung als sog. **vorläufige personelle Maßnahme** gem. § 100 BetrVG durchgeführt werden.

Stellt der ArbG vorläufig ein, so hat er dies dem Betriebsrat unverzüglich mitzuteilen und für den Fall, dass der Betriebsrat den sachlichen Grund für die vorläufige Einstellung (Eilfall) bestreitet, innerhalb von drei Tagen das Arbeitsgericht anzurufen.

In dem sich anschließenden Verfahren geht es dann sowohl um die Frage des sachlichen Grundes für die vorläufige Einstellung als auch um die Zustimmungsersetzung. Ersetzt das Arbeitsgericht die Zustimmung nicht oder stellt es fest, dass die vorläufige Einstellung nicht aus sachlichen Gründen gerechtfertigt war, endet die vorläufige Einstellung mit Ablauf von zwei Wochen ab Rechtskraft der Entscheidung (§ 100 Abs. 3 BetrVG).

Form des Arbeitsvertrages

Arbeitsverträge bedürfen zu ihrer Wirksamkeit grundsätzlich **keiner besonderen Form**, ein mündlicher Abschluss ist genauso möglich wie ein konkludenter. Ausnahmen bestehen aber auf Grund gesetzlicher, tariflicher oder vertraglicher Formerfordernisse. Hierbei ist immer zu prüfen, ob das Formerfordernis konstitutiv oder deklaratorisch ist. Konstitutive Formerfordernisse für die Begründung des Arbeitsverhältnisses sind selten, da die Nichtigkeitsfolge (§§ 126, 125 BGB) im Arbeitsrecht meist nicht gewollt ist.

1. Gesetzliche und tarifliche Formerfordernisse

Gesetzliche Formvorschriften finden sich z. B. in

- § 14 Abs. 4 TzBfG für den Abschluss befristeter Arbeitsverträge. Fehlt hier die Schriftform, so ist die Befristungsabrede gem. § 125 BGB nichtig, der Arbeitsvertrag im Übrigen bleibt hiervon unberührt.
- § 623 BGB sieht die Schriftform für Aufhebungsverträge vor. Mangelnde Schriftform führt zur Nichtigkeit des Aufhebungsvertrages.

Tarifliche Formerfordernisse sind in der Regel deklaratorisch, wenn es um die Begründung des Arbeitsverhältnisses geht, konstitutiv, wenn die Beendigung des Arbeitsverhältnisses damit verbunden ist.

2. Vertragliche Formerfordernisse

Schriftformerfordernisse können auch durch den Arbeitsvertrag selbst begründet werden. Hier ist im Wege der **Auslegung** zu ermitteln, **ob die Form konstitutiv oder deklaratorisch ist**. Nach § 125 S. 2 BGB führt die Nichteinhaltung einer vertraglichen Form im Zweifel ebenfalls zur Nichtigkeit. Einfache Schriftformklauseln, wonach die Vertragsänderung und Nebenabreden der Schriftform bedürfen, können jedoch jederzeit wieder geändert werden, auch konkludent durch eine weitere mündliche Abrede (BAG AP Nr. 57 zu § 74 HGB). Bestehen bleibt in diesem Fall allerdings die Beweisproblematik, da für schriftliche Vereinbarungen die Vermutung der Richtigkeit und Vollständigkeit gilt (BAG v. 09.02.1995 – 2 AZR 389/94 – NZA 1996, 249). **Doppelte Schriftformklauseln**, wonach Änderungen und Ergänzungen des Arbeitsvertrages der Schriftform unterliegen und eine mündliche Änderung dieser Schriftformklausel nichtig ist, führen allerdings zur Nichtigkeit mündlicher Abreden. Relevant sind solche doppelten Schriftformklauseln insbesondere um das Entstehen betrieblicher Übungen zu verhindern (BAG v. 24.06.2003 – 9 AZR 302/02 – NZA 2003, 1145). Sind doppelte Schriftformklauseln allerdings in Formulararbeitsverträgen oder in vom ArbG vorformulierten Verträgen enthalten, ist das AGB-Recht zu beachten. Sollte der Eindruck entstehen, dass der Vorrang der Individualabrede gem. § 305b BGB nicht gilt, wäre dies eine unangemessene Benachteiligung gem. § 307 I BGB und die Klausel wäre unwirksam (BAG v. 10.07.2008 – 2 AZR 1111/06 – NZA 2009, 316; Formulierungsbeispiel siehe oben zur betrieblichen Übung S. 23).

3. Der arbeitsvertragliche Nachweis

Aufgrund der EG-Richtlinie 91/533 EWG wurde das NachwG erlassen. Danach ist der ArbG verpflichtet, spätestens **einen Monat nach Beginn des Arbeitsverhältnisses die wesentlichen Vertragsbedingungen schriftlich niederzulegen**, die Niederschrift zu unterzeichnen und dem ArbN auszuhändigen. Der Mindestinhalt ergibt sich aus § 2 NachwG. Die elektronische Form ist ausgeschlossen. Der Nachweis ist entbehrlich, wenn der ArbN einen schriftlichen Arbeitsvertrag entsprechenden Inhalts erhalten hat.

Das NachwG gilt für sämtliche Arbeitnehmer, ausgenommen Aushilfen bis zu einem Monat Beschäftigungsdauer. Für Leiharbeitnehmer und Auszubildende gelten gesonderte Nachweisregelungen gem. § 11 AÜG und § 2 BBiG.

Der arbeitsvertragliche Nachweis ist rein deklaratorisch und dient der Rechtssicherheit und Beweiserleichterung.

Für den Inhalt der Niederschrift gilt die Vermutung der Richtigkeit und Vollständigkeit, der Beweis des Gegenteils durch den ArbG bleibt aber möglich (EuGH v. 04.12.1997 – C-253/96, C-254/96, C-255/96, C-256/96, C-257/96, C-258/96, c23/ee – NZA 1998, 137). Unterlässt der ArbG die Erteilung des Nachweises, hat dies prozessuale Konsequenzen: Es können die Grundsätze der Beweisvereitelung (§ 444 ZPO) angewendet werden, die für den ArbN erhebliche Beweiserleichterung zur Folge haben (EuGH v. 08.02.2001 – C-350/99 – NZA 2001, 381).

4. Formulararbeitsverträge/AGB-Kontrolle

Durch die Schuldrechtsreform wurde das AGB-Gesetz in das BGB integriert (§§ 305 ff. BGB). Seit dem ist das Recht der Allgemeinen Geschäftsbedingungen auch auf Arbeitsverträge anzuwenden (§ 310 Abs. 4 BGB).

Bei der Anwendung der §§ 305 ff. BGB sind die im Arbeitsrecht bestehenden Besonderheiten angemessen zu berücksichtigen (§ 310 Abs. 4 Satz 2 BGB).

Was dies im Einzelnen bedeutet, wurde nach der Schuldrechtsreform in der Literatur heftig diskutiert. Mittlerweile liegt eine Vielzahl von BAG-Entscheidungen vor, die Klarheit bringen und über die Zulässigkeit der konkreten Klausel hinaus weitergehende Aussagen liefern.

So sind z. B. Vertragsstrafenabreden in Arbeitsverträgen zulässig (BAG v. 04.03.2004 – 8 AZR 196/03 – NZA 2004 S. 727). Wegen der im Arbeitsrecht liegenden Besonderheiten liegt kein Verstoß gegen § 309 Abs. 6 BGB vor. Eine Unzulässigkeit der Vertragsstrafenabrede kann sich im Einzelfall jedoch auf Grund einer unangemessenen Benachteiligung ergeben, etwa wenn die Vertragsstrafe zu hoch bemessen ist.

Steht eine Vertragsklausel im Widerspruch zum AGB-Recht findet keine geltungserhaltende Reduktion statt. Die betreffende Klausel ist unwirksam und entfällt.

Bei teilbaren Vertragsklauseln wird ein sog. „blue pencil Test" vorgenommen, d. h. es wird geprüft, ob nach dem Streichen des unzulässigen Teils einer Klausel noch ein sinnvoller Teil übrig bleibt. Wenn ja, ist dieser weiterhin Vertragsbestandteil.

In einer Entscheidung vom 25.5.2005 (BAG v. 25.05.2005 – 5 AZR 572/04 – NZA 2005, 1111) zu zweistufigen Ausschlussfristen bestätigt das BAG das Verbot der **geltungserhaltenden Reduktion**. Neben der Feststellung, dass zweistufige Ausschlussfristen zulässig sind, wenn die Frist für die gerichtliche Geltendmachung der Ansprüche mindestens drei Monate beträgt, enthält die Entscheidung zwei weitere grundlegenden Aussagen.

Der Arbeitsvertrag ist Verbrauchervertrag im Sinne des § 310 Abs. 3 BGB.

und

Bei frei ausgehandelten Vertragsbedingungen findet eine Billigkeitskontrolle im Sinne einer allgemeinen, nicht auf die Besonderheiten des Falles bezogenen Angemessenheitsprüfung nach § 242 BGB nicht mehr statt.

Da der Arbeitsvertrag **Verbrauchervertrag** ist, finden die §§ 305 ff. BGB gem. § 310 Abs. 3 Nr. 2 BGB auch auf vorformulierte Vertragsbedingungen Anwendung, die nur zur einmaligen Verwendung bestimmt sind. Damit unterliegen fast alle Arbeitsverträge der AGB-Kontrolle, denn im Regelfall werden die Vertragsbedingungen vom ArbG gestellt. Kontrollfrei bleiben nur die Vertragsbedingungen, die zwischen den Arbeitsvertragsparteien wirklich ausgehandelt wurden.

Darüber hinaus sind nach § 310 Abs. 3 Nr. 3 BGB die den Vertragsschluss begleitenden Umstände zu beachten. Es wird also einen Unterschied machen, ob der ArbG, der eine Vertragsklausel einführt ein kleiner Handwerker oder ein Großunternehmen ist. In der Entscheidung des BAG vom 12.01.2005 (5 AZR 364/04 – NZA 2005, 465) wird die Zulässigkeit eines Widerrufvorbehalts deshalb an der Höhe des verbleibenden Verdienstes und der Stellung des Arbeitnehmers im Unternehmen gemessen.

Da über eine Kontrolle nach den §§ 305 ff. BGB hinaus keine **Billigkeitskontrolle** nach § 242 BGB mehr stattfindet geht das BAG nunmehr auch für das Arbeitsrecht davon aus, dass die Vertragsparteien, die ihre Bedingungen aushandeln, ihre Interessen auch selbst angemessen vertreten können. Nur bei strukturellen Störungen der Vertragsparität, wenn der Inhalt eine Vertragsseite ungewöhnlich belastet und als Interessenausgleich offensichtlich ungeeignet ist, soll noch eine richterliche Inhaltskontrolle stattfinden. Zukünftig wird man deshalb genau differenzieren müssen, ob es sich um individuelle oder formularmäßige Klauseln in einem Arbeitsvertrag handelt.

Beispiele für weitere Entscheidungen:

Einzelvertragliche Ausschlussfristen BAG v. 28.11.2007 – 5 AZR 992/06 – NZA 2008,293; Provisionszahlung BAG v. 20.02.2008 – 10 AZR 125/07 – NZA 2008, 1124; Änderungsvertrag mit befristet höherwertiger Tätigkeit BAG vom 14.11.2007 – 4 AZR 945/06 – n.v.; Bonuszahlung/Transparenzgebot BAG v. 06.09.2007 – 2 AZR 722/06 – NZA 2008, 219; Verzicht auf Kündigungsschutzklage BAG v. 06.09.2007 – 2 AZR 722/06 – NZA 2008, 219; Vertragsstrafenabrede BAG v. 14.08.2007 – 8 AZR 973/06 – NZA 2008, 170; befristete Arbeitszeiterhöhung BAG v. 08.08.2007 – 7 AZR 855/06 – NZA 2008, 229; Bezugnahme auf TV BAG v. 28.06.2007 – 6 AZR 750/06 – NZA 2007, 1049; Rückzahlung von Fortbildungskosten BAG v. 05.06.2007 – 9 AZR 604/06 – NZA – RR 2008, 107; Sittenwidrige Vergütungsvereinbarung BAG v. 17.10.2012 – 5 AZR 792/11 – NZA 2013, 266; Weihnachtsgratifikation in vom Arbeitgeber jährlich festzulegender Höhe BAG v. 16.01.2013 – 10 AZR 26/12 AP Nr 108 zu § 315 BGB.

Enthalten Formulararbeitsverträge persönliche Angaben, sind sie gem. § 94 Abs. 2 BetrVG von der **Zustimmung des Betriebsrats** abhängig.

Mängel des Vertragsschlusses

Der Arbeitsvertrag kann **aus verschiedenen Gründen nichtig** sein. Hier greifen arbeitsrechtliche Grundsätze und die Regelungen des BGB AT ineinander. Denkbar ist die Nichtigkeit wegen fehlender oder beschränkter Geschäftsfähigkeit (§§ 104 ff. BGB), mangelnder Vertretungsmacht (§ 177 BGB), Verstoßes gegen ein Schutz- oder Verbotsgesetz (§ 134 BGB), Verstoßes gegen die guten Sitten (§ 138 BGB), Verstoßes gegen tarifliche oder betriebsverfassungsrechtliche Regelungen (§ 4 Abs. 1 TVG, § 77 Abs. 4 BetrVG) und als Folge der Anfechtung (§§ 119 ff. BGB). Arbeitsrechtliche Besonderheiten bestehen dabei in den im Folgenden genannten Bereichen.

1. Geschäftsfähigkeit

Der Arbeitsvertrag kommt wie jeder zivilrechtliche Vertrag durch zwei übereinstimmende Willenserklärungen zustande (§ 145 ff. BGB). Die Wirksamkeit der **Willenserklärungen hängt u. a. von der Geschäftsfähigkeit** der Vertragsparteien ab. Das BGB unterscheidet **drei Stufen** der Geschäftsfähigkeit:

1 die Geschäftsunfähigkeit (§ 104 BGB),
2 die beschränkte Geschäftsfähigkeit (§ 106 BGB) und
3 die volle Geschäftsfähigkeit.

Geschäftsunfähig sind Kinder bis zum Ablauf des siebten Lebensjahres, Personen, die sich in einem die freie Willensbestimmung ausschließenden Zustand krankhafter Störung der Geistestätigkeit befinden und Personen, die wegen Geisteskrankheit entmündigt wurden. Die Willenserklärung eines Geschäftsunfähigen ist **nichtig** (§ 105 BGB).

Die **volle Geschäftsfähigkeit** erlangt man mit der **Volljährigkeit**. **Minderjährige** zwischen dem siebten und achtzehnten Lebensjahr sind **beschränkt geschäftsfähig** und bedürfen grundsätzlich der Einwilligung oder Genehmigung ihres gesetzlichen Vertreters, um eine wirksame Willenserklärung abzugeben. Diese Grundsätze gelten auch im Arbeitsrecht, werden aber durch die §§ 112, 113 BGB erweitert.

Für **minderjährige Arbeitgeber gilt § 112 BGB**. Danach kann der gesetzliche Vertreter einen Minderjährigen mit Genehmigung des Vormundschaftsgerichts ermächtigen, ein Erwerbsgeschäft zu führen. Der Minderjährige ist dann für solche Geschäfte voll geschäftsfähig, die der Betrieb des Erwerbsgeschäfts mit sich bringt. Diese partielle Vollgeschäftsfähigkeit bezieht sich auf alle arbeitsrechtlichen Willenserklärungen, wie Abschluss von Arbeitsverträgen, Kündigungen, Vergleiche etc. Entsprechende Genehmigungen des Vormundschaftsgerichts, sind seit der Herabsetzung des Volljährigkeitsalters auf 18 Jahre jedoch selten.

Für **minderjährige Arbeitnehmer gilt § 113 BGB**. Danach kann der gesetzliche Vertreter einen Minderjährigen ermächtigen, ein Arbeitsverhältnis einzugehen. Der Minderjährige ist dann für solche Rechtsgeschäfte unbeschränkt geschäftsfähig, welche die Eingehung oder Aufhebung eines Arbeitsverhältnisses der gestatteten Art oder die Erfüllung der sich aus einem solchen Arbeitsverhältnis ergebenden Verpflichtungen betreffen (z. B. Kündigung und Neuabschluss eines vergleichbaren Arbeitsverhältnisses, Gewerkschaftsbeitritt etc.). Die Ermächtigung kann allerdings eingeschränkt werden und jederzeit zurückgenommen werden. § 113 BGB gilt darüber hinaus nicht für Ausbildungsverhältnisse.

Beispiel: Die Eltern erlauben ihrer minderjährigen Tochter an der Kinokasse zu arbeiten. Sie kann das Arbeitsverhältnis kündigen und eine Stelle an der Theaterkasse annehmen. Die Tätigkeit als Barfrau ist aber nicht von § 113 BGB gedeckt, da es sich dabei nicht um ein Arbeitsverhältnis der gestatteten Art handelt.

2. Anfechtung

Die Nichtigkeit des Arbeitsvertrages kann auch Folge der Anfechtung wegen **Willensmängeln** (§ 119 BGB) oder **arglistiger Täuschung** (§ 123 BGB) sein.

Die Anfechtung steht als anderes Gestaltungsrecht gleichberechtigt neben der Kündigung des Arbeitsverhältnisses (BAG v. 28.03.1974 – 2 AZR 92/73 – AP Nr. 3 zu § 119 BGB).

Wird die Anfechtung erklärt, ist weder der Kündigungsschutz zu beachten (auch kein besonderer Kündigungsschutz wie z. B. § 9 MuSchG), noch der Betriebsrat gem. § 102 BetrVG anzuhören.

Anfechtungsgründe

Gem. den §§ 119 ff. BGB ist zu unterscheiden zwischen der Irrtumsanfechtung und der Täuschungsanfechtung.

Irrtumsanfechtung

Die Irrtumsanfechtung setzt voraus

- die Anfechtungserklärung,
- den Irrtum bei der Abgabe der Willenserklärung,
- die Kausalität des Irrtums für die Abgabe der Willenserklärung
- und die Einhaltung der Anfechtungsfrist gem. § 121 BGB.

Die Anfechtung wegen **Inhalts- und Erklärungsirrtums** (§ 119 Abs. 1 BGB) wirft gegenüber dem Zivilrecht keine besonderen arbeitsrechtlichen Fragen auf. Beim Erklärungsirrtum weicht die Äußerung des Erklärenden von dem ab, was er eigentlich erklären will (Versprechen, Verschreiben, Vergreifen).

Beispiel: Der Arbeitsvertrag enthält unter der Überschrift „monatliches Entgelt" den Eintrag „Euro 30.000", vereinbart sollten aber nur 3.000 € werden.

Beim **Inhaltsirrtum** irrt der Erklärende über die Bedeutung und Tragweite seiner Erklärung.

Beispiel: Ein Arbeitgeber glaubt einem Mitarbeiter Prokura erteilen zu müssen, obwohl eine normale Vollmacht auch ausreichend wäre.

Beim **Eigenschaftsirrtum** gem. § 119 Abs. 2 BGB stimmt die Erklärung mit dem Willen des Erklärenden überein, dem Erklärenden ist bei der Willensbildung jedoch ein Fehler unterlaufen. Aus arbeitsrechtlicher Sicht stellt sich dabei die Frage, was unter einer **verkehrswesentlichen Eigenschaft eines ArbN** zu verstehen ist. Es muss sich um verborgen gebliebene Eigenschaften handeln, die nach den objektiven Anschauungen des Rechtsverkehrs diesen speziellen ArbN für die konkret für ihn vorgesehene Stelle als ungeeignet erscheinen lassen. Hier schließt sich der Kreis zu den Fragerechten des ArbG bei der Einstellung. Verkehrswesentliche

Eigenschaften eines ArbN sind solche, nach denen der ArbG im Einstellungsgespräch fragen darf. Nicht als verkehrswesentliche Eigenschaft ist dagegen die geringe Leistungsfähigkeit eines ArbN anzusehen. Hier kommt allenfalls eine verhaltensbedingte bzw. personenbedingte Kündigung in Betracht.

Beispiel: Die Tatsache, dass die Sekretärin Analphabetin ist, berechtigt zur Anfechtung gem. § 119 Abs. 2 BGB. Ein Irrtum über die Schreibgeschwindigkeit des Sekretärs berechtigt allenfalls (nach Abmahnung) zur Kündigung.

Die Irrtumsanfechtung ist gem. § 121 BGB **unverzüglich** nachdem der Anfechtungsberechtigte von den Anfechtungsgründen Kenntnis erlangt, **zu erklären**. Diese Frist wird von der Rechtsprechung durch analoge Anwendung des § 626 Abs. 2 BGB konkretisiert, d. h. die Anfechtung muss innerhalb von zwei Wochen ab Kenntnis von dem Anfechtungsrecht erfolgen (BAG v. 14.12.1979 – 7 AZR 38/78 –, BAGE 32, 237).

Täuschungsanfechtung

Die Anfechtung wegen arglistiger Täuschung gem. § 123 BGB setzt voraus

- die Anfechtungserklärung,
- eine rechtswidrige Täuschung,
- Arglist,
- die Kausalität der Täuschung für die Abgabe der Willenserklärung und
- die Einhaltung der Anfechtungsfrist.

Eine **Täuschung** liegt immer dann vor, wenn ein Irrtum erregt oder aufrechterhalten wurde. Die Täuschung kann in einem Tun oder Unterlassen liegen. Arbeitsrechtlich ist hier insbesondere die bewusst **falsche Beantwortung einer Arbeitgeberfrage** beim Einstellungsgespräch relevant. Um zu verhindern, dass unzulässige ArbG-Fragen beim Einstellungsgespräch durch ein Anfechtungsrecht honoriert werden, ist zwischen einer rechtswidrigen und einer rechtmäßigen Täuschung zu differenzieren, auch wenn sich dies dem § 123 BGB nicht unmittelbar entnehmen lässt. Fälle rechtmäßiger Täuschung, z. B. bei unzulässigen ArbG-Fragen, sind deshalb im Wege der teleologischen Reduktion vom Anfechtungsrecht des § 123 BGB auszunehmen (BAG v. 21.02.1991 – 2 AZR 449/90 – NZA 1991, 719).

Beispiel: Der Arbeitgeber fragt im Einstellungsgespräch, ob die Bewerberin regelmäßig die Pille nimmt. Die Bewerberin bejaht dies, obwohl sie die Pille gerade abgesetzt hat, weil sie schwanger werden will. Die Arbeitnehmerin wird eingestellt und ist tatsächlich nach zwei Monaten schwanger. Ein Anfechtung nach § 123 BGB scheidet hier aus, die Arbeitnehmerin hat zwar getäuscht, diese Täuschung war aber rechtmäßig, da die Frage unzulässig ist.

Arglist ist immer dann gegeben, wenn der Täuschende mindestens bedingt vorsätzlich gehandelt hat. Die **Kausalität** ist gegeben, wenn die Täuschung wenigstens mitursächlich für die Begründung des Arbeitsverhältnisses war.

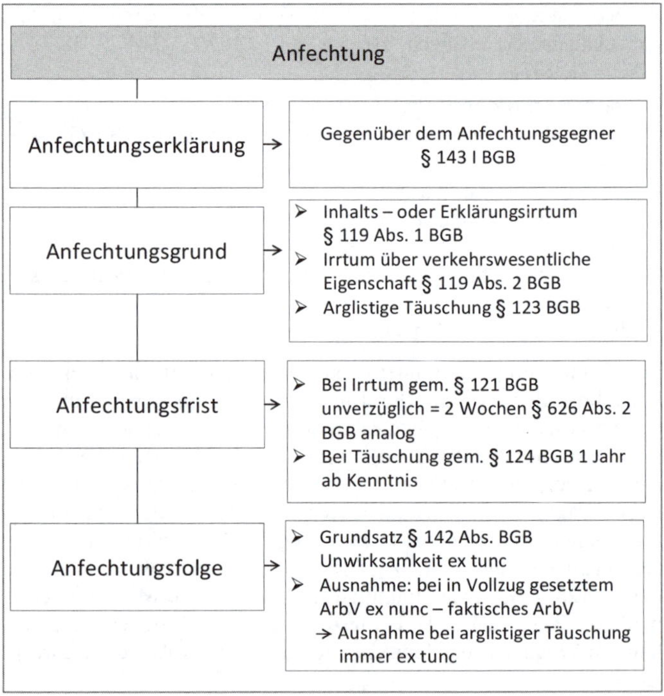

Die **Anfechtungsfrist** beträgt gem. § 124 BGB ein Jahr ab Kenntnis der Täuschung. § 626 Abs. 2 BGB wird hier nicht analog herangezogen (BAG v. 19.05.1983 – 2 AZR 171/81 – AP Nr. 25 zu § 123 BGB).

Die **Wirkung der Anfechtung** ist zivilrechtlich grundsätzlich die Nichtigkeit ex tunc, § 142 Abs. 1 BGB. Wegen der Besonderheiten des Arbeitsverhältnisses tritt diese Wirkung aber nur bei einem noch nicht in Vollzug gesetzten Arbeitsvertrag ein (vgl. folgendes Kapitel), ansonsten wirkt die Anfechtung **ex nunc**. Eine **Ausnahme** gilt bei einer **Anfechtung wegen arglistiger** Täuschung. Der Täuschende, der sich den Arbeitsvertrag erschlichen hat, soll nicht davon profitieren können, auch nicht von einem faktischen Arbeitsverhältnis (BAG v. 03.12.1998 – 2 AZR 754/97 – NZA 1999, 584; BAG vom 03.11.2004 – 5 AZR 592/03 – NZA 2005, 1409).

Rechtsfolgen der Mängel des Vertragsschlusses

Fehlende Geschäftsfähigkeit, Verstoß gegen ein Schutzgesetz, Verstoß gegen die guten Sitten und die Anfechtung des Arbeitsvertrages führen zivilrechtlich zur Nichtigkeit des Arbeitsvertrages insgesamt oder einzelner Teile des Vertrages. Arbeitsrechtlich ist die Nichtigkeitsfolge jedoch teilweise problematisch, da z. B. die Rückabwicklung eines Arbeitsverhältnisses Probleme aufwirft.

1. Nichtigkeit des Vertrages

Ist es **noch nicht zu einem Leistungsaustausch gekommen**, ist die zivilrechtlich angeordnete **Nichtigkeitsfolge ex tunc** auch im Arbeitsrecht unproblematisch. Der Arbeitsvertrag entfaltet keine Rechtswirkung und wird als null und nichtig angesehen. Ist es jedoch **bereits** zu einem **Leistungsaustausch** gekommen, insbesondere wenn eine Arbeitsleistung erbracht wurde, so wäre der Vertrag nach zivilrechtlichen Regelungen (**Bereicherungsrecht** §§ 812 ff. BGB) rückabzuwickeln. Da die Herausgabe der Arbeitsleistung und auch diverser Arbeitgeberleistungen (z. B. Kantinenessen) nicht möglich ist, wäre nach § 818 Abs. 2 BGB Wertersatz zu leisten. Dies könnte im Arbeitsrecht zu **unbilligen Ergebnissen** führen. Der ArbG könnte einem solchen Anspruch z. B. entgegen-

halten, die Arbeitsleistung sei wertlos gewesen, außerdem gäbe es Bewertungsschwierigkeiten (z. B. Wert von Kantinenessen, Nutzung von Betriebssporteinrichtungen etc.).
Um den Bedürfnissen des Arbeitsrechts gerecht zu werden, hat sich die Lehre vom **faktischen Arbeitsverhältnis** entwickelt.

Ein nichtiger Arbeitsvertrag, der bereits in Vollzug gesetzt wurde, wird für die Vergangenheit als wirksam behandelt. Der Nichtigkeit wird insoweit Rechnung getragen, als sich jede Partei für die Zukunft von dem faktischen Arbeitsverhältnis lösen kann.

Das **faktische Arbeitsverhältnis** genießt keinen Bestandsschutz für die Zukunft. Es kann ohne Einhaltung einer Frist aufgelöst werden. Hierzu genügt eine einfache Erklärung (BAG v. 15.01.1986 – 5 AZR 237/84 – NZA 1986, 561). Für die Vergangenheit wird das faktische Arbeitsverhältnis aber wie ein voll gültiges behandelt: Der ArbN hat **Anspruch auf die vertraglichen Leistungen,** die arbeitsrechtlichen **Schutznormen sind zu beachten** (z. B. EFZG, BUrlG etc.).

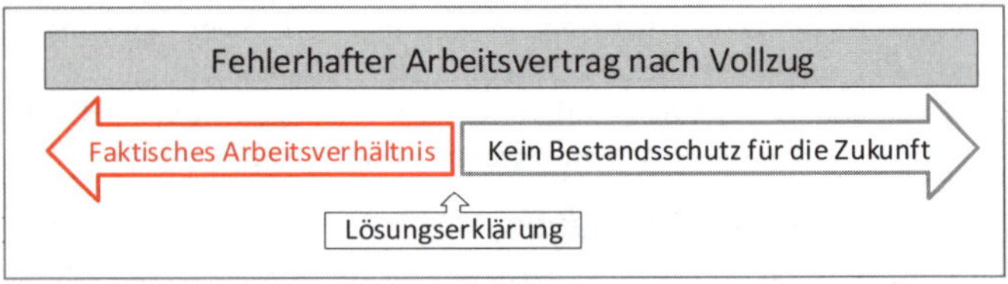

2. Teilnichtigkeit des Vertrages

Ist nicht der gesamte Vertrag nichtig, sondern sind nur einzelne Klauseln nichtig (z. B. Verstoß gegen das BurlG: dem ArbN wird nur ein Jahresurlaub von fünf Tagen gewährt), so liegt Teilnichtigkeit vor. Nach allgemeinen zivilrechtlichen Regelungen wäre hier der Vertrag gem. § 139 BGB insgesamt als nichtig anzusehen. Dies würde dazu führen, dass sich Arbeitnehmerschutzrechte ins Gegenteil verkehren, denn ein Verstoß von ArbG-Seite würde zum Verlust des Arbeitsplatzes führen. Die allgemeine **Regelung der Teilnichtigkeit wird im Arbeitsrecht daher nicht angewandt.**

Ein Arbeitsvertrag, der teilweise nichtig ist, wird im Übrigen aufrechterhalten, sofern ein sinnvoller Vertrag verbleibt.

Beispiel: Ein Arbeitsvertrag enthält die Klausel, wonach der ArbN keine Entgeltfortzahlung im Krankheitsfall erhält. Die Klausel steht im Widerspruch zum zwingenden EFZG und ist deshalb nichtig. Das Arbeitsverhältnis bleibt aber bestehen.

Zur **Lückenschließung** wird auf gesetzliche oder tarifliche Regelungen zurückgegriffen bzw. – soweit solche nicht bestehen – eine ergänzende Vertragsauslegung vorgenommen. Dabei ist aus den Umständen des Einzelfalls zu ermitteln, was die Parteien bei redlichem Verhalten geregelt hätten (BAG v. 20.08.1996 – 9 AZR 471/95 – NZA 1996, 1151). Die vor der Schuldrechtsrechtform übliche Reduktion von überschießenden Vertragsklauseln auf ein zulässiges Maß (z. B. überschießende Rückzahlungsklauseln oder zu kurze Ausschlussfristen) findet unter der Geltung der §§ 305 ff. BGB für das Arbeitsverhältnis nicht mehr statt. § 306 Abs. 2 BGB enthält nach h. M. im Zivilrecht ein Verbot der geltungserhaltenden Reduktion. Dem hat sich auch das BAG angeschlossen (BAG v. 04.03.2004 – 8 AZR 196/03 – NZA 2004, S. 727). Eine durch Nichtigkeit entstandene Lücke kann damit nur noch mit entsprechenden gesetzlichen oder tariflichen Regelungen oder durch ergänzende Vertragsauslegung geschlossen werden.

Beispiel: Ein Formulararbeitsvertrag sieht für die Geltendmachung aller Ansprüche aus dem Arbeitsverhältnis eine Frist von einem Monat vor. Nach der neueren Rechtsprechung des BAG benachteiligen einstufige Ausschlussfristen einen ArbN unangemessen und sind mit dem gesetzlichen Grundgedanken des Verjährungsrechts nicht vereinbar, wenn sie kürzer als drei Monate sind (BAG v. 28.09.2005 – 5 AZR 52/05 – NZA 2006, 149). Damit entfällt die Ausschlussfrist in diesem Vertrag ersatzlos.

Inhalt des Arbeitsverhältnisses

Der Arbeitsvertrag ist ein gegenseitiger Vertrag, der den Austausch von Leistungen – Arbeit gegen Entgelt – beinhaltet. Abgesehen von diesen Hauptpflichten bestehen Nebenpflichten der Vertragspartner, die im Arbeitsverhältnis eine besondere Ausprägung erhalten. Werden die Pflichten aus dem Arbeitsverhältnis nicht oder nicht gehörig erfüllt, greifen eine Reihe arbeitsrechtlicher Sonderregelungen, die in Spezialgesetzen normiert sind (Entgelt ohne Arbeit z. B. nach dem EFZG, BUrlG) oder auf der Rechtsprechung beruhen (Begrenzung der Arbeitnehmerhaftung).

Pflichten der Arbeitsvertragsparteien

1. Hauptpflicht des Arbeitnehmers

Die Hauptpflicht des ArbN ist gem. § 611 BGB die Verpflichtung zur Arbeitsleistung.

Bei der Arbeitsleistung handelt es sich um eine persönliche Verpflichtung, § 613 BGB.

Der ArbN ist nicht berechtigt, aber auch nicht verpflichtet (z. B. für den Fall der Krankheit), die Arbeitsleistung von einem Vertreter erbringen zu lassen. § 613 S. 1 BGB ist allerdings eine **Auslegungsregel.** Abweichende Vereinbarungen sind selten, aber zulässig. Umgekehrt darf der ArbG den Anspruch auf die Arbeitsleistung im Zweifel nicht übertragen oder abtreten (§ 613 S. 2 BGB). Von diesem Grundsatz gibt es jedoch **zwei gesetzlich geregelte Ausnahmen**: die Fälle des Betriebsübergangs und der Arbeitnehmerüberlassung.

Betriebsübergang

§ 613a BGB regelt das Schicksal des Arbeitsverhältnisses bei einem rechtsgeschäftlichen Betriebsübergang. Mit dem Betrieb gehen auch die Arbeitsverhältnisse mit allen Rechten und Pflichten auf den Erwerber über. Dabei genießt das Arbeitsverhältnis **Bestandsschutz**, die Kündigung wegen des Betriebsübergangs ist gem.

§ 613a Abs. 4 BGB unzulässig. Dem Grundsatz des § 613 BGB wird dadurch Rechnung getragen, dass dem ArbN ein **Widerspruchsrecht** zusteht, das den Übergang des Arbeitsverhältnisses verhindert (§ 613a Abs. 6 BGB). Der Arbeitnehmer hat innerhalb einer Frist von einem Monat nach Unterrichtung durch den ArbG (§ 613a Abs. 5 BGB) die Möglichkeit, dem Übergang seines Arbeitsverhältnisses auf den Betriebserwerber schriftlich zu widersprechen. Er bleibt dadurch ArbN des Veräußerers, geht dabei allerdings das Risiko einer betriebsbedingten Kündigung ein, wenn beim Veräußerer die Beschäftigungsmöglichkeit entfallen ist. Im Rahmen einer durchzuführenden Sozialauswahl sollten dann nach der älteren BAG-Rechtsprechung auch die Gründe für den Widerspruch mit berücksichtigt werden (BAG v. 22.04.2004 – 2 AZR 244/03 – NZA 2004, 1389). Diese Rechtsprechung hat das BAG zu Recht 2007 ausdrücklich aufgegeben. Die Regelung des § 1 Abs. 3 KSchG lässt keine Berücksichtigung der Widerspruchsgründe zu (BAG v. 31.05.2007 – 2 AZR 276/06 – NZA 2008, 33).

Das Recht des Betriebsübergangs wird geprägt durch eine Vielzahl von EuGH- und BAG-Entscheidungen, gleichwohl sind immer noch eine Reihe von Fragestellungen offen und werden in der Literatur kontrovers diskutiert. Neben den Voraussetzungen eines Betriebsübergangs ist nach wie vor der Umfang der Unterrichtungspflicht des ArbG als problematisch anzusehen, denn nur eine ordnungsgemäße Unterrichtung löst den Fristlauf für das Widerspruchsrecht aus (vgl. dazu im Einzelnen die einschlägige und vielfältige Literatur).

Ein Betriebsübergang gem. § 613a BGB liegt vor, wenn ein neuer Rechtsträger die wirtschaftliche Einheit (Betrieb) unter Wahrung ihrer Identität fortführt. Dabei sind die Umstände des konkreten Falles zu berücksichtigen. Zu den maßgeblichen Tatsachen zählen die Art des betreffenden Betriebes, der Übergang der materiellen Betriebsmittel sowie deren Wert und Bedeutung, die Übernahme der immateriellen Betriebsmittel und der vorhandenen Organisation, der Grad der Ähnlichkeit mit der Betriebstätigkeit des bisherigen Inhabers, die Weiterbeschäftigung der Hauptbelegschaft, der Übergang von Kundschaft und Lieferantenbeziehungen sowie die Dauer einer eventuellen Unterbrechung der Betriebstätigkeit (ständige Rspr. u. a. BAG v. 14.08.2007 – 8 AZR 1043/06 – NZA 2007, 1431).

Arbeitnehmerüberlassung

Die Fälle der gewerbsmäßigen Arbeitnehmerüberlassung (auch als Leiharbeit bezeichnet) regelt das AÜG. Arbeitnehmerüberlassung liegt vor, wenn ein ArbN zum Zwecke der Ausleihe an einen anderen ArbG eingestellt und gewerbsmäßig zur Arbeitsleistung an Dritte überlassen wird. Wesentliches Kennzeichen ist ein Dreiecksverhältnis zwischen Verleiher, Entleiher und ArbN. Der Verleiher bleibt grundsätzlich ArbG und schuldet auch das Arbeitsentgelt, dem Entleiher steht dagegen das Weisungsrecht zu. Zum Schutz der ArbN macht das AÜG die Arbeitnehmerüberlassung von einer **behördlichen Erlaubnis** abhängig. Fehlt diese Erlaubnis, wird der Entleiher gem. § 10 AÜG zum ArbG.
Durch die „Hartz-Gesetze" wurde der Verleiher verpflichtet, dem ArbN das gleiche Arbeitsentgelt zu gewähren wie einem vergleichbaren ArbN des Entleihers (§ 3 Nr. 3, § 9 Nr. 2 AÜG „equal payment"). Ein Tarifvertrag kann abweichende Regelungen zulassen. Im Geltungsbereich eines solchen Tarifvertrages können nichttarifgebundene Arbeitgeber und Arbeitnehmer die Anwendung der tariflichen Regelungen vereinbaren (§ 3 Abs. 1 Nr. 3 AÜG). In der Vergangenheit wurde hier auf die Tarifverträge der CGZP (Christliche Gewerkschaft für Zeitarbeit und Personalserviceagenturen) Bezug genommen. Hierbei handelt es sich jedoch nicht um eine tariffähige Vereinigung (BAG v. 14.12.2010 – 1 ABR 19/10 –NZA 2011, 289 ff.). 2011 wurde durch § 3a AÜG zudem eine Lohnuntergrenze eingeführt. Wird diese Lohnuntergrenze durch den Verweis auf einen Tarifvertrag nicht eingehalten, hat der Leiharbeitnehmer den Equalpayanspruch. Gleiches gilt, wenn der Leiharbeitnehmer innerhalb der letzten sechs Monate aus einem Arbeitsverhältnis mit dem Entleiher – oder einem mit dem Entleiher nach § 18 AktG konzernbildenden Arbeitgeber – ausgeschieden ist.
Bei der Einstellung eines Leiharbeitnehmers sind die Mitbestimmungsrechte des Betriebsrats im Entleiherbetrieb zu beachten. Der Entleiher bedarf auch für die Einstellung eines Leiharbeitnehmers der Zustimmung des Betriebsrats gem. § 99 BetrVG. Gegebenenfalls hat der Entleiher hierzu vorab Informationen über die Person des Leiharbeitnehmers beim Verleiher einzuholen.

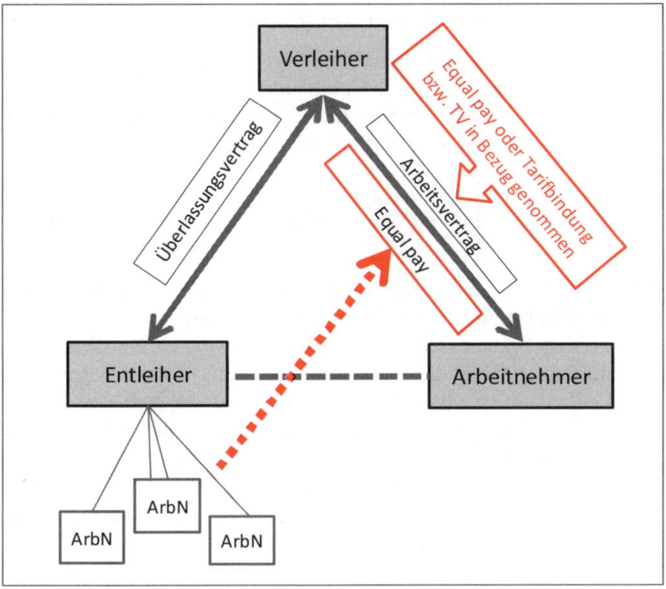

Grundsätzlich bleibt der Leiharbeitnehmer Arbeitnehmer des Verleihers. Man ist daher lange Zeit davon ausgegangen, dass Leiharbeitnehmer bei den arbeitsrechtlichen Schwellenwerten im Entleiherbetrieb nicht zu berücksichtigen sind. Neuere Entscheidungen des BAG sehen dies teilweise anders. Mitzuzählen sind Leiharbeitnehmer bei der Unternehmensgröße i. S. d. § 111 BetrVG (BAG v. 18.10.2011 – 1 AZR 335/10 – NZA 2012, 221), bei den Schwellen für die Betriebsratsgröße gem. § 9 BetrVG (BAG v. 13.03.2013 – 7 ABR 69/11 – NZA 2013, 789) und bei der Kleinbetriebsklausel gem. § 23 KSchG (BAG v. 24.01.2013 – 2 AZR 140/12 – NZA 2013, 726; siehe dazu auch die Ausführungen auf S. 172 ff.). Dabei stellt das BAG jeweils auf den Normzweck ab. Eine Verallgemeinerung für alle arbeitsrechtlichen Schwellenwerte ist damit nicht möglich. Die weitere Rechtsprechung sollte deshalb verfolgt werden.

2. Nebenpflichten des Arbeitnehmers

Neben den Hauptpflichten entfaltet jeder Vertrag auch sog. **Nebenpflichten**, die sich aus dem **Grundsatz von Treu und Glauben** ergeben (§ 242 BGB). Sie verpflichten die Vertragspartner zur Rücksicht auf die Rechte, Rechtsgüter und Interessen des Vertragspartners (§ 241 Abs. 2 BGB).

Im Arbeitsverhältnis werden die Nebenpflichten auch als Treuepflichten des ArbN bezeichnet.

Relevant sind sie insbesondere deshalb, weil bei schuldhafter **Nebenpflichtverletzung** ein **Schadensersatzanspruch** aus § 280 Abs. 1 BGB besteht. Jedem Arbeitsvertrag wohnen eine Fülle von Nebenpflichten inne, die je nach der konkreten Situation ganz unterschiedlich ausgestaltet sein können. So ist der ArbN z. B. verpflichtet, die ihm zur Verfügung gestellten Arbeitsgeräte sorgsam zu behandeln, um den ArbG vor einem Schaden zu bewahren. Es gibt jedoch auch einige typische Nebenpflichten, die den Besonderheiten des Arbeitsverhältnisses Rechnung tragen. Hierzu gehören Unterlassungspflichten genauso wie Handlungspflichten.

Unterlassungspflichten (Interessenwahrungspflichten)	**Handlungspflichten (Schutzpflichten)**
Verschwiegenheitspflichten	Anzeige drohender Schäden
Unterlassung rufschädigender Äußerungen	Schadensabwendende Tätigkeit im Einzelfall
Wettbewerbsverbot	
Unterlassung von Nebentätigkeiten	

Unterlassungspflichten

Verschwiegenheitspflicht

Zu den Unterlassungspflichten gehört zunächst die Verschwiegenheitspflicht. Der ArbN hat über ihm bekannte Betriebs- und Geschäftsgeheimnisse Stillschweigen zu bewahren. Unter einem Betriebs- oder **Geschäftsgeheimnis** versteht man nicht offenkundige Tatsachen, die in engem Zusammenhang mit dem Betrieb stehen, nur einem eng begrenzten Personenkreis bekannt sind und nach dem bekundeten Willen (ausdrücklich oder konkludent) des Betriebsinhabers geheim zu halten sind und an deren Geheimhaltung der Arbeitgeber ein berechtigtes wirtschaftliches Interesse hat (BAG v. 15. 12.1987 – 3 AZR 474/86 – NZA 1988, 502). Soweit ein solches berechtigtes wirtschaftliches Interesse besteht, ist eine Verschwiegenheitsvereinbarung auch über den Begriff des Geschäftsgeheimnisses hinaus möglich.

Unterlassung rufschädlicher Äußerungen

In engem Zusammenhang mit der Verschwiegenheitspflicht ist die Pflicht des ArbN zur Unterlassung ruf- bzw. kreditschädigender Äußerungen zu sehen. Der ArbN hat sich seinem ArbG gegenüber **loyal zu verhalten** (vgl. BAG v. 07.12.2006 – 2 AZR 400/05 – NZA 2007, 502). Diese Pflicht findet nur dort ihre Grenzen, wo Rechte anderer Betriebsangehöriger oder Dritter betroffen sind (wenn z. B. ein Betrieb Maschinen produziert, die bei Gebrauch explodieren). Selbst in einem solchen Fall hat der ArbN aber den für seinen ArbG schonendsten Weg zu wählen und sich zunächst an Vorgesetzte, Betriebsrat und Behörden zu wenden, statt die Presse einzuschalten. Beachtenswert ist in diesem Zusammenhang allerdings das Urteil des Europäischen Gerichtshofs für Menschenrechte in Sachen Heinisch (EGMR v. 21.07.2011 – 28274/08 – NZA 2011, 1269). In Folge dieser Entscheidung wird wieder eine gesetzliche Regelung des sog. „Whistleblowings" diskutiert.

Wettbewerbsverbot

Im **laufenden Arbeitsverhältnis** ist es dem ArbN untersagt, eine Konkurrenztätigkeit zu seinem ArbG aufzunehmen (BAG v. 16.08.1990 – 2 AZR 113/90 – NZA 1991, 141). Dies gilt aus der Treuepflicht heraus auch ohne ausdrückliche vertragliche Regelung.

Beispiel: Die Friseuse darf nicht nach Feierabend die Kundinnen ihres ArbG frisieren. Tut sie es doch, kommt neben einem Schadensersatzanspruch auch eine Abmahnung bzw. Kündigung in Betracht.

Endet das Arbeitsverhältnis, endet grundsätzlich auch das Wettbewerbsverbot. Der ArbN ist frei in seiner beruflichen Entfaltung.

Beispiel: Das Arbeitsverhältnis der Friseuse endet am 31.5.2016. Ab dem 1.6.2016 kann sie eine andere Stelle in einem konkurrierenden Friseurgeschäft annehmen oder sich selbstständig machen.

Es ist allerdings die Vereinbarung eines **nachvertraglichen Wettbewerbsverbots** möglich. Dieses unterliegt dann aber den Voraussetzungen der §§ 74 ff. HGB. Die §§ 74 ff. HGB gelten vom Wortlaut her nur für den kaufmännischen Angestellten, werden gem. § 110 GewO aber auf alle Arbeitsverhältnisse entsprechend angewandt (BAG v. 14.05.1969 – 3 AZR 137/68 – BAGE 22, 6). Neben den formellen Voraussetzungen des § 74 HGB setzt ein wirksames Wettbewerbsverbot voraus, dass der ArbG ein berechtigtes geschäftliches Interesse an dem Wettbewerbsverbot hat, das Fortkommen des ArbN nicht unbillig erschwert wird und dem ArbN für die Dauer des Wettbewerbsverbots eine Karenzentschädigung gezahlt wird (§ 75 HGB).

Beispiel: Will der ArbG der Friseuse verhindern, dass sie sich nach Beendigung des Arbeitsverhältnisses in derselben Gegend selbstständig macht und damit Kunden abzieht, muss er ein nachvertragliches Wettbewerbsverbot vereinbaren und für dessen Dauer eine Karenzentschädigung zahlen. Das Wettbewerbsverbot darf sich jedoch nicht weiter erstrecken, als dies zum Schutz des Arbeitgebers erforderlich ist.

Unterlassung von Nebentätigkeiten

Sonstige **Nebentätigkeiten** eines ArbN, die keine Wettbewerbstätigkeiten sind, sind **grundsätzlich zulässig** (Art. 2 GG, Allgemeine Handlungsfreiheit und Art. 12 GG Freiheit der Berufswahl). Gesetzliche Schranken der Nebentätigkeit ergeben sich aus § 3 ArbZG, wenn die gesetzliche **Höchstarbeitszeit** überschritten wird, und aus § 8 BUrlG, der verbietet, während des Urlaubs einer Erwerbstätigkeit nachzugehen, die dem **Urlaubszweck** zuwiderläuft.

Eine **vertragliche Vereinbarung eines Nebentätigkeitsverbots** ist nur dann zulässig, wenn der ArbG daran ein schützenswertes Interesse hat (BAG v. 06.09.1990 – 2 AZR 165/90 – NZA 1991, 221). Dies ist dann der Fall, wenn die Nebentätigkeit mit der geschuldeten Arbeitsleistung zeitlich oder aus anderen Gründen unvereinbar ist. Generelle vertragliche Beschränkungen sind unzulässig, möglich ist jedoch, die Nebentätigkeit unter Genehmigungsvorbehalt, verbunden mit einer Anzeigepflicht zu stellen. Der ArbN hat dann einen Anspruch auf Genehmigung, wenn ArbG-Interessen nicht beeinträchtigt werden.

Handlungspflichten

Anzeige drohender Schäden

Der ArbN ist allgemein aus der Treuepflicht heraus verpflichtet, drohende Schäden seines ArbG zu verhindern. Drohende Schäden an Maschinen oder Material im Arbeitsbereich des ArbN hat dieser anzuzeigen.

Beispiel: Dem ArbN ist ein Firmenwagen zur Nutzung überlassen, bei einer Fahrt treten Fehlgeräusche auf, die auf einen Motorschaden schließen lassen. Der ArbN muss hier den Wagen abstellen und den drohenden Schaden anzeigen.

Schadensabwendende Tätigkeit im Einzelfall

Droht ein Schaden im Arbeitsbereich des ArbN, ist dieser verpflichtet selbstständig tätig zu werden, um den Schaden zu verhindern. In Notfällen muss der ArbN hier auch Tätigkeiten verrichten, zu denen er vertraglich nicht verpflichtet ist und u. U. auch Überstunden leisten.

3. Hauptpflicht des Arbeitgebers

Die Hauptpflicht des Arbeitgebers ist die Vergütungspflicht.

Sie bildet die Gegenleistung zur Arbeitspflicht und setzt grundsätzlich auch die Arbeitsleistung voraus. Es gibt allerdings eine Vielzahl von Regelungen, die eine Vergütungspflicht des ArbG ohne Arbeitsleistung des ArbN vorsehen (z. B. Entgeltfortzahlung im Krankheitsfall). Diese werden im anschließenden Kapitel behandelt.

Höhe der Vergütung

In der Regel schuldet der ArbG eine Vergütung, die sich nach Stunden, Wochen oder Monaten bemisst (Zeitlohn). Wird die Höhe der Vergütung von der Leistung des ArbN beeinflusst, insbesondere von der Qualität oder Stückzahl, handelt es sich um ein Leistungslohnsystem. Die Höhe der Vergütung richtet sich dabei normalerweise entweder nach dem Tarifvertrag oder nach dem Arbeitsvertrag. Sollte ausnahmsweise keine Vergütung vereinbart sein, ist die Höhe gem. § 612 BGB zu bemessen.

Bei bestehender beiderseitiger Tarifbindung darf die vertragliche Vergütungsvereinbarung die tarifliche Vergütung nicht unterschreiten (§ 4 Abs. 1 und 3 TVG). Gleiches gilt, wenn ein Arbeitsverhältnis in den Geltungsbereich eines allgemeinverbindlichen Tarifvertrages (siehe dazu oben S. 16) fällt. Ansonsten obliegt die Bestimmung der Vergütungshöhe vorbehaltlich verbindlicher Mindestentgelte bis zur Grenze der Gesetz- und Sittenwidrigkeit der Parteivereinbarung. Von einer **sittenwidrigen Vergütung** geht man dann aus, wenn ein auffälliges Missverhältnis zwischen Leistung und Gegenleistung besteht (Lohnwucher oder wucherähnliches Rechtsgeschäft gem. § 138 Abs. 2 bzw. Abs. 1 BGB). Dies soll dann der Fall sein, wenn die Arbeitsvergütung nicht einmal zwei Drittel eines im betreffenden Wirtschaftszweig üblicherweise gezahlten Tariflohns erreicht (vgl. dazu BAG v. 18.04.2012 – 5 AZR 630/10 – NZA 2012, 978).

Mindestentgelte wurden in der Vergangenheit im Wesentlichen für einige wenige Branchen durch Erstreckung eines Tarifvertrages auf die gesamte Branche durch Rechtsverordnung auf der Basis des **Arbeitnehmerentsendegesetzes** oder für den Bereich der Arbeitnehmerüberlassung (siehe dazu oben S. 56 f.) festgesetzt. Das Gesetz zur Festsetzung von Mindestarbeitsbedingungen hat niemals praktische Bedeutung erlangt und trat zum Ende des Jahres 2014 außer Kraft. Am 11.08.2014 wurde das **Mindestlohngesetz** erlassen, das ab Januar 2015 einen allgemeinen gesetzlichen Mindestlohn in Höhe von 8,50 Euro vorsieht (§ 1 Abs. 2 MiLoG). Dieser Mindestlohn ist zunächst bis Ende 2016 festgeschrieben. Zum 30. Juni 2016 entscheidet dann eine von der Bundesregierung gem. §§ 4 ff. MiLoG eingesetzte **Mindestlohnkommission** über die Anpassung des Mindestlohns ab 1. Januar 2017.

Grundsätzlich gilt das MiLoG gem. § 22 MiLoG für **alle Arbeitsverhältnisse**, auch für Praktikantenarbeitsverhältnisse. Ausgenommen sind jedoch Schul- und Hochschulpraktika (§ 22 Abs. 1 Nr. 1 MiLoG) und Praktika bis zu drei Monaten, die zur Orientierung für eine Berufsausbildung oder Hochschulausbildung dienen sowie begleitend zu einer Berufs- oder Hochschulausbildung absolviert werden (§ 22 Abs. 1 Nr. 2 und 3 MiLoG), sowie Praktika zu einer Einstiegsqualifizierung nach dem SGB III oder einer Berufsausbildungsvorbereitung nach dem BBiG (§ 22 Abs. 1 Nr. 4 MiLoG). Des Weiteren sind aus dem persönlichen Geltungsbereich des Gesetzes ausgenommen: Jugendliche unter 18 Jahren, die noch keine Berufsausbildung haben, Auszubildende und Langzeitarbeitslose in den ersten sechs Monaten der Beschäftigung (§ 22 Abs. 2–4 MiLoG).

Eine Übergangsregelung gilt gem. § 24 Abs. 1 MiLoG bis zum 31. Dezember 2017. Danach gehen abweichende Regelungen eines Branchenmindestlohns auf der Basis des Arbeitnehmerentsendegesetzes und des Arbeitnehmerüberlassungsgesetzes dem allgemeinen Mindestlohn auch dann vor, wenn sie unter der 8,50 Euro Grenze liegen. Während der Übergangszeit soll den Tarifpartnern die Möglichkeit eingeräumt werden, für ihre Branche eine abweichende Mindestlohnhöhe zu bestimmen, den spezifischen Gegebenheiten hinsichtlich der Ertragskraft der Unternehmen dieser Branche Rechnung zu tragen und die Mindestlöhne stufenweise an den allgemeinen Mindestlohn bis zum 31. Dezember 2017 anzupassen (Gesetzesbegründung BT-Drcks. 18/1558). Für Zeitungszusteller gibt es eine eigene Übergangsregelung gem. § 24 Abs. 2 MiLoG.

Überstunden

Überstunden leistet der ArbN, wenn die **regelmäßige betriebliche** – nicht persönliche – **Arbeitszeit überschritten** wird.

Beispiel: Im Betrieb gilt eine 38-Stundenwoche, eine ArbNin arbeitet in Teilzeit 30 Stunden/Woche. Die 31.-38. Stunde bekommt sie zwar gezahlt, leistet aber keine Überstunden, so dass auch keine tariflichen Überstundenzuschläge anfallen.

Ob und in welchem Umfang der ArbN überhaupt **mehr als die (tarif)vertraglich geschuldeten Stunden erbringen muss**, richtet sich nach dem Arbeitsvertrag oder Tarifvertrag. Ohne eine entsprechende Regelung ist der ArbN nur in Fällen eines dringenden betrieblichen Erfordernisses zur Überstundenleistung verpflichtet. Die Vergütung der Überstunden entspricht grundsätzlich der normalen Vergütung, es sei denn, der Tarifvertrag oder Arbeitsvertrag sieht Überstundenzuschläge vor. Kommt es zu Streitigkeiten über die Verpflichtung des ArbG zur Überstundenvergütung, so trägt der ArbN die Darlegungs- und Beweislast, dass Überstunden geleistet und vom ArbG angeordnet oder zumindest geduldet wurden. Hierzu bedarf es einer Darlegung des ArbN, an welchen Tagen er von wann bis wann Arbeit geleistet oder sich auf Weisung des Arbeitgebers zur Arbeit bereitgehalten hat. Auf diesen Vortrag muss der Arbeitgeber dann im Rahmen einer gestuften Darlegungslast substantiiert erwidern und im Einzelnen vortragen, welche Arbeiten er dem Arbeitnehmer zugewiesen hat und an welchen Tagen der Arbeitnehmer von wann bis wann diesen Weisungen – nicht – nachgekommen ist (BAG v. 16. 05.2012 – 5 AZR 347/11 – BAGE 141, 330–339).

Beispiel: „Ich habe am 10.10.2013 in der Zeit von 17–18.00 Uhr auf Anordnung meines Vorgesetzten Meier eine Überstunde an meinem normalen Arbeitsplatz geleistet. Ich war in dieser Zeit mit ... beschäftigt. Als Beweis für die Tatsache der Anordnung der Überstunde und der Leistung biete ich meinen Arbeitskollegen Müller als Zeugen an, der gleichzeitig mit mir am Arbeitsplatz anwesend war."

Zahlungszeitpunkt und Abrechnung

Gem. § 614 BGB ist die Vergütung **nach der Leistung** zu entrichten, d. h. der ArbN ist vorleistungspflichtig. § 614 BGB ist allerdings abdingbar und es finden sich in vielen Tarif- und Arbeitsverträgen abweichende Regelungen. Bei Zahlung der Vergütung ist dem ArbN gem. § 108 GewO eine Abrechnung in Textform (§ 126b BGB) zu erteilen: Diese muss mindestens Angaben über den Abrechnungszeitraum und die Zusammensetzung des Arbeitsentgelts enthalten. Sanktionen bei einer Verletzung dieser Pflicht sind allerdings nicht erkennbar. Eine gesonderte Fälligkeitsregelung enthält allerdings § 2 Abs. 1 MiLoG. Danach ist der Mindestlohn spätestens am letzten Bankarbeitstag des Monats, der auf den Monat folgt, in dem die Arbeitsleistung erbracht wurde, zu zahlen. Für Überstunden gilt eine Sonderregelung nach § 2 Abs. 2 MiLoG.

Verjährung, Ausschlussfristen

Der Anspruch auf das Arbeitsentgelt unterliegt der regelmäßigen, **dreijährigen Verjährung** gem. § 195 BGB. Die Verjährung beginnt mit dem Schluss des Kalenderjahres, in dem der Anspruch entstanden ist und der Gläubiger (ArbN) von den Anspruch begrün-

denden Tatsachen Kenntnis erlangt oder ohne grobe Fahrlässigkeit erlangen musste (§ 199 Abs. 1 BGB).
Die Verjährung ist nur zu beachten, wenn sich der Schuldner darauf beruft. Insoweit ist die Verjährung sauber zu trennen von tariflichen oder einzelvertraglichen **Ausschlussfristen**.

Die Verjährung stellt nur eine Einrede in Gestalt eines Leistungsverweigerungsrechts dar.

Ausschlussfristen führen zum Untergang des Anspruchs. Zu unterscheiden sind einstufige und zweistufige Ausschlussfristen. Einstufige Ausschlussfristen sehen vor, dass ein Anspruch innerhalb der Frist geltend gemacht werden muss, sonst verfällt er. Bei zweistufigen Ausschlussfristen muss der Anspruch innerhalb einer ersten Frist geltend gemacht werden und innerhalb einer zweiten Frist eingeklagt werden.

Ausschlussfristen finden sich regelmäßig in Tarifverträgen und sind auch in Einzelarbeitsverträgen zulässig. Nach der Schuldrechtsreform war dies umstritten. Soweit es sich um wirklich individuell ausgehandelte Klauseln handelt, bleibt es bei der alten Rechtslage, denn das BAG nimmt für individuell ausgehandelte Vertragsformulierungen keine Billigkeitskontrolle mehr vor (BAG v. 25.05.2005 – 5 AZR 572/04 – NZA 2005, 1111). Ansonsten sind Ausschlussfristen zulässig, wenn die Frist nicht kürzer als drei Monate bemessen ist, sonst benachteiligt sie den ArbN unangemessen entgegen dem Gebot von Treu und Glauben (§ 307 Abs. 1 S. 1 BGB). Ein kürzere Frist ist mit dem wesentlichen Grundgedanken des Verjährungsrechts nicht vereinbar und schränkt wesentliche Rechte aus dem Arbeitsvertrag so ein, dass die Erreichung des Vertragszwecks gefährdet ist (§ 307 Abs. 2 Nr. 1 und 2 BGB) (zu einstufigen Ausschlussfristen BAG v. 28.09.2005 – 5 AZR 52/05 – NZA 2006, 149; zu zweistufigen Ausschlussfristen BAG v. 25.05.2005 – 5 AZR 572/04 – NZA 2005, 1111; BAG v. 28.11.2007 – 5 AZR 992/06 – NZA 2008, 293).

Auszahlungsschutz

Die Arbeitsvergütung eines ArbN bildet im Regelfall auch dessen **wirtschaftliche Existenzgrundlage**. Der ArbN ist darauf angewiesen, dass ihm sein Arbeitsentgelt auch tatsächlich ausgezahlt wird. Arbeitseinkommen darf daher nicht in vollem Umfang durch Pfändung, Aufrechnung oder Abtretung aufgezehrt werden, sonst würde der ArbN auf Sozialleistungen zulasten der Allgemeinheit verwiesen werden. Andererseits können die Gläubiger eines ArbN ihre Forderungen oft nur durch Zugriff auf das Arbeitsentgelt realisieren. Das Gesetz versucht hier einen gerechten Ausgleich zu finden.

Pfändungsschutz

Die Pfändung von Arbeitseinkommen unterliegt den Pfändungsbeschränkungen gem. den §§ 850 ff. ZPO.

Das Gesetz unterscheidet zwischen unpfändbaren Bezügen (§ 850a ZPO), bedingt pfändbaren Bezügen (§ 850b ZPO), auf die nur zugegriffen werden kann, wenn die Vollstreckung in das sonstige Vermögen nicht zu einer Befriedigung geführt hat, und relativ pfändbaren Bezügen (§ 850c ZPO), die bis zu bestimmten Höchstgrenzen unter Berücksichtigung der Unterhaltspflichten des ArbN pfändbar sind. Bei der **Berechnung** des pfändbaren Teils der Vergütung leistet die im Anhang zu den §§ 850 ff. ZPO befindliche **Tabelle** wertvolle Hilfe. Hier lässt sich der pfändbare Teil des Arbeitsentgelts unter Berücksichtigung der **Einkommenshöhe** und der **Unterhaltspflichten** schnell entnehmen.

Abtretung/Verpfändung

Der ArbN wird nicht nur vor dem Zugriff seiner Gläubiger geschützt, sondern auch vor eigenen Verfügungen über sein Arbeitsentgelt. Arbeitseinkommen kann nur insoweit abgetreten werden, als es der Pfändung unterliegt (§ 400 BGB). Hinsichtlich der Verpfändung von Arbeitsentgeltansprüchen gilt das Gleiche, § 1274 Abs. 2 BGB verweist auf § 400 BGB.

Aufrechnung

Ein Aufrechnungsverbot rundet den Auszahlungsschutz ab.

Gegen Arbeitsentgelt kann nicht aufgerechnet werden, soweit es der Pfändung nicht unterliegt (§ 394 BGB).

Beispiel: ArbN Hans Hurtig verursacht schuldhaft einen Maschinenschaden, seinem ArbG steht deshalb ein Schadensersatzanspruch in Höhe von 1.000 € zu. Hans verdient monatlich 1.500 € netto, ist ledig und hat keine Kinder. Hier sind gegenwärtig lediglich 298,28 € pfändbar, nur in dieser Höhe kann der ArbG monatlich aufrechnen.

Nur in einem Ausnahmefall hat das BAG die über die Pfändungsgrenzen hinausgehende Aufrechnung zugelassen. Hier hatte der ArbN den ArbG vorsätzlich geschädigt, und der Schaden war so hoch, dass er normalerweise nicht ausgeglichen werden könnte, wenn die Pfändungsgrenzen beachtet werden. Selbst in diesem Fall muss dem ArbN aber das Existenzminimum verbleiben (BAG v. 16.06.1960 – 5 AZR 121/60 – AP Nr. 8 zu § 394 BGB).

4. Weitere Pflichten des Arbeitgebers

Neben der Vergütungspflicht trifft den ArbG die Beschäftigungspflicht, diverse Nebenpflichten, die Pflicht zum Schutz vor Benachteiligungen und diverse Freistellungspflichten, insbesondere nach dem Bundeselternzeitgesetz (BEEG) und dem Pflegezeitgesetz.

Beschäftigungspflicht

Im ungekündigten Arbeitsverhältnis besteht grundsätzlich die Verpflichtung des ArbG, den ArbN auch tatsächlich zu beschäftigen. Die Beschäftigungspflicht leitet sich aus dem allgemeinen Persönlichkeitsrecht des ArbN ab (BAG v. 10.11.1955 – 2 AZR 591/54 –, BAGE 2, 221). Die Beschäftigungspflicht endet mit dem Arbeitsverhältnis, es sei denn, der ArbN macht einen **Weiterbeschäftigungsanspruch** für die Dauer des Kündigungsschutzprozesses geltend (§ 102 Abs. 5 BetrVG bzw. allgemeiner Weiterbeschäftigungsanspruch, vgl. dazu S. 194 ff.).

Eine einseitige **Suspendierung** des Arbeitsverhältnisses durch den ArbG ist nur zulässig, wenn auf seiner Seite schutzwürdige Gründe an einer Nichtbeschäftigung des ArbN überwiegen (z. B. der Verdacht des Verrats von Geschäftsgeheimnissen). Zulässig – und in der Praxis nach einer Kündigung üblich – sind allerdings Freistellungsvereinbarungen (BAG GS 27.02.1985 – GS 1/84 –, BAGE 48, 122) unter Anrechnung von Resturlaub, sofern es sich um eine unwiderrufliche Freistellung handelt (BAG v. 19.05.2009 – 9 AZR 433/08 – NZA 2009, 1211).

Nebenpflichten

Auch dem ArbG erwachsen Nebenpflichten aus dem Arbeitsverhältnis (§ 241 Abs. 2 BGB), die je nach der konkreten Situation unterschiedlich ausgestaltet sein können.

> Die Nebenpflichten des ArbG werden unter dem Oberbegriff Fürsorgepflichten zusammengefasst.

Schutz von Leben und Gesundheit

Diese Nebenpflicht ist gesetzlich geregelt in § 618 BGB. Der ArbG hat Räume, Vorrichtungen oder Gerätschaften so einzurichten und zu unterhalten und Dienstleistungen, die unter seiner Anordnung erfolgen, so zu regeln, dass der ArbN so weit als möglich vor Gefahren für Leben oder Gesundheit geschützt wird. Konkretisiert wird diese Verpflichtung durch die Regelungen des **Arbeitsschutzrechts**. Erfüllt der ArbG seine Verpflichtungen aus § 618 BGB nicht, steht dem ArbN ein **Leistungsverweigerungsrecht** gem. § 273 BGB unter Aufrechterhaltung des Entgeltanspruchs zu (§ 615 BGB).

Schutz der Persönlichkeit des ArbN

Der ArbG ist auch verpflichtet, das Persönlichkeitsrecht des ArbN zu wahren und seine Intimsphäre zu schützen. Unzulässig wäre z. B. eine ständige Kontrolle und **Überwachung** des ArbN. Das gilt insbesondere für den Fall, dass die Überwachung mit technischen Mitteln erfolgt.

Bei der Einführung und Anwendung technischer Überwachungseinrichtungen hat der Betriebsrat ein zwingendes Mitbestimmungsrecht gem. § 87 Abs. 1 Nr. 6 BetrVG.

Beispiel: ArbG Genau möchte seine Warenbestände durch verschiedene Überwachungskameras vor Diebstahl schützen. Durch den Betrieb der Kameras werden jedoch auch die ArbN einer permanenten Beobachtung ausgesetzt.

Wird z. B. bei einer unzulässigen Videoüberwachung ein Diebstahl oder eine Unterschlagung durch den ArbN aufgedeckt, besteht sogar ein **Beweisverwertungsverbot**. In einer Entscheidung hat das BAG allerdings die **verdeckte Videoüberwachung** einer ArbNin ausnahmsweise für zulässig erachtet, da der ArbG gegen diese ArbNin einen hinreichenden Tatverdacht hatte und die Aufklärung mit anderen Mitteln nicht möglich war (BAG v. 27.03.2003 – 2 AZR 51/02 – NZA 2003, 1193).

Schutz eingebrachter Sachen

Den Arbeitgeber trifft auch eine Obhuts- und Verwahrungspflicht für **private Gegenstände**, die der ArbN notwendigerweise in den Betrieb mitbringt. Müssen sich ArbN umziehen, so sind z. B. ausreichend Spinde zur Verfügung zu stellen. Die Verpflichtung gilt allerdings nur für **notwendigerweise mitgebrachte Sachen**. Für Schmuck oder größere Geldbeträge muss der ArbG z. B. keine Vorsorge treffen.

Datenschutz

Zum Schutz des Persönlichkeitsrechts gehört auch der Schutz der personenbezogenen Daten des Arbeitnehmers. Der ArbG ist zum sorgsamen Umgang mit Personalakten verpflichtet und darf Dritten nur dann Einblick gewähren, wenn der ArbN dies gestattet oder eine gesetzliche Grundlage besteht. Näheres zum Datenschutz regelt das BDSG, insbesondere § 32 BDSG. Die EU hat sich am 15.12.2015 auf eine Datenschutzgrundverordnung geeinigt, die 2018 in Kraft treten wird.

Urlaub

Vor Inkrafttreten des BUrlG wurde der Urlaubsanspruch eines ArbN aus der Fürsorgepflicht des ArbG abgeleitet. Durch die gesetzliche Regelung ist dies nun nicht mehr nötig (zum Urlaubsanspruch siehe auch das nachfolgende Kapitel S. 86 ff.).

Schutz vor Benachteiligung

Das AGG legt dem ArbG eine Reihe von weiteren Pflichten auf, die man wohl unter den klassischen Nebenpflichten aufführen könnte, die hier aber zunächst isoliert dargestellt werden. Das AGG enthält in seinem Unterabschnitt 2 (§§ 11 ff.) die Organisationspflichten des ArbG. Zentrale Norm ist hier § 12 AGG.

§ 12 Abs. 1 AGG enthält zunächst eine **Generalklausel**, die den ArbG allgemein verpflichtet, die erforderlichen Maßnahmen zum Schutz vor Benachteiligungen aus Gründen der Rasse, der ethnischen Herkunft, des Geschlechts, der Religion oder Weltanschauung, einer Behinderung, des Alters oder der sexuellen Identität zu ergreifen. Die wenig konkrete Vorschrift ist nicht unproblematisch, sie verpflichtet den ArbG auch zu präventiven Maßnahmen. **Konkretisiert** wird sie **durch § 12 Abs. 2 AGG**. Danach ist der ArbG verpflichtet in geeigneter Weise auf die Unzulässigkeit von Benachteiligungen hinzuweisen und darauf hinzuwirken, dass diese unterbleiben. Das Gesetz nennt beispielsweise entsprechende Schulung und Weiterbildung der Mitarbeiter, was natürlich mit einer Kostenfolge verbunden ist. Die Verpflichtungen des ArbG wird man an der Größe und Belastbarkeit des Unternehmens orientieren müssen. In kleineren Unternehmen sind sicherlich auch Informationsveranstaltungen im Wege einer Betriebsversammlung, freiwillige Betriebsvereinbarungen und Verhaltensregeln als Ergänzung zum Arbeitsvertrag denkbar.

Verstoßen Beschäftigte gegen das Benachteiligungsverbot, ist der ArbG gem. **§ 12 Abs. 3 AGG** verpflichtet die im Einzelfall geeigneten, erforderlichen und angemessenen Maßnahmen zur Unterbindung der Benachteiligung zu ergreifen (BAG v. 25.10.2007 – 8 AZR 593/06 – NZA 2008, 223). In Betracht kommen hier z. B. Ermahnung, Abmahnung, Versetzung und Kündigung. Ergreift der ArbG die erforderlichen Maßnahmen nicht, kann der benachteiligte ArbN Schadensersatzansprüche gem. § 280 BGB geltend machen und gem. § 14 AGG seine Arbeitsleistung unter Aufrechterhaltung des Entgeltanspruchs verweigern, wenn mit der Benachteiligung eine Belästigung gem. § 3 Abs. 3 AGG verbunden ist. Voraussetzung für den Leistungsverweigerungsanspruch ist allerdings, dass die Leistungsverweigerung für den Schutz des Beschäftigten erforderlich ist.

Beispiel: ArbNin Paula wird immer wieder von ihrem Vorgesetzten Friedhelm Grabsch belästigt. Obwohl Paula sich bereits mehrmals bei ihrem ArbG beschwert hat, ändert sich nichts. Der ArbG ist der Meinung, dass die kleinen Klapse auf den Po doch nur der Stimmung am Arbeitsplatz förderlich wären. Hier kann Paula nach § 14 AGG die Leistung verweigern.

Erfolgt die **Benachteiligung durch** am Arbeitsverhältnis unbeteiligte **Dritte,** so wird der ArbG durch **§ 12 Abs. 4 AGG** verpflichtet, die im Einzelfall erforderlichen und angemessenen Maßnahmen zu ergreifen. Sanktionsmöglichkeiten stehen dem ArbG hier normalerweise nicht zur Verfügung. Zu denken ist aber an ein klärendes Gespräch, bis hin zur Beendigung der Geschäftsbeziehung. Auch hier kommt ein Zurückbehaltungsrecht der Arbeitsleistung gem. § 14 AGG in Betracht, wenn der ArbG untätig bleibt.

Freistellung nach dem Bundeselternzeitgesetz (BEEG)

Das BEEG wurde mit Wirkung zum 1.1.2015 neu gefasst. ArbN haben Anspruch auf Elternzeit, wenn sie mit ihrem Kind in einem Haushalt leben und dieses **Kind selbst betreuen und erziehen** (§ 15 Abs. 1 BEEG). Der Anspruch besteht bis zur **Vollendung** des **dritten Lebensjahres**, ein Anteil von bis zu vierundzwanzig (bislang zwölf) Monaten kann allerdings zwischen dem dritten und dem vollendeten achten Lebensjahr des Kindes in Anspruch genommen werden. Einer Zustimmung des ArbG hierzu bedarf es nach der Neuregelung nicht mehr. Der Anspruch auf Elternzeit kann dabei – auch **anteilig** – von jedem Elternteil **allein** oder von beiden Elternteilen **gemeinsam** genommen werden (§ 15 Abs. 3 BEEG). Während der Elternzeit darf der/die ArbN **nicht mehr als 30 Std/Woche** arbeiten, Teilzeitarbeit bei einem anderen ArbG oder selbstständige Tätigkeiten bedürfen allerdings der Zustimmung des ArbG. Dieser kann eine entsprechende Tätigkeit nur innerhalb von vier Wochen schriftlich aus dringenden betrieblichen Gründen verweigern (§ 15 Abs. 4 BEEG).

Beispiel: Mutter M bleibt das erste Lebensjahr des Kindes zuhause, Vater V erzieht den Nachwuchs im zweiten Lebensjahr. Im sechsten Lebensjahr kommt das Kind in die Schule, für diese Zeit haben sich die Eltern noch einmal zwölf Monate Elternzeit aufgehoben. Erst reduziert M für die Dauer von sechs Monaten ihre Arbeitszeit auf die Hälfte, dann V.

Das Verfahren zur Inanspruchnahme der Elternzeit regelt § 16 BEEG. Elternzeit muss für den Zeitraum bis zum vollendeten dritten Lebensjahr **spätestens sieben Wochen vor Beginn** schriftlich verlangt werden, für den Zeitraum zwischen dem dritten und dem achten Lebensjahr spätestens dreizehn Wochen vor der Elternzeit schriftlich beantragt werden. Dabei muss gleichzeitig erklärt werden, für welche Zeiten innerhalb von zwei Jahren Elternzeit genommen werden soll.

§ 15 Abs. 5–7 BEEG enthalten einen eigenständigen **Teilzeitanspruch** während der Elternzeit, der als lex specialis dem § 8 TzBfG vorgeht. Vom Grundsatz her setzt das Gesetz auf eine Einigung zwischen den Arbeitsvertragsparteien wie die Arbeitszeit während der Elternzeit verringert und verteilt werden soll. Kommt es nicht zu einer Einigung hat der/die ArbN gem. § 15 Abs. 6 unter den Bedingungen des § 15 Abs. 7 BEEG zweimal während der Elternzeit die Möglichkeit eine Verringerung der Arbeitszeit zu verlangen. § 15 Abs. 7 BEEG nennt als **Voraussetzungen** für den Anspruch,

- dass der ArbG in der Regel mehr als 15 ArbN beschäftigt,
- das Arbeitsverhältnis im selben Betrieb oder Unternehmen länger als sechs Monate ununterbrochen besteht,
- der Verringerungszeitraum mindestens zwei Monate beträgt,
- der Arbeitsumfang auf mindestens 15 und höchstens 30 Stunden verringert wird,
- dem Anspruch keine dringenden betrieblichen Gründe entgegenstehen und
- der Anspruch dem ArbG mind. sieben bzw. dreizehn Wochen vorher schriftlich mitgeteilt wurde.

Nach Beendigung der **Elternzeit** besteht ein Anspruch auf Rückkehr zu der vor der Elternzeit bestehenden Arbeitszeitregelung. Während der Elternzeit besteht ein Anspruch auf Elterngeld gem. § 1 ff. BEEG, das aus Bundesmitteln aufgebracht wird. Hier traten ab dem 1.1.2015 eine Reihe von Änderungen ein, insbesondere wurde das Elterngeld Plus eingeführt (§ Abs. 3 und 4 BEEG n. F.) und die Wahlmöglichkeiten der Eltern haben sich erhöht.

Freistellung nach dem Pflegezeitgesetz (PflegezeitG) und Familienpflegezeit (FPfZG)

Das am 1.7.2008 in Kraft getretene **PflegezeitG** sieht für den Fall einer Pflegebedürftigkeit naher Angehöriger (Begriffsbestimmung in § 7 PflegezeitG) vor, dass der ArbN

- bei einer akut auftretenden Pflegebedürftigkeit bis zu zehn Tage der Arbeit fern bleiben kann (kurzzeitige Arbeitsverhinderung),
- bei längerem Pflegebedarf eine Freistellung bis zu sechs Monaten in Anspruch nehmen kann (Pflegezeit) oder
- bis zur Dauer von sechs Monaten eine teilweise Freistellung beanspruchen kann (Teilzeit während der Pflegezeit).

Ergänzt werden die Ansprüche durch ein umfassendes **Kündigungsverbot** ab Antragstellung bzw. Ankündigung bis zur Beendigung der kurzzeitigen Freistellung bzw. Pflegezeit. Ergänzend kann der ArbN im Anschluss an die Pflegezeit oder statt dieser Familienpflegezeit nach dem FPfZG in Anspruch nehmen. In der Neufassung des FPfZG hat der ArbN nunmehr einen Rechtsanspruch. Pflegezeit und Familienpflegezeit dürfen gemeinsam 24 Monate je pflegebedürftigem nahen Angehörigen nicht überschreiten (§ 2 Abs. 2 FPfZG).

Kurzzeitige Arbeitsverhinderung

Gem. § 2 PflegezeitG haben Beschäftigte (vgl. § 7 Abs. 1 PflegezeitG) das Recht bis zu **zehn Tage** der Arbeit fern zu bleiben, wenn dies erforderlich ist, um für einen pflegebedürftigen nahen Angehörigen in einer akut aufgetretenen Pflegesituation eine bedarfsgerechte Pflege zu organisieren oder die pflegerische Versorgung sicherzustellen. In formeller Hinsicht muss die Arbeitsverhinderung und deren voraussichtliche Dauer dem ArbG **unverzüglich angezeigt** werden. Hier wird man die Anzeigepflicht im Rahmen des EFZG entsprechend heranziehen können (vgl. dazu S. 97 f.). Ein **Nachweis** über die Pflegebedürftigkeit durch ärztliche Bescheinigung muss nur auf Verlangen des ArbG vorgelegt werden. Eine Frist hierfür enthält das Gesetz nicht. Eventuell würde sich auch hier ein Rückgriff auf § 5 Abs. 1 EFZG anbieten, hierzu bleibt jedoch die Rechtsprechung abzuwarten.

Eine **Vergütungspflicht** für die kurzzeitige Arbeitsverhinderung enthält das Gesetz nicht. § 2 Abs. 3 PflegezeitG stellt klar, dass sich eine solche Verpflichtung nur aus anderen gesetzlichen, tariflichen oder vertraglichen Regelungen ergeben kann. In Betracht kommt hier ein Anspruch aus **§ 616** BGB (siehe im Einzelnen S. 84 f.). Da § 616 BGB dispositiv ist, kann ein Vergütungsanspruch vollständig abbedungen werden. Soweit kein Entgeltanspruch besteht, gewährt die Pflegekasse gem. § 44a SGB XI Pflegeunterstützungsgeld.

Pflegezeit

§ 3 PflegezeitG regelt die Pflegezeit in Form einer vollständigen oder teilweisen Freistellung **bis zur Dauer von sechs Monaten** (§ 4 PflegezeitG) zur Pflege eines nahen Angehörigen. Der Anspruch **besteht nicht gegenüber ArbG mit in der Regel zehn oder weniger Beschäftigten (§ 3 Abs. 1 PflegezeitG).** Zum Beschäftigtenbegriff nach dem Pflegezeitgesetz gehören außer den ArbN auch Auszubildende und arbeitnehmerähnliche Personen. Da das Gesetz keine Anrechnungsregel für TeilzeitarbN enthält, sind diese unabhängig von ihrem Stundenumfang als ein Beschäftigter zu zählen.

In formeller Hinsicht muss der ArbN sein Recht aus § 3 Abs. 1 PflegezeitG spätestens zehn Arbeitstage vor Beginn der Freistellung gegenüber dem ArbG durch **schriftliche Ankündigung** geltend machen (§ 3 Abs. 3 PflegezeitG) und die Pflegebedürftigkeit des nahen Angehörigen durch eine **Bescheinigung der Pflegekasse** oder des Medizinischen Dienstes der Krankenversicherung nachweisen (§ 3 Abs. 2 PflegezeitG). In dieser Mitteilung muss der Beschäftigte erklären für welchen Zeitraum und in welchem Umfang Freistellung von der Arbeitsleistung genommen werden soll. Bei nur **teilweiser Freistellung** muss auch die gewünschte Verteilung der Arbeitszeit angegeben werden. In diesem Fall sollen ArbG und ArbN über die Verringerung und Verteilung der Arbeitszeit eine schriftliche Vereinbarung treffen. Kommt keine einvernehmliche Vereinbarung zustande, hat der ArbG dem Wunsch des Beschäftigten zu entsprechen, es sei denn, dass **dringende betriebliche Belange** entgegenstehen. Der Teilzeitanspruch des § 8 TzBfG stellt dagegen nur auf betriebliche Gründe ab, die dem Teilzeitverlangen entgegenstehen. Das PflegezeitG geht aber dem TzBfG als lex specialis vor. Die Vorschrift des § 3 Abs. 4 PflegezeitG ist ausweislich der Gesetzesbegründung § 15 Abs. 7 BEEG nachgebildet, der auch dringende betriebliche Gründe verlangt, um ein Teilzeitverlangen abzuwenden. Es muss sich damit um gewichtige Gründe handeln, das besondere Interesse des Beschäftigten an einer Verringerung der Arbeitszeit muss mit berücksichtigt werden (BAG v. 16.10.2007 – 9 AZR 239/07 – NZA 2008, 289).

Beispiel: ArbN Anna muss sich nach dem Tod ihres Vaters um ihre demenzkranke Mutter kümmern. Einen Pflegeheimplatz hat sie erst in drei Monaten in Aussicht. Für die Übergangszeit kann Anna am Montag und Dienstag eine Hauspflege organisieren, für den Rest der Woche ist aber niemand bereit auf die Mutter aufzupassen. Anna beantragt bei ihrem ArbG Pflegeteilzeit für drei Monate. Sie will nur noch am Montag und Dienstag arbeiten. Der ArbG hat nichts gegen die Reduzierung der Arbeitszeit, möchte aber aus organisatorischen Gründen lieber dass Anna Mittwoch und Donnerstag arbeitet. Sollte es hier zu keiner Einigung kommen, hat Anna einen entsprechenden Anspruch. Allein organisatorische Gründe reichen nicht aus um das Pflegezeitverlangen der ArbN abzuwenden.

Durch die Neuregelung des FPfZG kann es zu Unklarheiten kommen, ob der ArbN Pflegezeit oder Familienpflegezeit in Anspruch nehmen will. § 3 Abs. 3 Sätze 3–6 PflegezeitG enthalten hier eine Auflösungsregel. Grundsätzlich kann erst Familienpflegezeit oder erst Pflegezeit genommen werden, wobei sich die jeweiligen Phasen jeweils unmittelbar anschließen müssen.
Eine Entgeltersatzleistung für die durch die Pflege ausfallenden Einkommensteile sieht das PflegezeitG nicht vor. Es gelten jedoch die Förderungsregelungen des FPfZG auch im Fall der Pflegezeit (§ 3 Abs. 7 PflegezeitG). Es wird ein zinsloses Darlehen gewährt. Dieses Darlehen zur besseren Absicherung des Lebensunterhalts kann direkt beim Bundesamt für Familie und zivilgesellschaftliche Aufgaben beantragt werden. Das Darlehen wird in monatlichen Raten ausgezahlt und deckt die Hälfte des durch die Arbeitszeitreduzierung fehlenden Nettogehalts ab (§ 3 FPflZG).

Ist der nahe Angehörige **nicht mehr pflegebedürftig** oder die häusliche Pflege nicht mehr möglich, endet die Pflegezeit vier Wochen nach Eintritt der veränderten Umstände, d. h. der Beschäftigte kann an seinen Arbeitsplatz zu den vor der Pflegezeit bestehenden Bedingungen zurückkehren. Die Pflegezeit endet dann vorzeitig. Der ArbG ist über die veränderten Umstände unverzüglich zu informieren (§ 4 Abs. 2 PflegezeitG).

Beispiel wie oben: Annas Mutter stirbt nach einem Monat. Anna informiert ihren ArbG noch am Todestag. Hier endet die Pflegeteilzeit vier Wochen nach diesem Ereignis. ArbG und Anna können aber selbstverständlich eine frühere Rückkehr zur vorherigen Arbeitszeit vereinbaren.

Problematisch an dieser Regelung ist, dass der genaue Fristbeginn nur sehr unscharf umschrieben wird. Es wäre sicher sinnvoller gewesen die Frist erst mit der **Information des ArbG** beginnen zu lassen. So stellt sich zusätzlich die Frage der Rechtsfolgen bei verspäteter Information des ArbG. Hier wird die Rechtsprechung Klärung herbeiführen müssen.

Die Information des ArbG ist auch insofern wichtig, als dieser die Möglichkeit hat nach § 6 PflegezeitG für die Dauer der Pflegezeit ein **befristetes Arbeitsverhältnis zur Vertretung** abzuschließen (Sondertatbestand der Befristung mit Sachgrund). Dieses Arbeitsverhältnis kann bei einem vorzeitigen Ende der Pflegezeit mit einer Frist von zwei Wochen gekündigt werden, das KSchG ist in diesem Fall nicht anwendbar. Die Kündigungsregelung kann vertraglich ausgeschlossen sein. Diese Regelung steht damit im Widerspruch zu § 15 Abs. 3 TzBfG wonach die ordentliche Kündigung eines befristeten Vertrages nur dann zulässig ist, wenn sie vereinbart wurde. Man wird § 6 Abs. 3 PflegezeitG hier als lex specialis Vorrang einräumen müssen. Da diese Kündigungsregelung auch bei einer Zweckbefristung gilt, die § 6 Abs. 2 PflegezeitG ausdrücklich zulässt, wird gleiches für die Ankündigungsfrist gem. § 15 Abs. 2 TzBfG gelten.

Familienpflegezeit

Das **Familienpflegezeitgesetz** sah ursprünglich keinen **Freistellungsanspruch** des familienpflegenden ArbN vor. In der seit dem 1.1.2015 geltenden Fassung ist dies anders. Nunmehr besteht ein Rechtsanspruch auf teilweise Freistellung bis zur Dauer von 24 Monaten, wobei Pflegezeit nach dem PflegezeitG angerechnet wird. Die durch die Reduzierung verbleibende Restarbeitszeit muss mindestens 15 Std. betragen. Antragsverfahren und Fristen regelt § 2a FPflZG.

Für die Dauer der Freistellung wird auf Antrag vom Bundesamt für Familie und zivilgesellschaftliche Aufgaben ein zinsloses Darlehen gewährt, das in monatlichen Raten ausgezahlt wird und die Hälfte der Differenz zwischen dem Nettoentgelt vor und nach der Freistellung beträgt (§ 3 PPflZG). Dieses Darlehen ist im Abschluss an die Freistellung innerhalb von 48 Monaten zurückzuzahlen (Näheres vgl. § 6 FPlZG).

Die Regelungen der §§ 5–8 PflegezeitG gelten im Rahmen der Familienpflegezeit entsprechend, d. h. es besteht Kündigungsschutz und für die durch die Pflege ausgefallene Arbeit kann befristet ein ArbN eingestellt werden. Wobei auch hier das Sonderkündigungsrecht des Arbeitgebers (§ 6 Abs. 3 PflegezeitG) gilt, sollte die Familienpflegezeit vorzeitig enden § 2a Abs. 5 FPflZG).

Nichtleistung des Arbeitnehmers und Entgeltzahlung

Eine der zentralen Fragen des Arbeitsrechts ist, welche Rechtsfolgen eintreten, wenn der **ArbN seine Arbeitsleistung nicht erbringt**, insbesondere interessiert hier das Schicksal der Gegenleistung: der Entgeltanspruch. Hier greifen Regelungen des BGB und arbeitsrechtliche Spezialgesetze ineinander.

1. Einordnung der Nichtleistung der Arbeit in das Recht der Leistungsstörungen

Erbringt ein Schuldner aus einem gegenseitigen Vertrag eine Verpflichtung nicht, so hängen die Rechtsfolgen in der Regel davon ab, ob der Schuldner mit der Leistung in Verzug ist oder ob die Leistung unmöglich geworden ist. Verzug liegt vor, wenn die Leistung noch möglich ist, aber verspätet erbracht wird. Von **Unmöglichkeit** spricht man dagegen, wenn die geschuldete Leistung nicht mehr erbracht werden kann (Abgrenzungskriterium ist die **Nachholbarkeit**). Grundsätzlich könnte man davon ausgehen, dass die ausgefallene Arbeitsleistung noch nachgeholt werden kann. Wenn man sich aber vor Augen hält, dass die Arbeitsleistung in aller Regel zeit- oder teamgebunden ist (z. B. kann das Kassieren von Eintrittsgeldern an der Kinokasse am Montagabend nicht am Dienstagvormittag nachgeholt werden), spricht mehr für Unmöglichkeit. Die Arbeitsleistung erinnert insofern an ein Fixgeschäft. Man geht deshalb vom **Fixschuldcharakter der Arbeitsleistung** aus.

Die Nichtleistung der Arbeit führt grundsätzlich zur Unmöglichkeit, nicht zum Verzug.

Liegt Unmöglichkeit vor, so **erlischt die Leistungspflicht** des ArbN (Schuldner der Arbeitsleistung) gem. § 275 Abs. 1 BGB. Hinsichtlich der Entgeltzahlungspflicht des ArbG hängt die Rechtsfolge davon ab, wer die Unmöglichkeit der Arbeitsleistung zu verantworten hat. Der Grundsatz ist, dass gem. § 326 Abs. 1 BGB in den Fällen des § 275 Abs. 1 BGB auch die Gegenleistungspflicht, d. h. die Entgeltzahlungspflicht des ArbG entfällt.

Der Grundsatz lautet: „Ohne Arbeit kein Lohn".

Hiervon gibt es Ausnahmen:
Hat der **ArbG die Unmöglichkeit der Arbeitsleistung zu verantworten**, behält der ArbN gem. § 326 Abs. 2 BGB den Entgeltanspruch, muss sich jedoch auf diesen Anspruch dasjenige anrechnen lassen, was er durch die Nichtleistung der Arbeit erspart, durch anderweitige Verwendung seiner Arbeitskraft erwirbt oder böswillig zu erwerben unterlässt.

Dieselbe Rechtsfolge ergibt sich aus § 615 BGB. Die **Abgrenzung des § 326 Abs. 2 BGB von § 615 BGB**, der den Annahmeverzug regelt, ist problematisch. Grundsätzlich ist es so, dass Verzug und Unmöglichkeit sich ausschließen. Wenn nun die Nichtleistung der Arbeit zur Unmöglichkeit führt, bliebe für die Anwendung des § 615 BGB (Annahmeverzug des ArbG) kein Raum mehr. Die Literatur und Rechtsprechung bieten hierzu verschiedene Lösungsansätze. Eine verständliche Variante ist m.E. folgende: § 326 Abs. 2 BGB betrifft die Fälle, in denen der ArbN nicht leistungsfähig ist und der ArbG dies zu verantworten hat.

Beispiel: Ein Artist benötigt für seinen Auftritt bestimmte Tonbänder. Diese sind jedoch durch Verschulden des ArbG verbrannt, der Artist kann seine geschuldete Arbeitsleistung nicht erbringen, behält aber über § 326 Abs. 2 BGB seinen Entgeltanspruch (BAG v. 17.12.1968 – 5 AZR 149/68 –, BAGE 21, 263).

Ist der ArbN jedoch grundsätzlich leistungsfähig, aber der ArbG nimmt die Arbeitsleistung nicht ab – der ArbG stellt dem ArbN z. B. keinen Arbeitsplatz oder Arbeitsmaterial zur Verfügung –, liegt Annahmeverzug gem. § 615 BGB vor (vgl. dazu unten).

§ 615 BGB ist lex specialis zu § 326 Abs. 2 S. 1 2. Alt. BGB.

Die Unmöglichkeit tritt wegen des Fixschuldcharakters der Arbeit in dem Augenblick ein, in dem der ArbG in Annahmeverzug gerät.

Hat schließlich der **ArbN die Unmöglichkeit der Arbeitsleistung zu verantworten** – der ArbN hat z. B. keine Lust und macht „blau" – verliert er seinen Entgeltanspruch gem. § 326 Abs. 1 BGB und wird gem. §§ 280 Abs. 1, 283, 619a BGB schadensersatzpflichtig, soweit der ArbG einen über den Arbeitsausfall hinausgehenden Schaden hat, z. B. durch die Verpflichtung einer teureren Ersatzkraft.

Darüber hinaus sieht **§ 326 Abs. 5 BGB** für den Fall, dass die Leistungspflicht nach § 275 BGB erlischt ein **Rücktrittsrecht** des Gläubigers (Gläubiger der Arbeitsleistung ist der ArbG) vor. Dieses Rücktrittsrecht wird im Arbeitsrecht **ausgeschlossen**.

Der Rücktritt ist im Arbeitsverhältnis ausgeschlossen, der ArbG hat aber das Kündigungsrecht.

Eine Verletzung der Hauptleistungspflicht durch den ArbN kann eine Kündigung zur Folge haben, bei der dann allerdings der Kündigungsschutz zu beachten ist.

	Arbeits-leistungspflicht	**Entgeltzahlungspflicht und weitere Rechtsfolgen**
weder ArbN noch ArbG sind für Unmöglichkeit verantwortlich	Erlischt gem. § 275 Abs. 1	Entfällt gem. § 326 Abs. 1
ArbG hat Unmöglichkeit zu verantworten	Erlischt gem. § 275 Abs. 1	Bleibt gem. § 326 Abs. 2 erhalten, eventuell Anrechnung; Problem Abgrenzung zu § 615
ArbN hat Unmöglichkeit zu verantworten	Erlischt gem. § 275 Abs. 1	Entfällt gem. § 326 Abs. 1, eventuell SEA gem. §§ 280 Abs. 1, 283, 619a; kein Rücktritt, nur Kündigung

2. Vergütung ohne Arbeitsleistung

Von dem Grundsatz „ohne Arbeit kein Lohn“ abweichend, gibt es eine Reihe von arbeitsrechtlichen Tatbeständen, die dazu führen, dass dem ArbN sein **Arbeitsentgeltanspruch erhalten** bleibt bzw. dass er eine entsprechende Entgeltersatzleistung erhält.

Annahmeverzug des Arbeitgebers

§ 615 BGB erhält den **Entgeltanspruch ohne Arbeitsleistung** aufrecht. Der ArbN muss sich jedoch auf den Entgeltanspruch **anrechnen** lassen, was er infolge des Unterbleibens der Arbeitsleistung erspart (z. B. Fahrtkosten, Verpflegungskosten), anderweitig verdient oder zu verdienen böswillig unterlässt. Liegt dem Annahmeverzug eine **Kündigung** zugrunde und findet das KSchG Anwendung, dann ist die Anrechnungsregelung des § 11 KSchG lex specialis.

Um die Anrechnung zu ermöglichen, ist der ArbN dem ArbG über die Höhe seines anderweitigen Verdienstes auskunftspflichtig (§ 74 Abs. 2 HGB analog, BAG v. 27.03.1974 – 5 AZR 258/73 – BAGE 89). Kommt der ArbN seiner Auskunftspflicht nicht nach, hat der ArbG ein Leistungsverweigerungsrecht.

Beispiel: Das Arbeitsverhältnis von ArbN Hansi Schlau wird gekündigt. Hansi erhebt Kündigungsschutzklage. Während des Prozesses wird Hansi ein Arbeitsplatz angeboten. Hansi nimmt diesen aber nicht an, da er den Annahmeverzugsanspruch ohne Arbeitsleistung angenehmer findet. Stellt sich im Prozess heraus, dass die Kündigung unwirksam war, hat Hansi zwar den Annahmeverzugsanspruch, er muss sich darauf aber anrechnen lassen, was er anderweitig nicht verdient hat.

Die Voraussetzungen des Annahmeverzugs sind gem. §§ 293 ff. BGB ein erfüllbares Arbeitsverhältnis, das Leistungsvermögen und der Leistungswille des ArbN, das ordnungsgemäße Angebot der Arbeitsleistung durch den ArbN und die Nichtannahme der Leistung durch den ArbG. Ein Verschulden des ArbG ist nicht notwendig.

Erfüllbares Arbeitsverhältnis

Voraussetzung für einen Vergütungsanspruch aus Annahmeverzug des Arbeitgebers ist zunächst, dass es sich um ein tatsächlich erfüllbares und durchführbares Arbeitsverhältnis handelt. Ein solches ist z. B. nicht gegeben, wenn es erst nachträglich durch Urteil mit Wirkung für die Vergangenheit begründet wird (BAG v. 19.08.2015 – 5 AZR 975/13 – NZA 2015, 1460).

Leistungsvermögen des ArbN

Ist der **ArbN** seinerseits nicht **leistungsfähig**, so handelt es sich nicht um einen Fall des Annahmeverzugs (§ 297 BGB). Die Fälle sind über die Regelungen zur Unmöglichkeit zu lösen (vgl. oben).

Beispiel: Der ArbN erscheint zur Arbeit, hat aber sein Werkzeug nicht mitgebracht.

Damit im Zusammenhang steht die Leistungsbereitschaft des ArbN. Ein ArbN, der keinen **Leistungswillen** hat, hat selbst entschieden, dass er nicht leistungsfähig ist (BAG v. 07.06.1973 – 5 AZR 563/72 – AP Nr. 28 zu § 615 BGB).

Angebot der Arbeitsleistung

Der Annahmeverzug setzt gem. § 293 BGB weiter voraus, dass dem ArbG die Arbeitsleistung ordnungsgemäß angeboten wird.

Der ArbN hat dem ArbG seine Arbeitsleistung in eigener Person, am rechten Ort, zur rechten Zeit und in der rechten Art und Weise anzubieten.

Dazu ist normalerweise ein **tatsächliches Angebot** notwendig (§ 294 BGB). Der ArbN hat sich an seinen Arbeitsplatz zu begeben und seine Arbeitsleistung in Person anzubieten. Ein **wörtliches Angebot** ist nach § 295 BGB ausreichend, wenn der Arbeitgeber erklärt hat, dass er die Arbeitsleistung nicht annehmen werde.

Ist das **Arbeitsverhältnis gekündigt**, will der ArbN aber daran festhalten und hat Kündigungsschutzklage erhoben, so wäre es überzogen vom ArbN zu erwarten, dass er seine Arbeitsleistung täglich aufs Neue auch tatsächlich anbietet. Die frühere Rechtsprechung hat sich in diesen Fällen auf § 295 BGB bezogen und ein **wörtliches Angebot** als ausreichend angesehen, da der ArbG durch die Kündigung zum Ausdruck gebracht habe, dass er die Leistung nicht annehmen werde. Das wörtliche Angebot konnte dabei **konkludent** im Erheben der **Kündigungsschutzklage** liegen (BAG v.

10.04.1963 – 4 AZR 95/62 – BAGE 14, 156). Dies führte aber bei der außerordentlichen Kündigung zu Schwierigkeiten, da zwischen der Kündigung und dem Erheben der Klage regelmäßig ein paar Tage vergingen, für die dann keine Annahmeverzugszahlung zu leisten war. Die Rechtsprechung hat daher **zunächst für die außerordentliche Kündigung** auf § 296 BGB zurückgegriffen (BAG v. 09.08.1984 – 2 AZR 374/83 – NZA 1985, 119), dies aber dann **auf die ordentliche Kündigung übertragen** (BAG v. 21.01.1993 – 2 AZR 309/92 – NZA 1993, 550). Gem. **§ 296 BGB** gerät der Gläubiger (ArbG) ohne Angebot in Annahmeverzug, wenn er eine kalendermäßig zu erbringende **Mitwirkungshandlung** schuldet und diese nicht rechtzeitig erbringt.

Die Mitwirkungshandlung des ArbG liegt darin, dem ArbN einen funktionsfähigen Arbeitsplatz zur Verfügung zu stellen und ihm die Arbeit zuzuweisen. Da der ArbG mit der Kündigung dem ArbN einen entgegengesetzten Willen zu erkennen gibt, muss der ArbG den ArbN wieder zur Arbeitsleistung auffordern, um nicht in Annahmeverzug zu geraten.

Nichtannahme der Leistung

Ausreichend ist die reine Tatsache, dass die Arbeitsleistung nicht angenommen wird. Ein Verschulden des ArbG ist hierfür nicht notwendig. § 615 BGB deckt auch die Fälle des **Betriebsrisikos** ab, wenn der ArbG aufgrund von außen kommender Umstände nicht in der Lage ist, die Arbeitsleistung anzunehmen (z. B. Stromausfall, Zulieferschwierigkeiten, Fehlen behördlicher Genehmigungen).

Darüber hinaus kommt der ArbG auch in Annahmeverzug, wenn er zwar bereit ist, die Arbeitsleistung entgegenzunehmen, aber die berechtigterweise verlangte Gegenleistung nicht erbringt. Hierunter fallen insbesondere die Fälle, in denen dem ArbN ein **Leistungsverweigerungsrecht** zusteht. Dieses ist z. B. gegeben, wenn der ArbG den Arbeitsschutzvorschriften nach dem ArbSchG nicht nachkommt (§§ 273, 618 BGB).

Beispiel: ArbN Sigi Sicher arbeitet an einer Kreissäge. Die Kreissäge entspricht nicht den arbeitsschutzrechtlichen Vorschriften, es fehlen die Abdeckungen und die Abschaltautomatik. Sigi kann hier seine Arbeitsleistung zurückbehalten, erhält aber gem. § 615 BGB Annahmeverzugslohn.

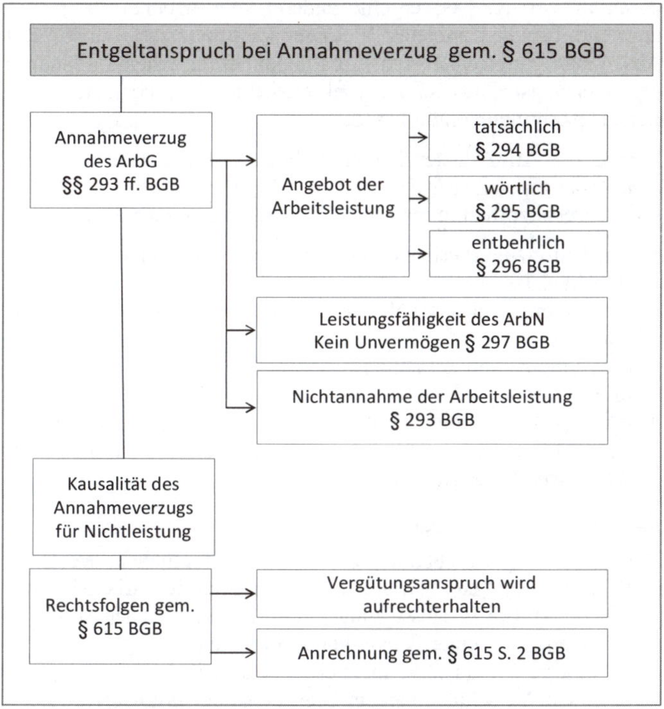

Abgrenzung des Annahmeverzugs zur Schadensersatzpflicht des Arbeitgebers

Vom Annahmeverzugsentgelt ist nach neuerer Rechtsprechung (BAG v. 19.05.2010 – 5 AZR 162/09 – NZA 2010, 1119) der Schadensersatzanspruch des Arbeitnehmers wegen einer Nebenpflichtverletzung des Arbeitgebers zu unterscheiden. Die im Arbeitsvertrag oftmals nur rahmenmäßig umschriebene geschuldete Arbeitspflicht ist vom Arbeitgeber mittels seines Weisungsrechtes zu konkretisieren. Ist der ArbN z. B. aufgrund einer Erkrankung dauerhaft nicht mehr in der Lage, die konkretisierte Tätigkeit auszuüben, setzt er seinen ArbG entgegen der früheren Rechtsprechung nicht dadurch in Verzug, dass er eine andere, vom Arbeitsvertrag noch umfasste Tätigkeit anbietet. Vielmehr kann der ArbG nach § 241 Abs. 2 BGB verpflichtet sein, die Tätigkeit durch erneute Ausübung des Weisungsrechtes so zu konkretisieren, dass dem ArbN die Leistungserbringung möglich ist.

Kommt der ArbG dieser Nebenpflicht nicht nach, so kann er sich dem ArbN gegenüber nach § 280 Abs. 1 i. V. m. § 241 Abs. 2 BGB schadensersatzpflichtig machen. Voraussetzungen hierfür sind:

- Ein Umsetzungsverlangen des ArbN auf einen leidensgerechten Arbeitsplatz,
- die Mitteilung des ArbN, wie er sich die weitere Beschäftigung vorstellt,
- die Zumutbarkeit der neuen Arbeitsplatzzuweisung für den ArbG und
- die rechtliche Möglichkeit einer neuen Zuweisung durch den ArbG. Diese fehlt z. B., wenn die verlangte Tätigkeit nicht vom Arbeitsvertrag erfasst wird.

Verhinderung aus persönlichen Gründen

Der Entgeltanspruch bleibt gem. § 616 BGB erhalten, wenn der ArbN aus persönlichen Gründen am Erbringen der Arbeitsleistung verhindert ist. Die Voraussetzungen hierfür sind, dass der ArbN

- durch einen in seiner Person liegenden Grund
- für eine verhältnismäßig nicht erhebliche Zeit
- ohne sein Verschulden an der Dienstleistung verhindert wird.

Persönlicher Verhinderungsgrund

Das **Leistungshindernis** muss in der Person des ArbN liegen.

Beispiele: Todesfälle, Geburten, Hochzeiten, die Pflege naher Angehöriger (jetzt nach dem PflegezeitG zu beurteilen, siehe dazu S. 72 f.) und Umzüge. Der Arztbesuch fällt nur dann unter § 616 BGB, wenn ein Aufsuchen des Arztes außerhalb der Arbeitszeit nicht möglich ist (z. B. bei Laboruntersuchungen, bei denen der Patient nüchtern erscheinen muss).

Hinderungsgründe, die eine Mehrzahl von Personen treffen (z. B. Streik des öffentlichen Nahverkehrs, Glatteis etc.) fallen nicht unter § 616 BGB.

§ 616 BGB ist **dispositiv** (Argument aus § 619 BGB) und sowohl durch Tarifvertrag, Betriebsvereinbarung als auch durch Einzelarbeitsvertrag regelbar. Selbst ein **völliger Ausschluss ist möglich**. Normalerweise enthalten Tarifverträge detaillierte Regelungen, wie lange ein ArbN für welche Ereignisse Entgelt ohne Arbeit bekommt.

Verhältnismäßig nicht erhebliche Zeit

Die Dauer der Verhinderung muss **verhältnismäßig nicht erheblich im Hinblick auf die Dauer des Arbeitsverhältnisses** sein. Die von § 616 BGB erfassten Verhinderungszeiten steigen mit der Dauer der Betriebszugehörigkeit. Wird die verhältnismäßig nicht erhebliche Zeitdauer überschritten, entfällt für den gesamten Zeitraum der Entgeltanspruch gem. § 616 BGB.

Ohne Verschulden des ArbN

Verschulden im Sinne des § 616 BGB bedeutet nicht Fahrlässigkeit oder Vorsatz. Hier kommt § 276 Abs. 1 S. 1 BGB zum Tragen. Aus dem Inhalt des Schuldverhältnisses ist ein milderer Maßstab zu entnehmen. Verschulden i. S. d. § 616 BGB liegt vor bei einem erheblichen Verstoß gegen das von einem verständigen Menschen im eigenen Interesse zu fordernde Verhalten („Verschulden gegen sich selbst“ BAG v. 11.11.1987 – 5 AZR 497/86 – NZA 1988, 197).

Urlaub und Urlaubsentgelt

Einen eigenständigen Anspruch auf Entgelt ohne Arbeit enthält das BUrlG (der Arbeitsentgeltanspruch aus § 611 BGB i. V. m. dem Arbeitsvertrag entfällt in diesen Fällen gem. § 326 Abs. 1 BGB).

> Gem. § 1 BUrlG hat jeder ArbN in jedem Kalenderjahr Anspruch auf bezahlten Erholungsurlaub.

Urlaubsdauer

Die gesetzliche Mindesturlaubsdauer beträgt 24 Werktage, d. h. vier Wochen, da auch der Samstag ein Werktag ist. Das BUrlG geht von einer Sechstagewoche aus. Die Umrechnung in Arbeitstage erfolgt nach der Formel **24 ÷ 6 × Arbeitstage/pro Woche**. Bei einer Woche mit fünf Arbeitstagen ergibt sich somit ein Urlaubsanspruch von 20 Arbeitstagen.

Tarifverträge und auch Arbeitsverträge sehen allerdings oft wesentlich mehr Urlaub vor bzw. machen die Urlaubsdauer vom Alter des ArbN abhängig. Hierzu ist jedoch die Entscheidung des BAG vom 20.3.2012 (9 AZR 529/10 – NZA 2012, 803) zu beachten. Eine Urlaubsstaffelung, wie bislang im TVöD vorgesehen, die bereits ab dem 30. Lebensjahr einen längeren Erholungsurlaub vorsieht, ist nicht mit dem gesteigerten Erholungsbedürfnis älterer Menschen zu begründen und deshalb altersdiskriminierend. Altersabhängigen Urlaub bekommen aber jugendliche ArbN nach § 19 JArbSchG. Dies dürfte zulässig sein. Für schwerbehinderte Menschen richtet sich der Urlaubsanspruch nach § 125 SGB IX.

Wartezeit

Der volle Urlaubsanspruch entsteht gem. § 4 BUrlG erstmalig nach einer Wartezeit von **sechs Monaten** ununterbrochenen Bestehens des Arbeitsverhältnisses. Nach sechs Monaten kann der ArbN erstmals den Jahresurlaub verlangen. In den folgenden Jahren entsteht der Urlaubsanspruch jeweils zu Beginn des Kalenderjahres. Teilurlaubsansprüche entstehen während der Wartezeit nur dann, wenn der ArbN vorzeitig aus dem Arbeitsverhältnis ausscheidet (vgl. die folgenden Ausführungen).

Beispiel: Ein ArbN beginnt sein Arbeitsverhältnis am 1.2.2015. Den vollen Urlaubsanspruch kann der ArbN am 1.8.2015 geltend machen. Davor hat er keinen Anspruch auf Urlaub, einvernehmliche Regelungen mit dem ArbG sind aber selbstverständlich möglich.

Teilurlaub

§ 5 BUrlG regelt **abschließend** den Anspruch auf Teilurlaub, der in **drei Fällen** entsteht:

- Der ArbN erfüllt die Wartezeit im Kalenderjahr nicht (§ 5 Abs. 1a BUrlG).

  Beispiel: Das Arbeitsverhältnis beginnt erst am/nach dem 1. Juli. Der volle Urlaubsanspruch kann somit frühestens am 31.12. entstehen. Der Teilurlaubsanspruch ist übertragbar in das nächste Kalenderjahr (§ 7 Abs. 3 BUrlG).
- Der ArbN scheidet vor Erfüllen der Wartezeit aus dem Arbeitsverhältnis aus (§ 5 Abs. 1b BUrlG).

  Beispiel: Das Arbeitsverhältnis dauert lediglich vom 1.5.–30.08.
- Der ArbN scheidet nach Erfüllen der Wartezeit in der ersten Hälfte eines Kalenderjahres aus dem Arbeitsverhältnis aus (§ 5 Abs. 1c BUrlG). Erfasst werden dabei alle Arbeitsverhältnisse, die bis zum 30. Juni 24.00 Uhr enden. Hat der Arbeitnehmer vor dem Ausscheiden bereits mehr Urlaub erhalten als ihm zusteht, kann das hierfür gezahlte Urlaubsentgelt nicht mehr zurückgefordert werden (§ 5 Abs. 3 BUrlG).

  Beispiel: Das Arbeitsverhältnis begann am 1.2.2001, der Arbeitnehmer scheidet am 30.4.2016 wieder aus. Für 2016 besteht dann nur ein Teilurlaubsanspruch. Hat der ArbN bereits im Januar 2016 seinen gesamten Jahresurlaub genommen, kann dieser nicht mehr zurückgefordert werden.

Als Teilurlaub wird dem ArbN **für jeden vollen Monat** des Bestehens des Arbeitsverhältnisses **1/12 des Jahresurlaubs** gewährt (§ 5 Abs. 1 BUrlG). Angefangene, aber nicht ganz volle Monate bleiben bei der Berechnung außer Ansatz

Beispiel: Arbeitsverhältnis vom 1.5.–15.8.
Das Arbeitsverhältnis besteht drei volle Monate. Der ArbN erhält 3/12 des vollen Jahresurlaubs. Bei einem gesetzlichen Anspruch auf 24 Werktage sind dies sechs Werktage, die einer Woche Urlaub entsprechen.

Befristung und Übertragbarkeit

Der einmal entstandene Urlaubsanspruch besteht **befristet** für das **jeweilige Kalenderjahr**. Urlaub, der bis zum Jahresende nicht genommen wurde, erlischt grundsätzlich. Eine **Übertragung** in das nächste Kalenderjahr ist – abgesehen von einem Teilurlaubsanspruch (siehe oben) – nur dann möglich, wenn dringende betriebliche oder in der Person des ArbN liegende Gründe dies rechtfertigen (§ 7 Abs. 3 S. 2 BUrlG). In Tarifverträgen und Arbeitsverträgen wird hiervon allerdings oft abgewichen (zur Zulässigkeit vgl. § 13 Abs. 1 BUrlG) und eine Übertragung auch ohne Grund auf das nächste Kalenderjahr vorgesehen. Der Übertragungszeitraum reicht dann in der Regel bis zum 31. März. In dieser Zeit muss der Urlaub genommen werden, sonst verfällt er. Nach der neuesten Rechtsprechung des EuGH und des BAG (EuGH v. 20.01.2009 – C-350/06 und C-520/06, C-350/06, C-520/06 – NZA 2009, 135; BAG v. 24.03.2009 – 9 AZR 983/07 – NZA 2009, 538) ist dies aufgrund sekundären Gemeinschaftsrechts (RL 2003/88/EG) anders zu beurteilen, wenn der ArbN bis zum Ende des Urlaubsjahrs und/oder Übertragungszeitraums erkrankt und deshalb arbeitsunfähig ist. War der ArbN wegen krankheitsbedingter Arbeitsunfähigkeit nicht dazu in der Lage seinen gesetzlichen Urlaubsanspruch bis zum Ende des Urlaubsjahres oder Übertragungszeitraums zu realisieren, ist der Urlaub bei fortbestehendem Arbeitsverhältnis nachzugewähren, bei beendetem Arbeitsverhältnis abzugelten (vgl. dazu BAG v. 04.05.2010 – 9 AZR 183/09 – NZA 2010, 1011). Für über den gesetzlichen Anspruch hinaus gewährte Urlaubsansprüche können arbeitsvertragliche Regelungen getroffen werden, die ein Verfallen mit Ende des Urlaubsjahres vorsehen.

Die unionskonforme Auslegung hat zur Folge, dass der aufrechterhaltene Urlaubsanspruch zu dem im Folgejahr hinzutritt und damit erneut nach § 7 Abs. 3 BUrlG verfallen kann. Besteht deshalb die Arbeitsunfähigkeit auch am 31. März des zweiten auf das Urlaubsjahr folgenden Jahres fort, erlischt der zunächst aufrechterhaltene Urlaubsanspruch zu diesem Zeitpunkt (BAG v. 16.10.2012 – 9 AZR 63/11 – NZA 2013, 326).

Urlaubszeitpunkt

Die **Festlegung** des Urlaubszeitpunkts obliegt **grundsätzlich** dem **ArbG**, dabei sind jedoch vorrangig die Urlaubswünsche der ArbN zu berücksichtigen (§ 7 Abs. 1 BUrlG). Ablehnen kann der ArbG die Urlaubswünsche eines ArbN nur, wenn **dringende betriebliche Belange** entgegenstehen bzw. die Urlaubswünsche anderer ArbN unter **sozialen Belangen vorrangig sind.** Zum Beispiel haben ArbN mit schulpflichtigen Kindern während der Schulferien Vorrang. Einheitliche **Betriebsferien** sind ein betrieblicher Belang in diesem Sinne. Ein Fünftel des Jahresurlaubs muss dem ArbN aber zur freien Verfügung stehen (BAG v. 28.07.1981 – 1 ABR 79/79 –, BAGE 36, 14).

In Betrieben mit **Betriebsrat** besteht ein zwingendes Mitbestimmungsrecht gem. § 87 Abs. 1 Nr. 5 BetrVG bei der Aufstellung allgemeiner Urlaubsgrundsätze und des Urlaubsplans sowie bei der Festsetzung des Urlaubszeitpunkts einzelner ArbN, wenn zwischen ArbN und ArbG kein Einvernehmen zu erzielen ist.

Urlaubsgewährung

§ 7 Abs. 2 BUrlG sieht vor, dass Urlaub **grundsätzlich zusammenhängend** zu gewähren ist, denn nur so kann die Erholungsfunktion des Urlaubs gewährleistet werden. Eine **Teilung** des Urlaubs ist nur zulässig, wenn dringende betriebliche oder dringende persönliche Gründe des ArbN dies erfordern. Selbst dann muss aber ein Urlaubsteil mindestens zwölf aufeinander folgende Werktage umfassen. In der Praxis ist die Handhabung jedoch oft einvernehmlich anders.

Urlaubsentgelt

Den Urlaubsentgeltanspruch regelt § 11 BUrlG. Das Urlaubsentgelt bemisst sich nach dem **durchschnittlichen Arbeitsverdienst**, den der

ArbN **in den letzten 13 Wochen** (13 Wochen = drei Monate) vor dem Beginn des Urlaubs erhalten hat, mit Ausnahme des zusätzlich für Überstunden erhaltenen Arbeitsentgelts (sog. Referenzprinzip).

Formel Urlaubsentgelt: (Verdienst der letzten 13 Wochen ÷ 13) ÷ 6 = Urlaubsentgelt/Werktag

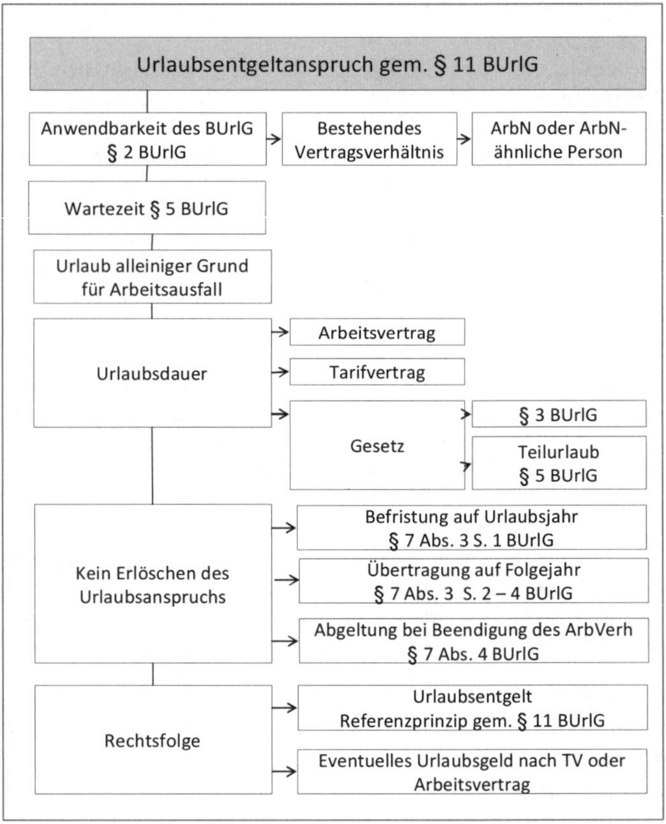

Das **Urlaubsentgelt** ist sauber zu trennen von einem eventuellen **Urlaubsgeldanspruch**. Urlaubsentgelt ist der Vergütungsanspruch des ArbN während des Urlaubs. Es ist gesetzlich geregelt und unabdingbar (§ 13 BUrlG). **Urlaubsgeldansprüche** bestehen dagegen nur aufgrund kollektiver oder arbeitsvertraglicher Regelungen (z. B. aufgrund betrieblicher Übung). Hierbei handelt es sich um Zusatzleistungen, die die erhöhten Urlaubsaufwendungen abdecken sollen.

Feiertagsvergütung

Die Feiertagsvergütung wird im EFZG geregelt. ArbN, deren Arbeitsleistung aufgrund eines gesetzlichen Feiertags entfällt, haben gem. § 2 Abs. 1 EFZG Anspruch auf Entgeltfortzahlung gegenüber dem ArbG. Welche Tage als gesetzliche Feiertage gelten, richtet sich nach dem Feiertagsrecht der einzelnen Bundesländer.

Die Feiertagsvergütung setzt voraus, dass der Feiertag die alleinige Ursache für den Ausfall der Arbeitsleistung ist.

Hätte der ArbN sowieso nicht gearbeitet (z. B. weil er ein Teilzeitarbeitsverhältnis hat), erhält er auch keine Entgeltfortzahlung für den Feiertag. Trifft der Feiertag mit einer Arbeitsunfähigkeit infolge Krankheit zusammen, so erhält der ArbN kein Feiertagsentgelt, sondern Entgeltfortzahlung im Krankheitsfall (§ 4 Abs. 2 EFZG).

Die **Höhe der Feiertagsvergütung** richtet sich nach dem **Lohnausfallprinzip**, d. h. der ArbN erhält die Vergütung, die ihm zugestanden hätte, wenn er an diesem Tag gearbeitet hätte (anderes gilt für die Berechnung des Urlaubsentgelts, die nach dem Referenzprinzip erfolgt, siehe oben). Wären an diesem Tage Überstunden geleistet worden, so sind auch diese zu berücksichtigen (§ 2 Abs. 1 EFZG stellt zu § 4 Abs. 1 EFZG eine eigenständige Berechnungsgrundlage dar), ferner die neben den Grundbezügen gezahlten laufenden Zulagen wie Zuverlässigkeitsprämien, Tantiemen etc.

Bleibt der ArbN am **letzten Tag vor dem Feiertag** oder am **ersten Tag nach dem Feiertag unentschuldigt** der Arbeit fern, entfällt gem. § 2 Abs. 3 EFZG auch der Anspruch auf Feiertagsentgelt. Der Gesetzgeber will damit einer eigenmächtigen Verlängerung der Freizeit entgegenwirken.

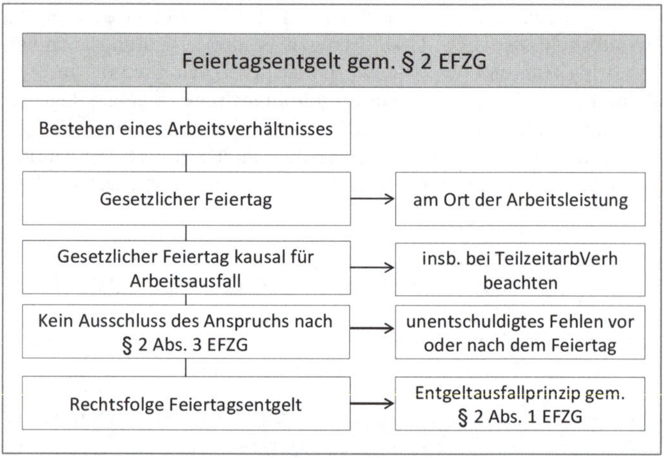

Entgeltfortzahlung im Krankheitsfall

Zu den in der Praxis wichtigsten Regelungen, die dem ArbN eine Entgeltzahlung ohne Arbeit gewähren, gehört der Anspruch auf Entgeltfortzahlung im Krankheitsfall, der für alle ArbN einheitlich im EFZG geregelt wird.

Gem. § 3 EFZG hat ein ArbN im Krankheitsfall gegen seinen ArbG für die Dauer von sechs Wochen Anspruch auf Entgeltfortzahlung. Nach Ablauf der Sechswochenfrist leistet die Krankenversicherung Krankengeld bzw. die Unfallversicherung Verletztengeld.

Die **Voraussetzungen** für den Entgeltfortzahlungsanspruch sind:

- Der ArbN muss die Wartezeit gem. § 3 Abs. 3 EFZG erfüllt haben,
- es muss eine Krankheit vorliegen,
- die Krankheit muss Arbeitsunfähigkeit zur Folge haben,
- die Krankheit muss die alleinige Ursache für die Arbeitsunfähigkeit sein und
- den ArbN darf daran kein Verschulden treffen.

Wartezeit

Erste Voraussetzung für den Entgeltfortzahlungsanspruch ist, dass der ArbN die **Wartezeit** gem. § 3 Abs. 3 EFZG erfüllt hat: Das Arbeitsverhältnis muss **vier Wochen ununterbrochen** bestanden haben. Erkrankt der ArbN vor Erfüllung der Wartezeit, besteht kein Anspruch auf Entgeltfortzahlung gegenüber dem ArbG. Die Wartezeit beginnt mit dem Tag der vereinbarten Arbeitsaufnahme. Die Frist berechnet sich nach § 187 Abs. 2 und 188 Abs. 2 BGB (es handelt sich um eine Anlauffrist). Dauert die Krankheit nach Ablauf der Wartezeit noch an, erlangt der ArbN einen Entgeltfortzahlungsanspruch gegen seinen ArbG. Die Wartezeit führt hier zu einer Verschiebung des Entgeltfortzahlungszeitraums.

Beispiel: Kalle nimmt am 7.1.2016 sein Arbeitsverhältnis auf. Am 25.1.2016 stürzt er und bricht sich ein Bein. Er ist acht Wochen arbeitsunfähig. Die Wartezeit ist am 4.2. vollendet, ab dann hat Kalle bis zu sechs Wochen Entgeltfortzahlungsanspruch.

Krankheit

Die zweite Voraussetzung ist das Vorliegen einer Krankheit. Darunter versteht man einen **regelwidrigen Körper- oder Geisteszustand**. Auf die Ursache der Krankheit kommt es nicht an. Unter den Krankheitsbegriff fallen körperliche Gebrechen genauso wie geistige Störungen oder Suchterkrankungen. Auch Erkrankungen aufgrund einer Sportverletzung im Freizeitbereich gehören dazu.

Arbeitsunfähigkeit infolge Krankheit

Die Krankheit muss Arbeitsunfähigkeit zur Folge haben. Der ArbN darf wegen der Schwere der Erkrankung seiner Tätigkeit objektiv nicht oder nur auf die Gefahr hin nachgehen können, dass sich sein Gesundheitszustand verschlechtert, oder es muss dem ArbN unzumutbar sein, seiner Tätigkeit nachzugehen, weil eine Heilbehandlung erforderlich ist (BAG v. 07.08.1991 – 5 AZR 410/90 –NZA 1992, 69). Ob **Arbeitsunfähigkeit** vorliegt, ist dabei **nach** der vom ArbN **zu verrichtenden Tätigkeit zu beurteilen**.

Beispiel: Eine Fußverletzung führt bei einer sitzenden Tätigkeit nicht zur Arbeitsunfähigkeit.

Krankheit alleinige Ursache für Arbeitsunfähigkeit

Die krankheitsbedingte Arbeitsunfähigkeit muss **alleinige Ursache für die Arbeitsverhinderung** sein. Ein Fortzahlungsanspruch entfällt deshalb z. B. während eines Arbeitskampfes, einer Kurzarbeitsperiode oder während eines bezahlten Sonderurlaubs. Erkrankt der ArbN während des normalen Urlaubs, so werden ihm gem. § 9 BUrlG, diese Tage nicht auf den Urlaubsanspruch angerechnet, er erhält Entgeltfortzahlung im Krankheitsfall.

Verschulden

Ein Entgeltfortzahlungsanspruch besteht nur dann, wenn den ArbN kein Verschulden am Eintritt der Arbeitsunfähigkeit trifft.

Unter Verschulden i. S. d. EFZG ist ein gröblicher Verstoß gegen das von einem verständigen Menschen im eigenen Interesse zu erwartende Verhalten zu verstehen.

Leichte Fahrlässigkeit genügt somit nicht (BAG v. 07.10.1981 – 5 AZR 338/79 – BAGE 36, 371). § 276 BGB lässt einen milderen Verschuldensmaßstab aufgrund der Eigenart des Schuldverhältnisses ausdrücklich zu.

Beispiele: Kein Entgeltfortzahlungsanspruch besteht daher bei alkoholbedingten Unfällen, Verletzungen, die darauf zurückzuführen sind, dass der ArbN den Sicherheitsgurt nicht angelegt hat oder Arbeitsschutzanweisungen missachtet hat. Sportverletzungen sind dagegen in aller Regel unverschuldet (Ausnahme: gefährliche Sportarten: BAG v. 07.10.1981 – 5 AZR 338/79 – BAGE 36, 371).

Dauer der Entgeltfortzahlung

Der Entgeltfortzahlungsanspruch besteht für die Dauer von sechs Wochen und beginnt mit dem Auftreten der Krankheit.

Die Fristberechnung richtet sich nach den §§ 186 ff. BGB. Grundsätzlich besteht **für jede einzelne Krankheit** ein Anspruch auf Entgeltfortzahlung bis zu **sechs Wochen Dauer**.

Etwas anderes gilt allerdings für Fortsetzungserkrankungen. Eine **Fortsetzungserkrankung** liegt vor, wenn wiederholte Erkrankungen auf demselben Grundleiden beruhen.

Beispiel: Ein unter Pollenallergie leidender Arbeitnehmer ist mehrmals im Jahr arbeitsunfähig, weil bestimmte Pflanzen blühen.

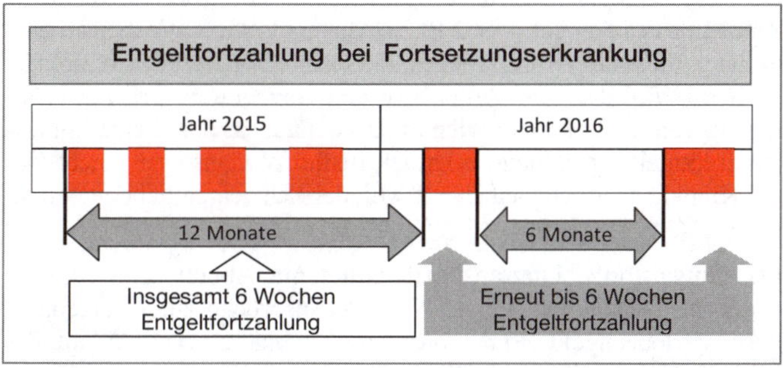

In diesem Fall kann der ArbN gem. § 3 Abs. 1 S. 2 EFZG für Arbeitsunfähigkeit aufgrund der Fortsetzungserkrankung **insgesamt** nur für **sechs Wochen** einen Entgeltfortzahlungsanspruch geltend machen. Eine Ausnahme besteht dann, wenn der ArbN aufgrund der Fortsetzungserkrankung sechs Monate nicht arbeitsunfähig erkrankt war bzw. wenn seit Beginn der Arbeitsunfähigkeit wegen der Fortsetzungserkrankung ein 12-Monatszeitraum verstrichen ist. Nach Ablauf von zwölf Monaten steht dem ArbN auch wegen der Fortsetzungserkrankung für weitere sechs Wochen Entgeltfortzahlung zu (§ 3 Abs. 1 S. 2 EFZG). Für Arbeitsunfähigkeitsperioden aufgrund anderer Erkrankungen besteht jeweils ein Anspruch auf Entgeltfortzahlung bis zu sechs Wochen.

Beispiel: ArbN Karl Kreuz wird 2015 wegen seines Bandscheibenleidens für insgesamt 13 Wochen arbeitsunfähig krankgeschrieben. Die Krankheitsperioden verteilen sich auf alle Monate des Jahres. Er erhält insgesamt sechs Wochen Entgeltfortzahlung. Weitere Arbeitsunfähigkeitszeiten wegen Grippe etc. unterliegen dem normalen Entgeltfortzahlungsanspruch.

Die **Darlegungs- und Beweislast** für das Vorliegen einer fortgesetzten Krankheit trägt grundsätzlich der ArbG (BAG v. 13.07.2005 – 5 AZR 389/04 – BAGE 115, 206). Dies ist für den ArbG insofern problematisch, als der ArbG normalerweise die Krankheitsursache nicht kennt. Das BAG vertritt daher die Auffassung, dass der ArbN aus der Treuepflicht heraus verpflichtet ist, dem ArbG mitzuteilen, dass es sich um eine Fortsetzungserkrankung handelt. Darüber hinaus wird die Darlegungslast anders verteilt. Ist ein ArbN innerhalb der Zeiträume des § 3 Abs. 1 S. 2 EFZG länger als sechs Wochen arbeitsunfähig, muss der ArbN darlegen, dass keine Fortsetzungserkrankung vorliegt. Wird dies vom ArbG bestritten, obliegt dem ArbN die Darlegung von Tatsachen, die den Schluss erlauben, dass keine Fortsetzungserkrankung vorliegt, eventuell ist der Arzt insoweit (nicht was die Krankheitsursache anbelangt) von der Schweigepflicht zu entbinden (BAG v. 13.07.2005 – 5 AZR 389/04 – BAGE 115, 206).

Der Entgeltfortzahlungsanspruch **endet** mit Ablauf der Sechswochenfrist. Danach hat der ArbN u. U. Ansprüche auf Krankengeld oder Verletztengeld. Endet das Arbeitsverhältnis vor Ablauf des Sechswochen-Zeitraums (z. B. bei einer Befristung), so endet auch die Entgeltfortzahlungsverpflichtung des ArbG (§ 8 Abs. 2 EFZG). Der Anspruch auf Fortzahlung des Arbeitsentgelts besteht allerdings bis zur Gesamtdauer von sechs Wochen über den Beendigungstermin des Arbeitsverhältnisses hinaus fort, wenn der ArbG das Arbeitsverhältnis **aus Anlass der Erkrankung kündigt** (§ 8 Abs. 1 EFZG). Spricht der ArbG die Kündigung in zeitlichem Zusammenhang mit der Krankheit aus, spricht ein Beweis des ersten Anscheins dafür, dass es sich um eine Anlasskündigung handelt. Der ArbG kann aber das Gegenteil beweisen.

Beispiel: ArbN Uli Unfähig beginnt am 02.01.2016 ein Arbeitsverhältnis, man vereinbart eine Probezeit von drei Monaten, innerhalb der mit zwei Wochen Kündigungsfrist gekündigt werden kann. Das Arbeitsverhältnis entwickelt sich nicht besonders gut. Am 11.02.2016 beschließt der Arbeitgeber eine Kündigung auszusprechen. Uli, der so was ahnt, geht am 11.02.2016 zum Arzt und wird auch tatsächlich für vier Wochen krankgeschrieben. Am 12.02.2016 erhält er die Kündigung. Hier endet das Arbeitsverhältnis zwar nach zwei Wochen, der ArbG muss aber für die vier Wochen Entgeltfortzahlung leisten, es sei denn, er kann beweisen, dass der Kündigungsentschluss bereits vor der Krankschreibung bestand und die Kündigung nicht aus Anlass der Krankheit ausgesprochen wurde. Ein solcher Beweis wäre z. B. möglich, wenn der ArbG bereits vor der Krankschreibung das Anhörungsverfahren des Betriebsrats eingeleitet hatte.

Höhe des Entgeltfortzahlungsanspruchs

Die Höhe des Entgeltfortzahlungsanspruchs beträgt gem. § 4 Abs. 1 EFZG **100 %** des Arbeitsentgelts, das der Arbeitnehmer erhalten hätte, wenn er gearbeitet hätte (**Entgeltausfallprinzip**). Unter Arbeitsentgelt i. d. S. versteht man den **Bruttoverdienst** des ArbN, soweit er als Gegenleistung für die Arbeit gezahlt wird. Dazu gehören z. B. auch Zulagen wie Gefahrenzulagen, Schmutzzulagen, Tantiemen, vermögenswirksame Leistungen und Arbeitgeberanteile zur Sozialversicherung. Nicht eingerechnet wird das Arbeitsentgelt für Überstunden und Leistungen mit Aufwendungsersatzcharakter (§ 4 Abs. 1a EFZG; zur Frage der maßgeblichen Arbeitszeit und Überstunden i. S. d. EFZG vgl. BAG v. 21.11.2001 – 5 AZR 296/00 – NZA 2002, S. 439).

Anzeige- und Nachweispflichten

In formeller Hinsicht treffen den ArbN **Anzeige- und Nachweispflichten** gem. § 5 EFZG. Anzeige- und Nachweispflichten sind voneinander zu trennen.

Der ArbN ist zunächst verpflichtet, dem ArbG seine Arbeitsunfähigkeit und deren voraussichtliche Dauer unverzüglich anzuzeigen.

Dies muss **am ersten Tag der Erkrankung** geschehen, auch bei Teilzeitarbeitnehmern, die an diesem Tag nicht gearbeitet hätten. Adressat der Anzeige ist der ArbG bzw. eine als sein Vertreter handelnde Person, z. B. der zuständige Personalsachbearbeiter. Erkrankt der ArbN im Ausland, z. B. während eines Urlaubs, gilt die Anzeigepflicht ebenfalls. Der ArbN hat dann aber zusätzlich seinen gegenwärtigen Aufenthaltsort mitzuteilen (§ 5 Abs. 2 EFZG).
Verletzt der ArbN seine Anzeigepflicht, kommt eine Abmahnung in Betracht und im Wiederholungsfalle die verhaltensbedingte Kündigung.

Eine ärztliche Arbeitsunfähigkeitsbescheinigung ist erst dann vorzulegen, wenn die Krankheit länger als drei Kalendertage dauert.

Vorlagetermin ist dann der darauf folgende Arbeitstag.

Beispiel: Beginnt die Erkrankung am Montag, muss die Vorlage am Donnerstag erfolgen; beginnt sie am Donnerstag, erfolgt die Vorlage am Montag.

Abweichend hiervon kann der **ArbG** gem. § 5 Abs. 1 S. 3 EFZG die Vorlage der **Arbeitsunfähigkeitsbescheinigung früher verlangen** (z. B. am 1. Tag der Erkrankung). Dieses Verlangen kann sich an alle ArbN, eine bestimmte Gruppe von ArbN oder auch an einen einzelnen ArbN wenden (bestätigt durch BAG v. 14.11.2012 – 5 AZR 886/11 – NZA 2013, 322). Der ArbG darf sich dabei nur nicht von sachfremden Erwägungen leiten lassen, da es sich hier um ein einseitiges Leistungsbestimmungsrecht handelt (§ 315 BGB). In Betrieben mit Betriebsrat unterliegt das Verlangen des ArbG zur früheren Vorlage allerdings der zwingenden Mitbestimmung des Betriebsrates gem. § 87 Abs. 1 Nr. 1 BetrVG (BAG v. 25.01.2000 – 1 ABR 3/99 – NZA 2000, S. 665).

Dauert die Erkrankung länger als auf der Arbeitsunfähigkeitsbescheinigung angegeben, hat der ArbN wiederum unverzüglich die **Fortdauer der Erkrankung** anzuzeigen (§ 3 Abs. 1 S. 1 EFZG analog) und eine neue Arbeitsunfähigkeitsbescheinigung vorzulegen. Noch nicht abschließend geklärt ist allerdings, ob die verspätete Anzeige der Erkrankungsfortdauer ohne besonderen (vertraglichen) Hinweis eine abmahnfähige Pflichtverletzung des ArbN darstellt. Die unverzügliche Anzeigepflicht ergibt sich ohne weiteren Hinweis lediglich aus einer analogen Anwendung, die für den Arbeitnehmer nicht ohne weiteres ersichtlich ist (ArbG Berlin, Urteil v. 08.06.2012 – 28 Ca 6569/12).

Beweiswert der Arbeitsunfähigkeitsbescheinigung

Eine Arbeitsunfähigkeitsbescheinigung hat grundsätzlich die **Vermutung der Richtigkeit** für sich, der Beweiswert kann aber durch Umstände des Einzelfalls **erschüttert** werden, z. B.:

- wenn der Arzt die Bescheinigung ohne Untersuchung ausgestellt hat,
- wenn die Bescheinigung mehr als zwei Tage rückdatiert wird,
- wenn der ArbN die Arbeitsunfähigkeit angekündigt hat, z. B. für den Fall, dass ihm kein Urlaub gewährt wird,
- wenn der ArbN bei einer für die Arbeitsunfähigkeit ungeeigneten Tätigkeit angetroffen wird, z. B. ganztägige Arbeit am Hausbau, Fortsetzung der Nebentätigkeit,
- wenn der ArbN einer Einladung des Sozialmedizinischen Dienstes zur Untersuchung nicht nachkommt. (§ 275 SGB V enthält

Indizien, die Zweifel an einer Arbeitsunfähigkeit begründen und den Sozialmedizinischen Dienst zur Überprüfung der Arbeitsunfähigkeit verpflichten).

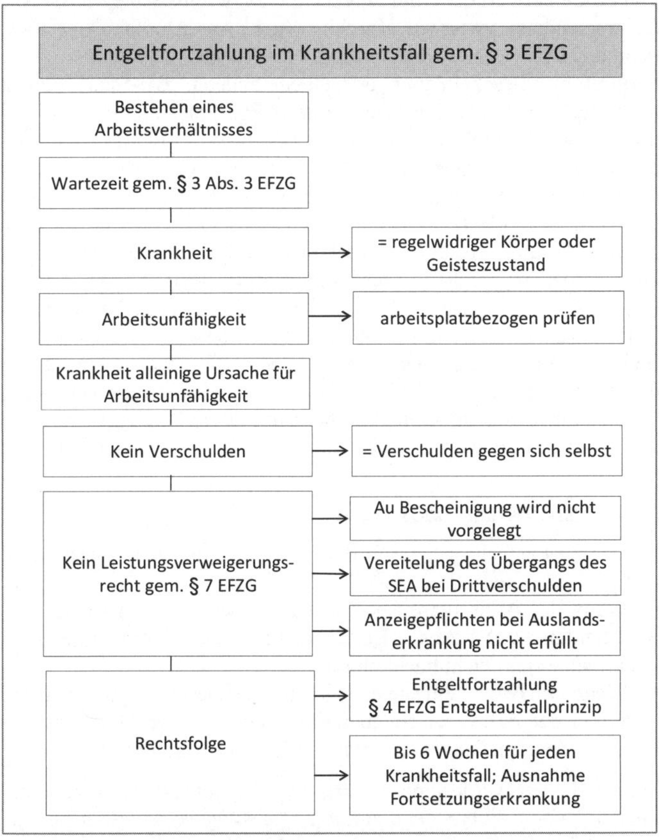

Gelingt es dem ArbG den Beweiswert der Arbeitsunfähigkeitsbescheinigung zu erschüttern, obliegt es dem ArbN seine Arbeitsunfähigkeit auf anderem Weg zu beweisen.

Problematisch ist die Vorlage einer Arbeitsunfähigkeitsbescheinigung aus dem **Ausland**. Für Bescheinigungen aus **Nicht-EU-Staaten** kann der ArbG den Beweiswert zusätzlich dadurch erschüttern, dass er Umstände darlegt, die dafür sprechen, dass der ausstellende Arzt die Unterscheidung zwischen Krankheit und Arbeitsunfähigkeit nicht kannte (BAG v. 01.10.1997 – 5 AZR 499/96 – NZA 1998, 372). Stammt die Bescheinigung aus einem anderen **EU-Staat** besteht grundsätzlich ein absoluter Beweiswert, eine Erschütterung der Vermutung der Richtigkeit reicht nicht aus, um den Entgeltfortzahlungsanspruch auszuschließen. Nach EU-Recht kann der ArbG den ArbN aber vor Ort durch einen Arzt seines Vertrauens untersuchen lassen (EuGH v 03. 06.1992 – C-45/90 – NZA 1992, 735) oder er kann den Nachweis führen, dass der ArbN missbräuchlich oder betrügerisch eine Arbeitsunfähigkeitsbescheinigung vorgelegt hat (EuGH v. 02.05.1996 – C-206/94 – NZA 1996 S. 635). Diesen Nachweis zu führen, wird im Einzelfall nicht einfach sein, so dass die Arbeitsunfähigkeitsbescheinigung aus einem anderen EU-Staat grundsätzlich einen höheren Beweiswert hat, als eine inländische Bescheinigung. Das nationale Gericht kann aber die vom ArbG vorgelegten Beweise frei würdigen (BAG v. 19.02.1997 – 5 AZR 747/93 – NZA 1997 S. 705).

Leistungsverweigerungsrechte

Der ArbG kann die Entgeltfortzahlung unter den Voraussetzungen des § 7 EFZG und § 100 SGB IV verweigern:

- Wenn der ArbN bei einer Auslandserkrankung seinen Anzeigepflichten aus § 5 Abs. 2 EFZG (insbesondere Nennung des Aufenthaltsortes) nicht nachkommt.
- Wenn der ArbN keine Arbeitsunfähigkeitsbescheinigung vorlegt.
- Wenn der ArbN bei einem Drittverschulden den Übergang des Schadensersatzanspruchs gem. § 6 EFZG verhindert.

Unterschieden werden muss dabei zwischen einem nur vorübergehenden und einem endgültigen Leistungsverweigerungsrecht. Kommt der ArbN seinen Anzeige- und Nachweispflichten nach § 5 EFZG nicht nach, handelt es sich nur um ein vorübergehendes Leistungsverweigerungsrecht. Kann der ArbN seine Verpflichtungen noch nachholen, ist der ArbG rückwirkend zur Entgeltfortzahlung verpflichtet. Verhindert der ArbN dagegen den Übergang des Schadensersatzanspruches, handelt es sich um ein endgültiges Leistungsverweigerungsrecht.

Drittverschulden

Beruht die Arbeitsunfähigkeit auf dem **Verschulden eines Dritten** (z. B. Verkehrsunfall) und hat der verletzte ArbN aufgrund gesetzlicher Vorschriften deshalb Ansprüche wegen des Verdienstausfalls gegen den Dritten, so **gehen die Ansprüche des ArbN** insoweit **auf den ArbG über**, als dieser dem ArbN Entgeltfortzahlung im Krankheitsfall leistet, inklusive der darauf entfallenden Beiträge zur Sozialversicherung (§ 6 Abs. 1 EFZG). Der ArbN hat dem ArbG unverzüglich die zur Geltendmachung des Schadensersatzanspruchs erforderlichen Angaben zu machen (§ 6 Abs. 2 EFZG).

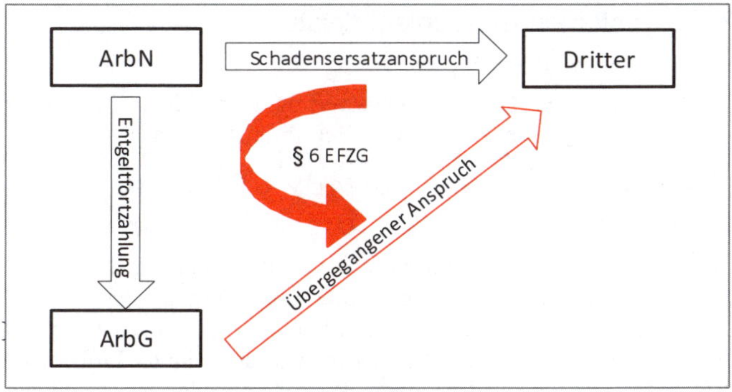

Schlechtleistung und Haftung des Arbeitnehmers

Von Schlechtleistung spricht man, wenn der ArbN eine Pflicht aus dem Arbeitsverhältnis verletzt. Es kann sich dabei sowohl um die Verletzung der Hauptleistungspflicht als auch um eine Nebenpflichtverletzung handeln.

Beispiel: ArbN Huschig arbeitet unkonzentriert. Die von ihm gefertigten Einbauteile sind alle fehlerhaft und können nicht verwendet werden.

1. Abgrenzung Schlechtleistung – Nichtleistung

Liegt die Schlechtleistung in der Verletzung der Hauptpflicht, kann die Abgrenzung zur Nichtleistung im Einzelfall problematisch sein. Der ArbN ist zu der Leistung verpflichtet, zu der er subjektiv in der Lage ist (**Subjektiver Leistungsbegriff**). Er hat unter Aufwendung seiner persönlichen geistigen und körperlichen Fähigkeiten zu arbeiten. Ein ArbN, der seine Arbeitskraft bewusst zurückhält und z. B. extra langsam arbeitet, verletzt seine Arbeitspflicht (BAG v. 20.03.1969 – 2 AZR 283/68 – AP Nr. 27 zu § 123 GewO). Das BAG neigt in solchen Fällen eher zur Annahme der Nichtleistung. Die Rechtsfolgen richten sich damit nach §§ 275, 326, 280 Abs. 1 BGB. Schlechtleistung liegt dagegen vor, wenn der ArbN zwar arbeitet, dabei aber Fehler macht oder ein mangelhaftes Arbeitsergebnis vorlegt.

2. Rechtsfolgen der Schlechtleistung

Keine Entgeltminderung

Das Gesetz kennt für den Dienstvertrag keine dem Kauf- oder Werkvertragsrecht entsprechenden Gewährleistungsansprüche.

Eine Minderung des Entgeltanspruchs findet bei einer Schlechtleistung des ArbN nicht statt.

Der ArbG schuldet auch im Falle der Schlechtleistung die vereinbarte oder tarifliche Arbeitsvergütung, eine Kürzung des Arbeitsentgelts ist nicht zulässig. Eventuell kommt eine Aufrechnung mit Schadensersatzansprüchen in Betracht (vgl. dazu die nachfolgenden Ausführungen). Die Aufrechnung ist aber nur zulässig, soweit das Arbeitsentgelt gepfändet werden kann (§ 394 BGB).

Schadensersatzanspruch

Entsteht durch die Schlechtleistung des ArbN ein Schaden, kommt ein Schadensersatzanspruch des ArbG gem. § 280 Abs. 1 BGB in Betracht.

Die Voraussetzungen für einen Schadensersatzanspruch des ArbG wegen der Schlechtleistung sind:

- Es muss eine Pflichtverletzung vorliegen (Verletzung der arbeitsvertraglichen Haupt- oder Nebenpflichten).
- Den ArbN muss ein Verschulden an der Schlechtleistung treffen. Die Beweislast hierfür trägt gem. § 619a BGB der ArbG.
- Dem ArbG muss ein Schaden entstanden sein.
- Die Verletzungshandlung muss kausal für den entstandenen Schaden gewesen sein.

3. Begrenzung der Arbeitnehmerhaftung und Schadensausgleich im Arbeitsverhältnis

Schadensersatzverpflichtungen des ArbN folgen **grundsätzlich** den **Regelungen des BGB**, unabhängig davon, ob es sich um vertragliche (§ 280 Abs. 1 BGB) oder deliktische (§§ 823 ff. BGB) Ansprüche handelt. Die im Zivilrecht sonst geltende Regel, dass auch bei geringem Verschulden (leichteste Fahrlässigkeit) ein voller Schadensersatzanspruch des Geschädigten entsteht, wird im Arbeitsrecht jedoch allgemein als unbillig angesehen. Der ArbN wird im Interesse des ArbG tätig, erhält von diesem häufig teuerstes Arbeitsmaterial und unterliegt dem permanenten Risiko, durch eine kleine Unaufmerksamkeit einen hohen Schaden zu verursachen, der mit dem normalen Arbeitsentgelt nicht ausgeglichen werden kann. Die Rechtsprechung sieht deshalb seit langem eine **Begrenzung der Arbeitnehmerhaftung** u. a. in Abhängigkeit vom Grad des Verschuldens des ArbN vor (innerbetrieblicher Schadensausgleich).

Trotz einiger Änderungen der Rechtsprechung in der Ausgestaltung ist rechtsdogmatisch insoweit von Gewohnheitsrecht auszugehen. **§ 276 BGB** in der Fassung nach der Schuldrechtsreform stellt nunmehr allerdings ausdrücklich klar, dass sich aus dem Inhalt des Schuldverhältnisses eine **mildere Haftung** ergeben kann. Die Rechtsprechung zur Arbeitnehmerhaftung wird damit normativ angebunden.

Die arbeitsgerichtliche Rechtsprechung ergänzt und konkretisiert die Normen des Zivilrechts. Darüber hinaus sind immer dann, wenn es zu Personenschäden kommt, die Regelungen der gesetzlichen Unfallversicherung (SGB VII) zu beachten. Bei der Darstellung des innerbetrieblichen Schadensausgleichs ist deshalb teilweise nach

Sachschäden und Personenschäden zu differenzieren und danach, bei wem der Schaden eintritt.

Sachschäden

Beispiel: LKW-Fahrer Hans Hurtig beeilt sich, um sein Tages-Arbeitspensum zu schaffen. Er fährt im Stadtgebiet zu schnell, übersieht eine rote Ampel und stößt mit dem Pkw des Paule Pech zusammen. LKW und Pkw sind beschädigt.

Hinsichtlich der Sachschäden muss unterschieden werden, ob der Sachschaden beim Arbeitgeber, bei einem Dritten bzw. einem Arbeitskollegen oder beim Arbeitnehmer selbst eingetreten ist.

Sachschäden des Arbeitgebers

Anhand der vom ArbN verursachten Sachschäden des ArbG hat die Rechtsprechung die Grundsätze der Haftungsbegrenzung für ArbN entwickelt (u. a. BAG v. 24.11.1987 – 8 AZR 524/82 – NZA 1988, 579; BAG v. 27.09.1994 – GS 1/89 (A) – NZA 1994, 1083).

Voraussetzung für eine Haftungsbegrenzung ist zunächst, dass der Schaden in Ausübung einer betrieblich veranlassten Tätigkeit auftritt.

Schäden, die dem **privaten Bereich** des ArbN zuzurechnen sind, unterliegen der **normalen zivilrechtlichen Haftung** (z. B. wenn der ArbN mit seinem Privat-Pkw zur Arbeit fährt und einen Unfall mit Sachschäden verursacht; Ausnahme gilt für das Wegerisiko bei Rufbereitschaft: BAG v. 22.06.2011 – 8 AZR 102/10 – NZA 2012, 91).

Betrieblich veranlasst sind solche Tätigkeiten des ArbN, die ihm für den Betrieb übertragen worden sind oder die er im Interesse des Betriebs ausführt.

Liegt ein Schaden aufgrund einer **betrieblich veranlassten Tätigkeit** vor, so ist der Schaden zwischen ArbN und ArbG zu verteilen. Die Rechtsprechung zog bislang **§ 254 BGB analog** heran: § 254 kommt über die direkte Berücksichtigung des Mitverschuldens auch dann zur Anwendung, wenn der Geschädigte aufgrund einer von ihm zu vertretenden Sach- oder Betriebsgefahr mitverantwortlich ist. Eine Mitverantwortung des ArbG sieht die Rechtsprechung in der **Verantwortung des Arbeitgebers für die Betriebsorganisation** und die **Gestaltung der Arbeitsbedingungen** in rechtlicher und tatsächlicher Hinsicht. Dabei ist anerkannt, dass sich eine nach Abwägung der Umstände des Einzelfalls abgestimmte Schadensteilung zwischen der vollen Haftung des Schädigers und seiner vollen Entlastung bewegen kann.

Durch die Schuldrechtsreform dürfte sich ein Rückgriff auf § 254 BGB erübrigen, da § 276 BGB seither ausdrücklich klarstellt, dass sich aus der Natur des Schuldverhältnisses ein milderer Haftungsmaßstab ergeben kann. Darüber hinaus ergibt sich aus der Gesetzesbegründung, dass die Rechtsprechung zur Arbeitnehmerhaftung durch die Schuldrechtsreform nicht geändert werden sollte.
Für das Grundverständnis des Systems der Arbeitnehmerhaftung ist der Gedanke eines Mitverschuldens des ArbG jedoch hilfreich.

Trifft den ArbG nun ein Mitverschulden, so ist der Schaden zwischen ArbG und ArbN aufzuteilen.

Die Verteilung des Schadens zwischen ArbG und ArbN ist im Wege der Abwägung zu ermitteln.

Bei der **Abwägung ist zu berücksichtigen:** der Grad des Verschuldens, die Höhe des Schadens, die Versicherbarkeit des Risikos, das Einkommen des ArbN im Verhältnis zum Schaden, das mit der Tätigkeit verbundene Schadensrisiko, die Vorhersehbarkeit, die Dauer der Betriebszugehörigkeit und die Stellung des ArbN im Betrieb. Im Konkreten bedeutet dies:

Schädigt ein ArbN seinen ArbG, hängt der Umfang seiner Haftung zunächst vom Grad des Verschuldens ab.

Die Rechtsprechung geht dabei von einer Dreiteilung des Verschuldensmaßstabs aus.
Man unterscheidet zwischen

- leichtester Fahrlässigkeit
- mittlerer/normaler Fahrlässigkeit
- grober Fahrlässigkeit und Vorsatz

Bei leichtester Fahrlässigkeit des ArbN entfällt seine Haftung gegenüber dem ArbG.

Dies gilt selbst dann, wenn den ArbG an dem Schaden keinerlei Mitverschulden, z. B. in Form eines Organisationsverschuldens, trifft. Von leichtester Fahrlässigkeit geht man aus, wenn ein geringfügiger Sorgfaltsverstoß vorliegt bzw. beim typischen Abirren (Vergreifen, Abrutschen, Versprechen).

Bei mittlerer Fahrlässigkeit wird der Schaden zwischen ArbG und ArbN geteilt.

Mittlere Fahrlässigkeit liegt vor, wenn der ArbN die erforderliche Sorgfalt nicht beachtet hat, man ihm aber keinen besonders schweren Vorwurf machen kann, gleichwohl wäre bei der gebotenen Sorgfalt der Schadenseintritt vorhersehbar und beherrschbar gewesen.
Hinsichtlich des Anteils, den ArbN und ArbG zu tragen haben, kommt es auf die Umstände des Einzelfalls an. Es ist u. a. zu berücksichtigen:

- die Höhe des Schadens, die Rückschlüsse auf das Schadensrisiko des ArbN bei der Tätigkeit zulässt.
- die Versicherbarkeit des Risikos. Bei Kfz-Schäden wird der ArbN immer nur in Höhe der Selbstbeteiligung einer Kaskoversicherung herangezogen werden können, auch wenn der ArbG eine solche nicht abgeschlossen hat.
- die Stellung des ArbN im Betrieb. Von leitenden Mitarbeitern kann mehr erwartet werden, diese sind aber auch von einem höheren Schadensrisiko bedroht.
- das Einkommen des ArbN im Verhältnis zum Schaden. Eventuell deckt das Arbeitsentgelt bestimmte Risiken mit ab.

Beispiel: Im oben angeführten Beispiel wird man von mittlerer Fahrlässigkeit ausgehen können. Einerseits ist Hans Hurtig zu schnell gefahren und hat eine rote Ampel übersehen, andererseits hat er sich aber beeilt, um ein überhöhtes Arbeitspensum zu bewältigen. Da es sich um einen Schaden am LKW handelt, wird sich Hans am Schaden in Höhe der Selbstbeteiligung der Kaskoversicherung beteiligen müssen.

Bei grober Fahrlässigkeit und Vorsatz haftet der ArbN grundsätzlich voll.

Das Verschulden muss sich dabei nicht nur auf die Pflichtverletzung, sondern auch auf den Schadenseintritt beziehen. Sonst wäre es dem ArbG möglich, durch entsprechende Verhaltensanweisungen die Haftung des ArbN zu verschärfen. Ein vorsätzlicher Pflichtverstoß führt nur dann zur vollen Haftung, wenn auch der Schaden vom Vorsatz erfasst ist (BAG v. 18.04.2002 – 8 AZR 348/01 NZA 2003, 37). Bei grober Fahrlässigkeit hat die Rechtsprechung aber bereits eine Begrenzung der Haftung angenommen, wenn zwischen dem Verdienst des ArbN und dem Schaden ein deutliches Missverhältnis besteht (BAG v. 12.10.1989 – 8 AZR 276/88 – NZA 1990, 97).

Sachschäden von Dritten und Arbeitskollegen

Sachschäden, die ein ArbN einem Dritten oder einem Arbeitskollegen zufügt, unterliegen der normalen zivilrechtlichen Haftung (in der Regel deliktischer Anspruch aus § 823 BGB). Dem Dritten/Kollegen gegenüber lässt sich eine Haftungserleichterung zugunsten des ArbN aus den Besonderheiten des Arbeitsverhältnisses nicht rechtfertigen (BGH v. 19.09.1989 – VI ZR 349/88 –, BGHZ 108, 305).

Ist der Schaden bei einer betrieblich veranlassten Tätigkeit entstanden, erhält der ArbN gegen seinen ArbG einen Freistellungsanspruch von der Schadensersatzverpflichtung gegenüber dem Kollegen oder Dritten.

Der **Freistellungsanspruch** (BAG GS v. 25.09.1957 – GS 4/56, GS 5/56 – BAGE 5, 1) besteht in der Höhe, in der der ArbN seinem ArbG gegenüber nicht haften würde, wenn der Schaden bei diesem aufgetreten wäre. Der Freistellungsanspruch hängt damit wieder vom **Grad des Verschuldens** ab, den man dem ArbN zur Last legt. Hat der ArbN z. B. den Schaden nur aufgrund leichtester Fahrlässigkeit verursacht, hat er gegen seinen ArbG einen Anspruch auf vollständige Freistellung von der Schadensersatzverpflichtung gegenüber dem Dritten/Arbeitskollegen.

Beispiel: Im obigen Beispiel muss Hans Hurtig dem Paule Pech den Schaden nach zivilrechtlichen Regelungen ersetzen. Da der Schaden aber bei einer betrieblichen Tätigkeit aufgetreten ist, erhält Hans Hurtig gegen seinen ArbG einen Freistellungsanspruch, der bei mittlerer Fahrlässigkeit zu quoteln ist. Auch hier käme eine Schadensbeteiligung in Höhe der Kaskoversicherung in Betracht. Von einer darüber hinausgehenden Schadensersatzverpflichtung gegenüber Paule Pech muss ihn der ArbG freistellen.

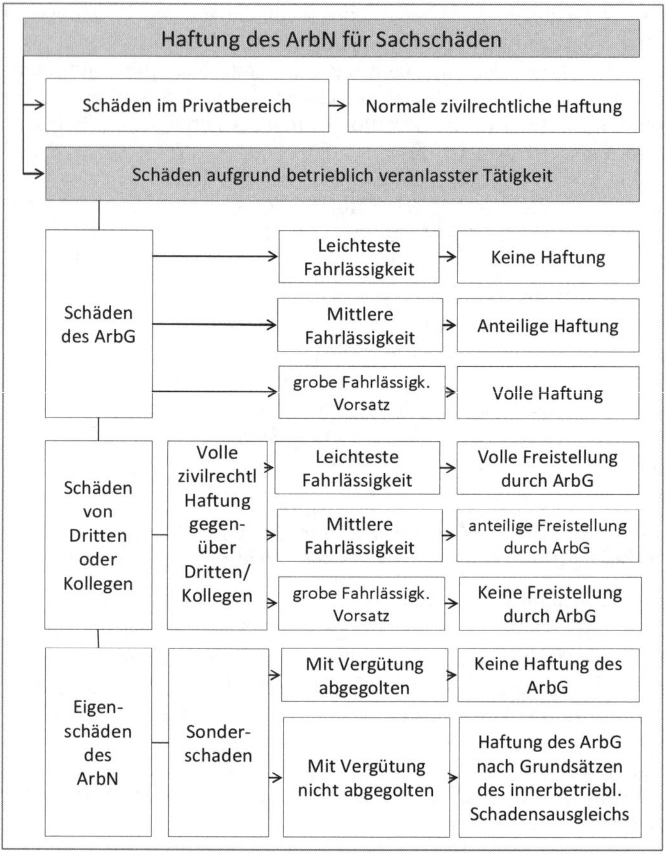
Haftung des ArbN für Sachschäden
Schäden im Privatbereich
Normale zivilrechtliche Haftung
Schäden aufgrund betrieblich veranlasster Tätigkeit
Schäden des ArbG
Leichteste Fahrlässigkeit
Keine Haftung
Mittlere Fahrlässigkeit
Anteilige Haftung
grobe Fahrlässigk. Vorsatz
Volle Haftung
Schäden von Dritten oder Kollegen
Volle zivilrechtl Haftung gegen-über Dritten/ Kollegen
Leichteste Fahrlässigkeit
Volle Freistellung durch ArbG
Mittlere Fahrlässigkeit
anteilige Freistellung durch ArbG
grobe Fahrlässigk. Vorsatz
Keine Freistellung durch ArbG
Eigen-schäden des ArbN
Sonder-schaden
Mit Vergütung abgegolten
Keine Haftung des ArbG
Mit Vergütung nicht abgegolten
Haftung des ArbG nach Grundsätzen des innerbetriebl. Schadensausgleichs

Sachschäden des Arbeitnehmers

Hier muss differenziert werden nach Sachschäden, die der ArbG schuldhaft verursacht hat, und sog. Eigenschäden des ArbN. Für Sachschäden des ArbN, die der **ArbG schuldhaft verursacht** hat, haftet dieser ganz normal nach zivilrechtlichen Regelungen (§ 280 Abs. 1, § 823 BGB).

Beispiel: Der ArbG fährt auf den Firmenparkplatz, kommt ins Schleudern und beschädigt den dort geparkten Pkw des ArbN.

Eigenschäden des ArbN sind Schäden, die durch die Arbeitsleistung beim ArbN selbst auftreten, ohne dass ein Verschulden des ArbG vorliegt. Die Rechtsprechung ist früher davon ausgegangen, dass ein ArbN seine Eigenschäden grundsätzlich selbst zu tragen hat. Hier hat sich ein Wandel vollzogen. Nach neuerer Rechtsprechung ist eine Verpflichtung des ArbG zum Ersatz der Eigenschäden des ArbN nach § 670 BGB analog denkbar (BAG v. 16.03.1995 – 8 AZR 260/94 – NZA 1995, 836).

Die Verpflichtung des ArbG zum Ersatz von Eigenschäden des ArbN ist eine verschuldensunabhängige Risikohaftung.

Die Voraussetzungen sind im Einzelnen:

- **Es muss sich auch hier um einen Schaden aufgrund einer betrieblich veranlassten Tätigkeit handeln**. Der Schaden muss mit der betrieblichen Tätigkeit zusammenhängen und nicht nur angelegentlich der betrieblichen Tätigkeit aufgetreten sein. Eine besondere Gefährlichkeit der betrieblichen Tätigkeit ist nicht notwendig.
- **Es muss sich um einen Sonderschaden handeln** und nicht um einen Schaden aufgrund des allgemeinen Lebensrisikos (z. B. Laufmasche in der Strumpfhose). Ersatzfähig sind nur solche Schäden, mit denen der ArbN nicht ohne weiteres zu rechnen braucht, weil sie nicht zu den üblichen Begleiterscheinungen einer Berufsausübung gehören.
- Der Sonderschaden muss nur dann ersetzt werden, wenn das **Schadensrisiko nicht mit der Arbeitsvergütung abgegolten** wird. Wird bei der Nutzung eines Privat-Pkw z. B. ein höheres

Entgelt als das Kilometerentgelt nach steuerlichen Gesichtspunkten gezahlt, kann damit das Unfallrisiko abgegolten sein (BAG v. 14.12.1995 – 8 AZR 875/94 – NZA 1996, 417).

- Letztlich ist ein **Mitverschulden des ArbN** zu berücksichtigen. Hier gelten die oben dargestellten **Grundsätze des innerbetrieblichen Schadensausgleichs**. Bei leichtester Fahrlässigkeit muss der ArbG den Schaden voll übernehmen, bei mittlerer bzw. normaler Fahrlässigkeit kommt es zu einer Schadensteilung, und bei grober Fahrlässigkeit entfällt der Ersatzanspruch des ArbN.

Beispiel: Buchhalter Konrad Kaufmann nutzt sein Fahrrad, um die Steuervoranmeldung zum Finanzamt zu bringen. Auf dem Weg dahin kommt es zu einem Unfall, und Konrads Fahrrad wird beschädigt. Konrad ist nur leichteste Fahrlässigkeit vorzuwerfen. In diesem Fall hat der ArbG den Schaden am Fahrrad voll zu ersetzen. Fährt Konrad mit dem eigenen Auto, kommt es darauf an, ob der ArbG eine entsprechende Kilometerpauschale zahlt, die eventuelle Schäden abdecken soll oder ob Konrad nur das Kilometergeld nach steuerlichen Regelungen bekommt.

Personenschäden

Handelt es sich bei dem eingetretenen Schaden nicht um einen Sachschaden, sondern um einen Personenschaden, sind die Regelungen der gesetzlichen Unfallversicherung nach dem SGB VII zu beachten.

Personenschäden des Arbeitnehmers

Personenschäden, die ein ArbN bei der Verrichtung seiner Arbeit erleidet, sind Arbeitsunfälle gem. § 8 SGB VII.

Hier leistet die **gesetzliche Unfallversicherung** nach den Vorschriften des SGB VII u. a. Heilbehandlung, Verletztengeld und Verletztenrente. Voraussetzung ist, dass ein Arbeitsunfall i. S. d. § 8 SGB VII oder eine Berufskrankheit gem. § 9 SGB VII vorliegt. Zu den Arbeitsunfällen zählt, neben dem Arbeitsunfall im eigentlichen Sinne (Verletzung aufgrund der versicherten Tätigkeit), auch der Wegeunfall (ArbN wird auf dem Weg von oder nach der Tätigkeit verletzt) und der Arbeitsgeräteunfall (Verletzung bei der Instandhaltung oder Verwahrung von Arbeitsgerät).

Beispiele: Maurer Stefan Stein stürzt vom Baugerüst und bricht sich ein Bein. Der Angestellte Anton Augner ist morgens auf dem Weg zur Arbeit und wird von einem Auto angefahren. Kraftfahrer Ole Ölig hat den Dienstwagen mit nach Hause genommen, um einen Ölwechsel durchzuführen, dabei verbrennt er sich die Hand am heißen Motor.

Die Unfallversicherung entschädigt bis hin zur Absichtsgrenze.

Verbotswidriges oder fahrlässiges Verhalten schließt die Annahme eines Arbeitsunfalls nicht aus (§ 7 Abs. 2 SGB VII).

Beispiel: Maurer Stefan Stein erleidet eine Gehirnerschütterung, weil ihm ein Ziegel auf den Kopf fällt. Hätte er – wie vorgeschrieben – seinen Sicherheitshelm getragen, wäre er nicht verletzt worden. Es handelt sich trotzdem um einen Arbeitsunfall und Stefan bekommt die Leistungen der gesetzlichen Unfallversicherung.

Beruht der Arbeitsunfall des ArbN auf einem **Verschulden des ArbG**, so wäre der ArbG dem ArbN nach zivilrechtlichen Regelungen (§ 280 Abs. 1 BGB, § 823 BGB) normalerweise zum Ersatz des daraus resultierenden Schadens verpflichtet. Hier gilt jedoch das **Haftungsprivileg** des § 104 SGB VII.

Der ArbG haftet für Personenschäden des ArbN, die durch einen Arbeitsunfall verursacht wurden nur, wenn er den Arbeitsunfall vorsätzlich herbeigeführt hat oder wenn der Arbeitsunfall auf einem nach § 8 Abs. 2 Nr. 1–4 SGB VII versicherten Weg (Wegeunfall, nicht betrieblich bedingter Weg) eingetreten ist.

Damit wird der ArbG im Regelfall von seiner Haftung freigestellt. Hintergrund für diese Regelung ist, dass die gesetzliche Unfallversicherung allein durch Beiträge der ArbG finanziert wird. Man spricht auch vom **Haftungsersetzungsprinzip** der gesetzlichen Unfallversicherung.

Beispiel: ArbG Manfred Meier und ArbN Friedrich Fröhlich fahren gemeinsam zu einem Kunden. Der Arbeitgeber sitzt am Steuer und verursacht einen Verkehrsunfall, bei dem Friedrich Fröhlich verletzt wird. Hier ist der ArbG gem. § 104 SGB VII von Schadensersatzansprüchen des ArbN bezüglich des Personenschadens (Heilbehandlung, über die Entgeltfortzahlung hinausgehender Verdienstausfall etc.) befreit. Es handelt sich nicht um einen Wegeunfall, sondern um einen Arbeitsunfall auf einem Betriebsweg.

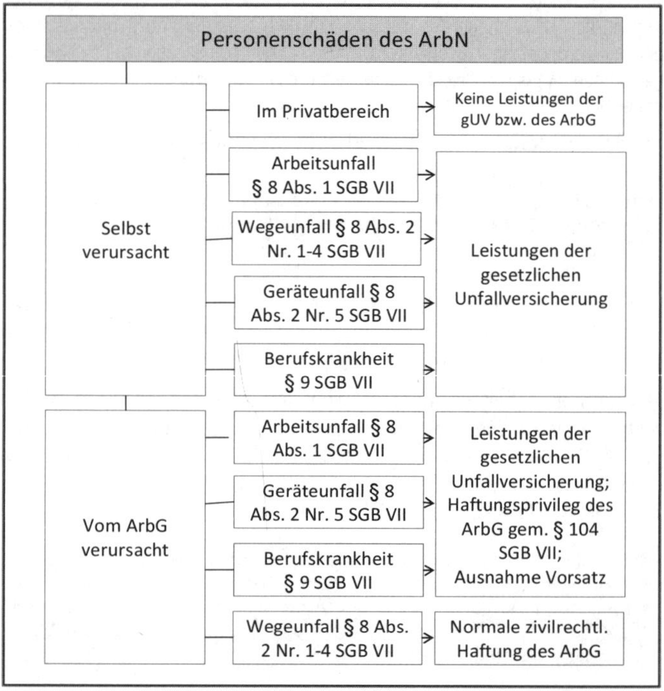

Da die gesetzliche Unfallversicherung grundsätzlich nur für Personenschäden aufkommt, gilt dieses **Haftungsprivileg auch nur, soweit die gesetzliche Unfallversicherung leistet**. Eine Ausnahme besteht allerdings für den **Schmerzensgeldanspruch** (§§ 823 Abs. 1, 253 Abs. 2 BGB). Dieser wird von § 104 SGB VII ebenfalls erfasst, d. h. ein ArbN hat gegen seinen ArbG unter den Voraussetzungen des § 104 SGB VII keinen Schmerzensgeldanspruch, auch wenn die gesetzliche Unfallversicherung direkt keine entsprechende Leistung erbringt.

Personenschäden des Arbeitskollegen oder des Arbeitgebers

Fügt ein Arbeitnehmer bei der Verrichtung seiner Tätigkeit einem Arbeitskollegen (Versicherter desselben Betriebes) einen Personenschaden zu, so handelt es sich **für den Kollegen um einen Arbeitsunfall**. Der verletzte Kollege bekommt die Leistungen der gesetzlichen Unfallversicherung. Deshalb enthält § 105 SGB VII eine dem § 104 SGB VII entsprechende Regelung.

Verursacht ein ArbN durch eine betriebliche Tätigkeit einen Arbeitsunfall eines anderen versicherten ArbN desselben Betriebs, muss der verursachende ArbN nach anderen Regelungen nur dann haften, wenn er vorsätzlich gehandelt hat oder der Unfall für den Verletzten ein Wegeunfall ist.

Gleiches gilt, wenn der Verletzte der Arbeitgeber ist. Dieser erhält dann auch Leistungen der gesetzlichen Unfallversicherung (§ 105 Abs. 2 SGB VII).

Beispiele: Maurer Stefan Stein lässt auf dem Gerüst den Hammer fallen, der den Kollegen Benno Bein am Fuß trifft und verletzt. Benno Bein hat hier keine Ansprüche auf Verdienstausfall, Heilbehandlung etc. gegen Stefan Stein, Benno bekommt Leistungen der gesetzlichen Unfallversicherung.
Hans Hurtig und Paule Pech sind beide mit dem Fahrrad auf dem Weg zur Arbeit. Hans nimmt Paule die Vorfahrt. Es kommt zu einer Kollision, bei der Paule am Arm verletzt wird. Hier greift das Haftungsprivileg des § 105 SGB VII nicht, denn beide waren auf dem Weg zur Arbeit.

Personenschäden Dritter

Für Personenschäden, die der ArbN bei Ausübung seiner Tätigkeit einer **betriebsfremden dritten Person** zufügt, gelten dieselben Regelungen wie bei Sachschäden.

Grundsätzlich ist der ArbN der dritten Person zum Schadensersatz nach zivilrechtlichen Regelungen verpflichtet, er erhält aber einen Freistellungsanspruch gegen seinen ArbG, soweit er dem ArbG gegenüber nicht zum Schadensersatz verpflichtet wäre.

Es gilt die Schadensausgleichsregel abhängig vom Verschulden des ArbN.

Beispiel: Kraftfahrer Hans Hurtig verursacht in Ausübung seiner Tätigkeit leichtest fahrlässig einen Verkehrsunfall, bei dem der Passant Paul Pech verletzt wird. Da der ArbN für Schäden, die durch eine betrieblich veranlasste Tätigkeit entstehen, bei leichtester Fahrlässigkeit nicht haften soll, bleibt er zwar dem Paul Pech gegenüber schadensersatzpflichtig, hat aber gegen seinen ArbG einen Anspruch auf volle Freistellung von dieser Schadensersatzverpflichtung.

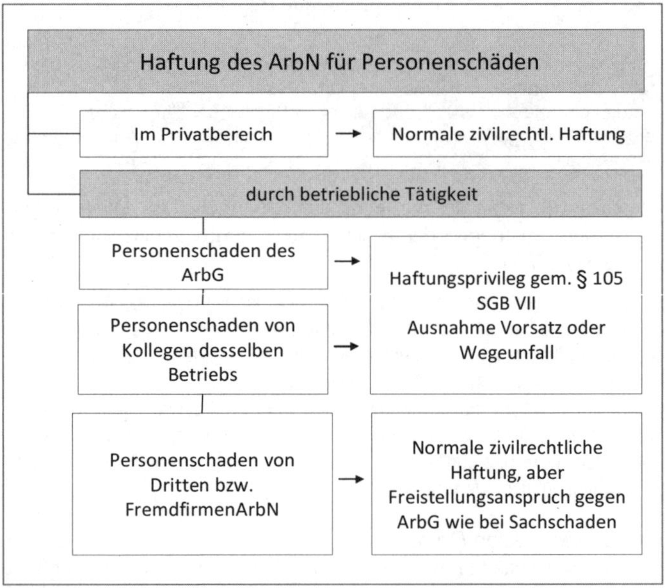

Besondere Arbeitsverhältnisse

Die bisher dargestellten Grundsätze gelten für das auf unbestimmte Zeit geschlossene Vollzeitarbeitsverhältnis eines ArbN. Daneben gibt es auch besondere Formen von Arbeitsverhältnissen, die teilweise speziellen Regelungen folgen. Die bisher behandelten arbeitsrechtlichen Grundsätze bleiben aber immer zu berücksichtigen. Die folgende Darstellung beschränkt sich auf die Modifikationen. Als häufig vorkommende besondere Arbeitsverhältnisse sind insbesondere zu nennen:

- das befristete Arbeitsverhältnis,
- das Teilzeitarbeitsverhältnis,
- das Aushilfsarbeitsverhältnis und
- das Probearbeitsverhältnis.

Befristetes Arbeitsverhältnis

Die vom Gesetzgeber intendierte Form des Arbeitsverhältnisses ist immer noch das auf unbestimmte Zeit geschlossene Arbeitsverhältnis. Daneben besteht aber auch ein starkes Bedürfnis nach befristeten (= auf bestimmte Zeit) geschlossenen Arbeitsverhältnissen (z. B. für einen nur vorübergehenden Arbeitsbedarf, wie Saisonarbeit).

Der BGB-Gesetzgeber aus dem Jahre 1900 hat den Abschluss eines befristeten Arbeitsverhältnisses für unproblematisch gehalten. Dies ergibt sich aus § 620 Abs. 1 BGB, wonach ein auf bestimmte Zeit geschlossenes Arbeitsverhältnis mit Zeitablauf endet.

Der BGB-Gesetzgeber konnte aber noch keine Kündigungsschutzbestimmungen im Auge haben. Befristete Arbeitsverhältnisse bergen die Gefahr der Umgehung von Kündigungsschutzbestimmungen, da keine Kündigung notwendig ist. Die Rechtsprechung hat daher seit langem die **Befristung eines Arbeitsverhältnisses nicht uneingeschränkt zugelassen**. Seit dem 1.1.2001 ist die Befristung von Arbeitsverhältnissen auf eine einheitliche Rechtsgrundlage gestellt worden. Die Befristung richtet sich nunmehr nach dem TzBfG (§ 620 Abs. 3 BGB).

1. Begriff und Arten der Befristung

Der Begriff der Befristung wird von § 3 TzBfG definiert:

> Befristet beschäftigt ist ein ArbN, wenn sein Arbeitsvertrag auf bestimmte Zeit geschlossen wurde.

Ein auf bestimmte Zeit geschlossener Arbeitsvertrag liegt vor, wenn

- die Dauer kalendermäßig bestimmt ist (**Zeitbefristung** § 3 Abs. 1 TzBfG).
  Beispiel: „Befristet bis zum 31. Mai" oder „das Arbeitsverhältnis beginnt am 1. Mai und ist für die Dauer von fünf Monaten befristet".
- die Dauer sich aus Art, Zweck oder Beschaffenheit der Arbeitsleistung ergibt (**Zweckbefristung,** § 3 Abs. 1 TzBfG).
  Beispiele: Die Stammarbeitnehmerin Sonja Sonst ist länger erkrankt, Veronika Voss wird zur Vertretung eingestellt. Ihr Vertrag enthält folgende Formulierung „Das Arbeitsverhältnis endet, wenn Frau Sonst ihre Tätigkeit wieder aufnimmt".
  Diplomingenieur Stefan Statik wird zur Mitarbeit an einem Brückenbauprojekt eingestellt. Das Arbeitsverhältnis ist auf die Projektdauer befristet. Es endet mit Fertigstellung des Projekts und Abnahme durch den Auftraggeber.
- Eine Befristung im weiteren Sinne kann sich auch aus einer **auflösenden Bedingung** ergeben (§ 158 Abs. 2 BGB, § 21 TzBfG), wenn die Arbeitsvertragsparteien das Schicksal des Arbeitsverhältnisses von einem noch ungewissen Ereignis abhängig machen. Die auflösende Bedingung folgt den Regelungen zur Zweckbefristung, da sich jeder Zweck grundsätzlich auch als auflösende Bedingung formulieren lässt.
  Beispiel: Als auflösende Bedingung für das Arbeitsverhältnis von Veronika Voss wird die ungewisse Rückkehr der StammarbN Sonja Sonst vereinbart.

2. Zulässigkeit der Befristung

> Die Befristung eines Arbeitsverhältnisses ist gem. § 14 Abs. 1 TzBfG grundsätzlich nur dann zulässig, wenn sie durch einen sachlichen Grund gerechtfertigt ist.

Fehlt ein hinreichend sachlicher Grund für die Befristung, ist ein Arbeitsverhältnis auf unbestimmte Dauer entstanden (§ 16 TzBfG).

Ausnahmen von der Notwendigkeit des Sachgrundes bestehen gem.

- § 14 Abs. 2 TzBfG für die erstmalige kalendermäßige Befristung bis zur Dauer von zwei Jahren (vgl. dazu unten),
- § 14 Abs. 2a TzBfG in den ersten vier Jahren nach der Gründung eines Unternehmens für die kalendermäßige Befristung bis zur Dauer von vier Jahren (vgl. dazu unten),
- § 14 Abs. 3 TzBfG für die Befristung von Arbeitsverhältnissen mit älteren Arbeitnehmern, die das 52. Lebensjahr vollendet haben und zuvor beschäftigungslos waren (vgl. dazu unten),
- diverser Spezialgesetze (z. B. HRG, BErzGG, SGB III, PflegezeitG), auf die hier nicht näher eingegangen wird.

Sachgrundbefristung gem. § 14 Abs. 1 TzBfG

Die Befristung eines Arbeitsverhältnisses bzw. die Vereinbarung einer auflösenden Bedingung setzt grundsätzlich das Vorliegen eines sachlichen Grundes voraus. **§ 14 Abs. 1 TzBfG nennt eine Reihe von sachlichen Gründen für eine Befristung.**

Eine Befristung ist z.B. zulässig:

- § 14 Abs. 1 Nr. 1 TzBfG: bei vorübergehendem Bedarf wie bei Saisontätigkeiten (Spargelernte, Tätigkeit als Kellner in einem Sommerausflugslokal), vorübergehenden Arbeitsspitzen und Projektarbeiten,
- § 14 Abs. 1 Nr. 3 TzBfG: zur Vertretung eines anderen ArbN für die Dauer einer Krankheit oder während des Mutterschutzes,
- § 14 Abs. 1 Nr. 6 TzBfG: wenn in der Person des ArbN liegende Gründe die Befristung rechtfertigen, wie z. B. bei der befristeten Beschäftigung eines Studenten für die Dauer des Studiums.
- § 14 Abs. 1 Nr. 7 TzBfG: wenn der ArbN aus Haushaltsmitteln vergütet wird, die haushaltsrechtlich für eine befristete Beschäftigung vorgesehen sind. Im Hochschul- und Wissenschaftsbereich gilt seit April 2007 das WissenschaftszeitVG.

Die Liste des § 14 Abs. 1 TzBfG ist allerdings **nicht abschließend**. Weitere Gründe, die bislang von der Rechtsprechung herangezogen wurden, können auch weiterhin geltend gemacht werden, wie z. B. die Befristung zu Aus- und Fortbildungszwecken.

Das Sachgrunderfordernis steht nicht unter dem Vorbehalt der Möglichkeit der Umgehung von Kündigungsschutzbestimmungen.

Entgegen der früheren Rechtsprechung gilt § 14 Abs. 1 TzBfG auch in Kleinbetrieben, die dem Kündigungsschutz nicht unterliegen und auch bei Befristungen mit ArbN, die (noch) keinen Kündigungsschutz genießen (z. B. Befristungen bis zur Dauer von sechs Monaten).

Der Sachgrund muss zum Zeitpunkt des Vertragsschlusses vorgelegen haben.

Spätere Änderungen wirken sich auf die Zulässigkeit der Befristung nicht aus. Die Darlegungs- und Beweislast trägt der ArbG.

Die mehrfache Befristung eines Arbeitsverhältnisses (Kettenarbeitsverhältnis) ist möglich. Es ist grundsätzlich nur das letzte Glied der Kette auf den Sachgrund hin zu überprüfen.

Bei Kettenarbeitsverhältnissen ist nach der Rechtsprechung jeweils nur das **letzte Glied der Kette** auf eine hinreichend sachliche Begründung hin **zu überprüfen**, an die dann allerdings erhöhte Ansprüche zu stellen sind. Das BAG begründet dies damit, dass mit dem vorbehaltlosen Abschluss eines weiteren befristeten Arbeitsverhältnisses im Anschluss an ein unwirksam befristetes Arbeitsverhältnis, die Arbeitsvertragsparteien ihr Vertragsverhältnis auf eine neue Rechtsgrundlage stellen. Im Abschluss eines neuen befristeten Arbeitsverhältnisses liegt zugleich die **konkludente Aufhebung** eines zuvor eventuell entstandenen unbefristeten Arbeitsverhältnisses (BAG v. 08.05.1985 – 7 AZR 191/84 – NZA 1986, 569). Außerdem ist die Klagefrist des § 17 TzBfG zu beachten, nach deren Ablauf die Befristung als wirksam gilt.

Beispiel: ArbG Konrad Kette schließt mit dem ArbN Friedhelm Frist hintereinander mehrere befristete Arbeitsverhältnisse. Die Befristung wird jeweils auf unterschiedliche Sachgründe gestützt. Die letzte Befristung wird mit der Vertretung eines länger erkrankten ArbN begründet. Die letzte Befristung ist sachlich begründet. Sollte zuvor ein Dauerarbeitsverhältnis entstanden sein, ist dieses damit aufgehoben.

Sehr „lange Ketten“ beinhalten allerdings die Gefahr des Rechtsmissbrauchs, wenn immer nur Vertretungsbefristungen abgeschlos-

sen werden, statt eines unbefristeten Arbeitsverhältnisses. In einer neueren EuGH-Entscheidung (EuGH vom 26.01.2012 -RS Kücüc C 586/10 – NZA 2012, 135) billigt der EuGH ausdrücklich Befristungsketten zur Vertretung und verpflichtet den ArbG nicht zur Einstellung einer Personalreserve. Die Gesamtumstände (Gesamtzahl der befristeten Arbeitsverträge mit demselben ArbG und die jeweilige Dauer der Vertretungen) müssen aber berücksichtigt werden, um Rechtsmissbrauch zu vermeiden (so auch im Anschluss das BAG v. 18.07.2012 – 7 AZR 443/09 – NZA 2012, 1351).
Der vorbehaltlose Abschluss eines weiteren befristeten Vertrages beinhaltet allerdings nicht den Verzicht der Geltendmachung der Unwirksamkeit der Befristung des vorherigen Vertrages. Der ArbN kann innerhalb der Klagefrist des § 17 TzBfG (siehe dazu unten) die Unwirksamkeit der Befristung des vorherigen Vertrages geltend machen (zur Vorgängerregelung: BAG v. 26.07.2000 – 7 AZR 43/99 – NZA 2001, 264).

Erstmalige kalendermäßige Befristung bis zur Dauer von zwei Jahren gem. § 14 Abs. 2 TzBfG

Bei einer Neueinstellung ist die kalendermäßige Befristung bis zur Dauer von zwei Jahren ohne Sachgrund zulässig.

Innerhalb dieser Höchstbefristungsdauer von zwei Jahren ist auch die bis zu dreimalige Verlängerung des Arbeitsverhältnisses möglich. Voraussetzung ist, dass es sich um eine **Neueinstellung** handelt, d. h. es darf mit demselben Arbeitgeber zuvor noch kein Arbeitsverhältnis (befristet oder unbefristet) bestanden haben. Früher galt hier die „**Einmal-und-nie-wieder-Regel**", die auch dem Gesetzeswortlaut entspricht. Die neuere Rechtsprechung des BAG geht aber davon aus, dass eine die sachgrundlose Befristung ausschließende „Zuvor-Beschäftigung" nicht gegeben ist, wenn das frühere Arbeitsverhältnis **mehr als drei Jahre zurückliegt** (BAG v. 06.04.2011 – 7 AZR 716/09 – NZA 2011, 905). Dies ergebe eine verfassungsorientierte Auslegung der Vorschrift. Diese vom Ergebnis her zweckmäßige Entscheidung ist jedoch verfassungsrechtlich bedenklich. Jede Auslegung findet ihre Grenze am Wortlaut des Gesetzes, dem hier nicht mehr Genüge getan wird. Es wäre längst Aufgabe des Gesetzgebers, das Gesetz einer vernünftigen Regelung zuzuführen. Vielleicht bewirkt dies die nicht unproblematische BAG Rechtsprechung.

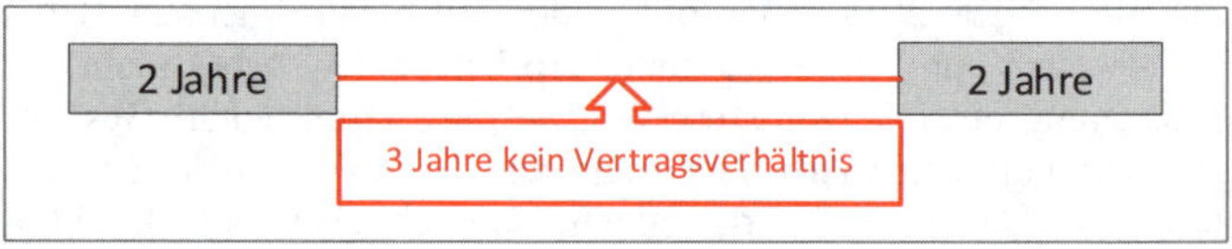

Dem ArbG wird man aber auf jeden Fall im Einstellungsgespräch die Frage nach einer Voranstellung zugestehen müssen, die wahrheitsgemäß beantwortet werden muss.

Beispiel: Friedhelm Fröhlich war vor zwei Jahren während seines Studiums als studentische Aushilfe für ArbG Sigi Sorgfalt tätig. Als Sorgfalt Friedhelm für zwei Jahre befristet einstellen will, fragt er auch, ob Friedhelm schon mal bei ihm gearbeitet hätte. Friedhelm verneint das wider besseres Wissen. Der von Sorgfalt daraufhin abgeschlossene befristete Arbeitsvertrag kann nicht auf § 14 Abs. 2 TzBfG gestützt werden, für eine Befristung nach § 14 Abs. 1 TzBfG fehlt ein Sachgrund. Es ist ein unbefristetes Arbeitsverhältnis entstanden, das aber von Sorgfalt gem. § 123 BGB angefochten werden kann.

Problematisch ist weiterhin, wann es sich um denselben Arbeitgeber handelt. Arbeitgeber kann hier jede natürliche oder juristische Person sein. Es ist daher nicht von Belang, wenn der Arbeitnehmer bereits bei einer anderen juristischen Person angestellt gewesen ist, die Bestandteil des gleichen Konzerns des neuen Arbeitgebers ist.
Begrenzt wird diese Regel allerdings wieder durch den Rechtsmissbrauch. Dieser kann vorliegen, „wenn mehrere rechtlich und tatsächlich verbundene Vertragsarbeitgeber in bewusstem und gewolltem Zusammenwirken mit einem Arbeitnehmer aufeinanderfolgende sachgrundlos befristete Arbeitsverträge ausschließlich deshalb schließen, um auf diese Weise das sog. Anschlussverbot des § 14 II 2 TzBfG zu umgehen“ (BAG, v. 15.05.2013 – 7 AZR 525/11 – NZA 2013, 1214).

Die **Höchstdauer** der Befristung beträgt zwei Jahre. Maßgeblicher Zeitpunkt ist nicht der Abschluss des Arbeitsvertrages, sondern der **Beginn des Arbeitsverhältnisses**. Innerhalb dieses Zeitrahmens ist die dreimalige **nahtlose** Verlängerung des Arbeitsverhältnisses möglich. Die Verlängerung unterliegt dabei jeweils wieder dem **Schriftformerfordernis** (vgl. dazu unten).

Eine Verlängerung liegt dabei nur vor, wenn der ursprünglich vereinbarte Endtermin verschoben wird, der Vertrag im Übrigen aber unverändert bleibt (BAG v. 23.08.2006 – 7 AZR 12/06 – NZA 2007, 204).

Beispiel: Ein ArbN wird gem. § 14 Abs. 2 TzBfG zunächst für ein Jahr befristet eingestellt. Zusammen mit der Verlängerung des Vertrages um ein weiteres Jahr wird ein um 0,50 € erhöhter Stundenlohn vereinbart. Die Vertragsverlängerung kann hier nicht mehr auf § 14 Abs. 2 TzBfG gestützt werden, da nicht nur der Endtermin verschoben wurde. Hier handelt es sich um den Neuabschluss eines befristeten Arbeitsvertrages, dessen Zulässigkeit sich nunmehr allein nach § 14 Abs. 1 TzBfG richtet. Hätten die Vertragsparteien im vorliegenden Fall zunächst die Verlängerung vereinbart und einige Tage später eine neue Vergütung, wäre dies unproblematisch gewesen (BAG v. 26.07.2006 – 7 AZR 514/05 – NZA 2006, 1402).

Möglich ist es aber, anlässlich der Verlängerung Anpassungen des Vertragstextes an die zum Zeitpunkt der Verlängerung geltende Rechtslage vorzunehmen oder Arbeitsbedingungen zu vereinbaren, auf die der befristet beschäftigte Arbeitnehmer einen Anspruch hat (BAG v. 16.01.2008 – 7 AZR 603/06 – NZA 2008, 701). Alle anderen Vertragsänderungen führen aber dazu, dass es sich nicht mehr um eine Verlängerung, sondern um einen Neuabschluss handelt.

Der Zweijahreszeitraum kann in vier Abschnitte aufgeteilt werden, die aber nicht gleichmäßig verteilt sein müssen.

Beispiele: Befristung vom 1.1.2014 bis 31.12.2015; Befristung vom 1.3.2013 bis 30.11.2013, verlängert bis 28.2.2014, verlängert bis 31.12.2014, verlängert bis 28.2.2015; Befristung vom 1.3.2013 bis 31.12.2013, verlängert bis 28.2.2015.

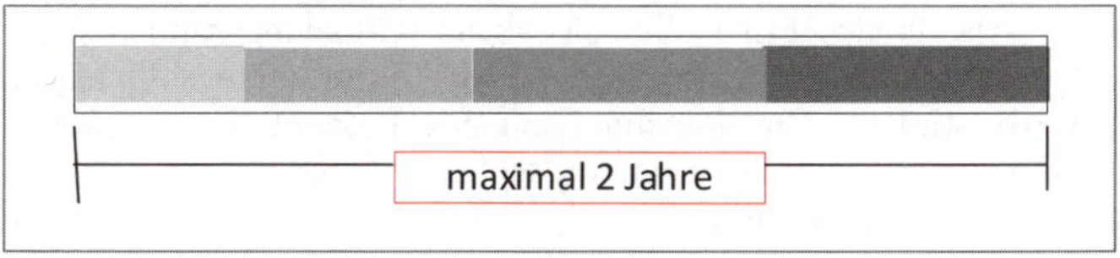

Abweichende Regelungen sind durch Tarifvertrag möglich und können dann auch von den nicht tarifgebundenen Arbeitsvertragsparteien übernommen werden (§ 14 Abs. 2 Satz 3 und 4 TzBfG).

Befristung in den ersten vier Jahren nach Unternehmensneugründung gem. § 14 Abs. 2a TzBfG

Durch das „Gesetz zu Reformen am Arbeitsmarkt" vom Dezember 2003 wurde ein neuer Abs. 2a in § 14 TzBfG eingefügt. Danach wird die Befristung bei **Firmenneugründungen** bis zur Dauer von **vier Jahren** freigegeben.

> In den ersten vier Jahren nach der Gründung eines Unternehmens ist die kalendermäßige Befristung eines Arbeitsvertrages ohne sachlichen Grund bis zur Dauer von vier Jahren zulässig.

Bis zu dieser Gesamtdauer von vier Jahren soll auch die **mehrfache Verlängerung** eines kalendermäßig befristeten Arbeitsvertrages zulässig sein. Eine Höchstverlängerungszahl wird dabei nicht vorgesehen. Anwendung finden jedoch die § 14 Abs. 2 Satz 2–4 TzBfG. Die Regelung greift deshalb nur dann, wenn mit dem ArbN **nicht bereits zuvor ein** befristetes oder unbefristetes **Arbeitsverhältnis** bestanden hat. Auch hier wird man die neue Rechtsprechung des BAG (BAG v. 06.04.2011 – 7 AZR 716/09 – NZA 2011, 905) entsprechend anwenden müssen. D. h. die Voraussetzung ist erfüllt, wenn das Vorbeschäftigungsverhältnis mehr als drei Jahre zurückliegt.

Die Regelung bezweckt Existenzgründern die Entscheidung zur Einstellung zu erleichtern. Begünstigt sollen aber nur Unternehmen werden, die sich neu am Markt engagieren. Eine **Neugründung** i. S. der Regelung liegt deshalb nicht vor, wenn die Neugründung im Zusammenhang mit der Umstrukturierung eines Unternehmens steht. Als für den Fristlauf maßgeblicher Gründungszeitpunkt gilt dabei die Aufnahme einer nach § 138 AO mitteilungspflichtigen Erwerbstätigkeit. Die Regelung entspricht damit § 112a Abs. 2 BetrVG, der Neugründungen in den ersten vier Jahren von der Sozialplanpflicht ausnimmt.

Die erleichterte Befristung nach § 14 Abs. 2a TzBfG kann bis zum Ablauf der vierjährigen Gründungsphase wahrgenommen werden. Noch am Ende der Gründungsphase können befristete Verträge bis zur Dauer von vier Jahren abgeschlossen werden bzw. bestehende Befristungen verlängert werden.

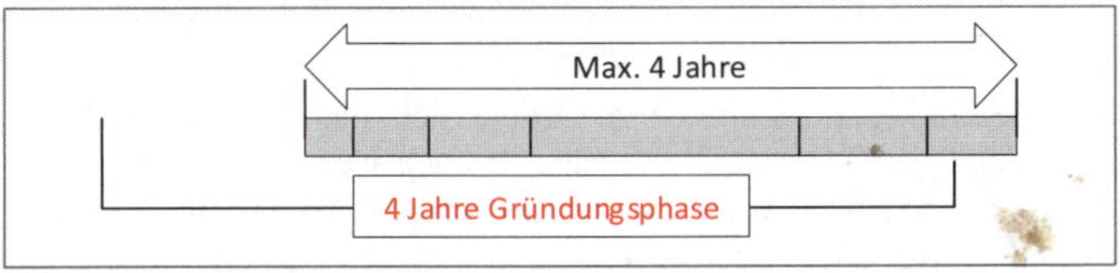

Durch Tarifvertrag können auch hier abweichende Höchstbefristungszeiten getroffen werden und nicht tarifgebundene Arbeitgeber und Arbeitnehmer können die entsprechenden tariflichen Vorschriften individualrechtlich übernehmen.

Befristung mit älteren Arbeitnehmern gem. § 14 Abs. 3 TzBfG

Eine weitere Möglichkeit der erleichterten Befristung sieht § 14 Abs. 3 TzBfG vor, der seit April 2007 eine neue Ausgestaltung erhalten hat. Die Vorgängerregelung war vom EuGH („Mangoldentscheidung" EuGH v. 22.11.2005 – C-144/04 – NZA 2005, 1345) als nicht europarechtskonform und unanwendbar erklärt worden.

Nunmehr ist die kalendermäßige Befristung **bis zu** einer Gesamtdauer von **fünf Jahren ohne sachlichen Grund** zulässig, wenn

- der ArbN bei Beginn des befristeten Arbeitsverhältnisses das 52. Lebensjahr vollendet hat und
- unmittelbar vor Beginn des befristeten Arbeitsverhältnisses mindestens vier Monate beschäftigungslos i. S. d. § 138 Abs. 1 Nr. 1 SGB III gewesen ist, Transferkurzarbeitergeld bezogen oder an einer öffentlich geförderten Beschäftigungsmaßnahme nach dem SGB II bzw. SGB III teilgenommen hat.

Bis zu einer Gesamtdauer von fünf Jahren ist auch die mehrfache Verlängerung des befristeten Arbeitsvertrages möglich.

Die viermonatige **Beschäftigungslosigkeit** muss grundsätzlich **zusammenhängend** sein und muss unmittelbar vor Beginn des befristeten Arbeitsverhältnisses liegen. Ausweislich der Gesetzesbegründung sollen aber **kurzzeitige Unterbrechungen** unschädlich sein, wenn der ArbN kurzzeitig als Aushilfe oder Vertretung gearbeitet hat und die Dauer der kurzzeitigen Unterbrechung insgesamt vier Wochen nicht überschreitet.

Die Beschäftigungslosigkeit orientiert sich nicht am Begriff der Arbeitslosigkeit. Beschäftigungslos ist auch wer z. B. aus persönlichen Gründen (Pflege naher Angehöriger, Teilnahme an einer Rehamaßnahme oder auch Freiheitsstrafe) der Arbeitsvermittlung nicht zur Verfügung steht.

Soweit die Voraussetzungen vorliegen kann der ArbN von demselben ArbG auch **erneut nach § 14 Abs. 3 befristet** beschäftigt werden.

Beispiel: Die 55jährige Bürokauffrau Anna kümmert sich seit drei Jahren um ihre Mutter und kann deshalb keiner Arbeit nachgehen. Als die Mutter stirbt, macht sich Anna auf Stellensuche. Sie bekommt zunächst nur eine kurzzeitige Aushilfstätigkeit für drei Wochen als Kellnerin. Dann wird sie von ArbG Bertram als Bürokauffrau für die Dauer von sieben Monaten befristet eingestellt. Danach ist sie wieder fünf Monate ohne Beschäftigung, wird dann aber von Bertram erneut befristet für die Dauer von drei Jahren eingestellt. Beide Befristungen können hier als sachgrundlose Befristung gem. § 14 Abs. 3 TzBfG gestaltet werden.

Befristung nach Spezialgesetzen

Gem. § 23 TzBfG bleibt die Befristung nach anderen gesetzlichen Regelungen unberührt. Hierunter fallen insbesondere Befristungen nach dem BEEG und PflegezeitG, Befristungen im Hochschulbereich, mit Ärzten in der Weiterbildung, im Rahmen der Arbeitnehmerüberlassung, bei Arbeitsbeschaffungsmaßnahmen etc.

3. Schriftformerfordernis

Die Befristung des Arbeitsverhältnisses bedarf gem. § 14 Abs. 4 TzBfG der Schriftform.

Das Schriftformerfordernis gilt für alle Formen der Befristung, auch für Befristungen nach Spezialgesetzen. Formbedürftig ist nur die

Befristungsabrede, nicht der gesamte Vertragsinhalt. Hier bleibt es bei den allgemeinen Regelungen nach dem NachwG.

Der **Schriftform unterliegt** damit

- bei der kalendermäßigen Befristung die Befristungsabrede und die Dauer der Befristung, nicht der Befristungsgrund,
- bei der Zweckbefristung die Befristungsabrede und der genaue Zweck, denn nur daraus lässt sich die Dauer der Befristung ableiten,
- bei der auflösenden Bedingung die Vereinbarung der Bedingung und das Ereignis, das zur Beendigung des Vertrages führt,
- jede Verlängerung der Befristung im Rahmen des § 14 TzBfG.

Die **Schriftform** gem. § 14 Abs. 4 TzBfG folgt **§ 126 BGB**. Der gesamte **formbedürftige Inhalt** muss in der Urkunde enthalten sein und von beiden Vertragsparteien eigenhändig auf derselben Urkunde unterzeichnet sein.

Die **Schriftform** gem. § 14 Abs. 4 TzBfG ist **konstitutiv**. Fehlt die Schriftform, ist die Befristung gem. § 125 BGB nichtig. Der Arbeitsvertrag im Übrigen bleibt allerdings unberührt. Es ist ein unbefristetes Arbeitsverhältnis entstanden, welches nur noch durch Kündigung beendet werden kann (beachte § 16 TzBfG).

Zu beachten ist, dass auch die Verlängerung des befristeten Arbeitsvertrages wieder der Schriftform unterliegt. Hier liegt in der Praxis eine große Fehlerquelle.

Beispiel: ArbG Flüchtig schließt mit einem ArbN schriftlich einen befristeten Arbeitsvertrag gem. § 14 Abs. 2 TzBfG für die Zeit vom 1.1.2015 bis zum 31.12.2015. Um die Befristungsmöglichkeit des § 14 Abs. 2 TzBfG auszuschöpfen, schickt Flüchtig dem ArbN am 30.12.2015 ein Fax, mit der Mitteilung, dass sich das befristete Arbeitsverhältnis bis zum 31.12.2016 verlängert. Das Fax genügt nicht der Schriftform gem. § 126 BGB, es ist ein unbefristetes Arbeitsverhältnis entstanden.

4. Ende des befristeten Arbeitsverhältnisses

Das Ende des befristeten Arbeitsverhältnisses regelt § 15 TzBfG. Grundsätzlich kann das Arbeitsverhältnis durch Zeitablauf, Zweckerreichung, Bedingungseintritt und ausnahmsweise durch Kündigung enden.

Kalendermäßig befristetes Arbeitsverhältnis

Das wirksam kalendermäßig befristete Arbeitsverhältnis endet gem. § 15 Abs. 1 TzBfG mit Ablauf der vereinbarten Zeit.

Der Zeitablauf wird auch nicht durch Sonderkündigungsschutz verhindert.

Beispiel: Elvira ist für ein Jahr befristet eingestellt. In dieser Zeit wird sie schwanger. Das Arbeitsverhältnis endet nach einem Jahr. § 9 MuSchG steht dem nicht entgegen, da die Norm nur die Kündigung einer Schwangeren verbietet.

Zweckbefristetes Arbeitsverhältnis und auflösende Bedingung

Das zweckbefristete Arbeitsverhältnis endet gem. § 15 Abs. 2 TzBfG mit Zweckerreichung, frühestens jedoch zwei Wochen nach Zugang der schriftlichen Unterrichtung durch den ArbG.

Der ArbG ist bei einem zweckbefristeten Arbeitsverhältnis verpflichtet, den ArbN von der **Zweckerreichung schriftlich** (i. S. d. § 126 BGB) zu **unterrichten**. Das Arbeitsverhältnis endet dann frühestens nach zwei Wochen. Dem ArbN wird also Gelegenheit gegeben, sich auf die Situation einzustellen. Die Unterrichtung muss den richtigen Zeitpunkt der Zweckerreichung enthalten. Die Mitteilung eines **falschen Beendigungszeitpunkts** führt nicht zum Ende des Arbeitsverhältnisses, der ArbG soll den Beendigungszeitpunkt nicht manipulieren können. Wird das **Arbeitsverhältnis** nach Zweckerreichung **fortgesetzt** und erteilt der ArbG nicht unverzüglich die schriftliche Unterrichtung, gilt das Arbeitsverhältnis gem. § 15 Abs. 5 TzBfG als **auf unbestimmte Zeit verlängert**.

Beispiel: Veronika Voss wird bis zur Rückkehr der erkrankten Stammarbeitnehmerin Sieglinde Stamm als Vertretung befristet beschäftigt. Sieglinde kehrt nach längerer Krankheit am 10.6. an den Arbeitsplatz zurück. Der ArbG muss Veronika nun unverzüglich von der Zweckerreichung und dem Ende ihres Arbeitsverhältnisses unterrichten. Veronikas Arbeitsverhältnis endet frühestens zwei Wochen später.

Für das auflösend bedingte Arbeitsverhältnis gelten gem. § 21 TzBfG § 15 Abs. 2 und Abs. 5 TzBfG entsprechend.

Kündigung befristeter Arbeitsverhältnisse

Befristete Arbeitsverhältnisse können darüber hinaus auch durch Kündigung enden. Die **außerordentliche Kündigung** gem. § 626 BGB aus wichtigem Grund ist grundsätzlich **immer** möglich.

Die ordentliche Kündigung ist durch die Befristungsabrede normalerweise ausgeschlossen, es sei denn, die ordentliche Kündigung wurde ausdrücklich vereinbart (§ 15 Abs. 3 TzBfG).

Der Möglichkeit der **ordentlichen Kündigung** bedarf es grundsätzlich nur bei Dauerschuldverhältnissen. Da das befristete Arbeitsverhältnis einen Beendigungszeitpunkt hat, ist die Kündigung eigentlich nicht notwendig und **nur zulässig, wenn sie ausdrücklich vereinbart wurde.** Für die Praxis empfiehlt sich die Vereinbarung einer ordentlichen Kündigung grundsätzlich dann, wenn längere Befristungen beabsichtigt sind. Auch eine Probezeitkündigungsfrist kann im befristeten Arbeitsverhältnis vereinbart werden.

Beispiel: ArbG Findig schließt mit einer ArbNin einen befristeten Arbeitsvertrag gem. § 14 Abs. 2 TzBfG für die Dauer von zwei Jahren. Zusätzlich vereinbart er eine dreimonatige Probezeit, innerhalb der das Arbeitsverhältnis mit einer Frist von zwei Wochen (§ 622 Abs. 3 BGB) gekündigt werden kann. Darüber hinaus soll das Arbeitsverhältnis ordentlich mit der gesetzlichen Kündigungsfrist gem. § 622 Abs. 1 BGB kündbar sein.

5. Folgen unwirksamer Befristung

Ist die Befristung nicht wirksam vereinbart, gilt der Arbeitsvertrag als auf unbestimmte Zeit geschlossen (§ 16 TzBfG). Unbefristete Arbeitsverhältnisse entstehen, wenn die Befristung unwirksam ist,

- weil der Sachgrund gem. § 14 Abs. 1 TzBfG fehlt,
- weil die Voraussetzungen für die erleichterte Befristung gem. § 14 Abs. 2, Abs. 2a und 3 TzBfG nicht gegeben sind,
- weil die Schriftform gem. § 14 Abs. 4 TzBfG nicht eingehalten wurde.

Die **weiteren Rechtsfolgen einer unwirksamen Befristung** sind für ArbG und ArbN unterschiedlich: Der **ArbN** kann das Arbeitsverhältnis **sofort**, d. h. bereits vor dem vereinbarten Fristende, **kündigen**. Der **ArbG** muss an dem **ursprünglichen Endtermin**

festhalten und kann das Arbeitsverhältnis frühestens zu diesem Termin kündigen. Eine Ausnahme besteht nur dann, wenn die Möglichkeit der ordentlichen Kündigung vereinbart wurde oder die Befristung nur wegen eines Mangels der Schriftform unwirksam ist. Dann kann der Arbeitsvertrag durch den ArbG auch vor dem vereinbarten Ende gekündigt werden (§ 16 TzBfG).

6. Gerichtliche Geltendmachung der Unwirksamkeit der Befristung

§ 17 TzBfG regelt die Klagefrist für Klagen des ArbN gegen die Rechtswirksamkeit der Befristung.

Der ArbN muss innerhalb von drei Wochen nach dem vereinbarten Ende des befristeten Arbeitsverhältnisses Klage beim Arbeitsgericht auf Feststellung erheben, dass das Arbeitsverhältnis aufgrund der Befristung noch nicht beendet ist.

Versäumt der ArbN die **Klagefrist**, so tritt gem. § 17 TzBfG die Fiktion des § 7 KSchG entsprechend ein, d. h. das Arbeitsverhältnis **gilt als von Anfang an wirksam befristet.**

Die Berechnung der Klagefrist erfolgt gem. §§ 187 ff. BGB. Der Tag, an dem das Arbeitsverhältnis endet wird nicht mitgezählt.

Die **Klagefrist beginnt** mit dem vereinbarten Ende des befristeten Vertrages. Dies ist bei der **kalendermäßigen** Befristung leicht festzustellen.

Beispiel: Ein Arbeitsvertrag war befristet bis zum 21.10. Die Klagefrist beginnt am 22.10. und endet am 12.11.
Erhebt der ArbN nicht innerhalb dieser Frist Klage auf Feststellung, dass das Arbeitsverhältnis auf Grund der Befristung nicht geendet hat, gilt das Arbeitsverhältnis als von Anfang an wirksam befristet, auch wenn die Befristung nicht zulässig war (Fehlen des sachlichen Grundes, keine erleichterte Befristung gem. § 14 Abs. 2 – 3 TzBfG) oder die Schriftform nicht eingehalten wurde.

Bei der **Zweckbefristung** und der auflösenden Bedingung ist der Beginn der Klagefrist schwieriger: Es kann auf die Mitteilung, die tatsächliche Zweckerreichung oder das tatsächliche Ende (zwei Wochen nach Mitteilung) abgestellt werden.

- Erteilt der ArbG rechtzeitig zwei Wochen vor Zweckerreichung die Mitteilung, endet das Arbeitsverhältnis mit Zweckerreichung. Die Frist nach § 17 TzBfG beginnt mit dem vom ArbG angekündigten Ablaufzeitpunkt.
- Erteilt der ArbG die Mitteilung zwar vor Zweckerreichung, aber nicht zwei Wochen vorher, beginnt die Klagefrist mit dem angekündigten Ende, das dann nach Zweckerreichung liegt.
- Erteilt der ArbG die Mitteilung unverzüglich nach Zweckerreichung, beginnt die Klagefrist mit dem Zugang der Mitteilung (§§ 15 Abs. 5, 17 S. 3 TzBfG).
- Wird die Mitteilung nicht unverzüglich nach Zweckerreichung erteilt und arbeitet der ArbN weiter, gilt das Arbeitsverhältnis gem. § 15 Abs. 5 TzBfG als auf unbestimmte Zeit verlängert.

Für die auflösende Bedingung gilt dies gem. § 21 TzBfG entsprechend.

Teilzeitarbeitsverhältnis

Teilzeitarbeitsverhältnisse werden ebenfalls vom Teilzeit- und Befristungsgesetz geregelt (§§ 6–13 TzBfG). Das Ziel des Gesetzes ist es, die Teilzeit zu fördern und Diskriminierungen wegen der Teilzeit zu verhindern.

1. Allgemeines zur Teilzeit

Begriff des teilzeitbeschäftigten Arbeitnehmers

Teilzeitbeschäftigt ist gem. § 2 Abs. 1 S. 1 TzBfG ein ArbN, dessen regelmäßige Wochenarbeitszeit kürzer ist als die eines vergleichbaren ArbN.

Fehlt die Vereinbarung einer Wochenarbeitszeit, so ist der ArbN teilzeitbeschäftigt, wenn seine regelmäßige Arbeitszeit im Durchschnitt eines bis zu einem Jahr reichenden Ausgleichszeitraums unter der eines vergleichbaren vollzeitbeschäftigten ArbN liegt. Die **Vergleichbarkeit** regelt § 2 Abs. 1 S. 3 und 4 TzBfG. Danach ist auf die Art des Arbeitsverhältnisses (z. B. befristet oder unbefristet) und die Gleichartigkeit oder zumindest Ähnlichkeit der Tätigkeit abzustellen.

Beispiel: In einem Betrieb, in dem normalerweise die 38-Stundenwoche gilt, ist bereits ein ArbN mit einer wöchentlichen Arbeitszeit von 37 Stunden teilzeitbeschäftigt.

Auch sog. **geringfügig beschäftigte ArbN** gem. § 8 SGB IV sind teilzeitbeschäftigt. § 2 Abs. 2 TzBfG hat insoweit klarstellenden Charakter.

Diskriminierungsverbot

Teilzeitbeschäftigte ArbN dürfen wegen der Teilzeit nicht schlechter behandelt werden als vergleichbare vollzeitbeschäftigte ArbN, es sei denn, dass sachliche Gründe eine unterschiedliche Behandlung rechtfertigen.

Ein sachlicher Grund für eine schlechtere Behandlung liegt vor, wenn hierfür objektive Gründe gegeben sind, die einem wirklichen Bedürfnis des Unternehmens dienen und für die Erreichung des Ziels erforderlich und geeignet sind (EuGH v. 13.05.1986 – 170/84 – NZA 1986, 599). **Sachliche Gründe** können auf der Arbeitsleistung, der Qualifikation, der Berufserfahrung oder unterschiedlichen Anforderungen an den Arbeitsplatz beruhen. Eine unterschiedliche Behandlung kann auch gerechtfertigt sein bei der Vergabe von Betriebskindergartenplätzen und Essenszuschüssen, jedoch nicht bei der Vergütung.

Beispiel: Ein ArbG gewährt seinen ArbN, die mehr als vier Stunden täglich arbeiten, einen Essenszuschuss von 2 €. Die Differenzierung ist zulässig, da ein sachlicher Grund besteht. ArbN, die nur bis zu vier Stunden täglich arbeiten, können ihre Mahlzeiten auch zu Hause einnehmen.

Hinsichtlich des Arbeitsentgelts und anderer geldwerter teilbarer Leistungen enthält § 4 Abs. 1 S. 2 TzBfG ein ausdrücklich geregeltes spezielles Diskriminierungsverbot.

Arbeitsentgelte und andere geldwerte teilbare Leistungen dürfen für Teilzeitkräfte nur entsprechend deren verringerter Arbeitsleistung gekürzt werden.

Beispiel: Ein ArbG gewährt seinen vollzeitbeschäftigten Angestellten ein Weihnachtsgeld in Höhe eines Monatsgehalts. Halbtagsbeschäftigte ArbN erhalten nach dem Pro-rata-temporis-Grundsatz ein halbes Monatsgehalt.

Bietet ein ArbG seinen ArbN die freiwillig ausscheiden eine Abfindung an, kann er gegenüber den TeilzeitArbN ebenfalls den Pro-rata-temporis Grundsatz anwenden (BAG v. 13.02.2007 – 9AZR 729/05 – NZA 2007, 860).

Benachteiligungsverbot

Gem. § 5 TzBfG darf ein ArbN wegen der Wahrnehmung seiner Rechte aus dem TzBfG nicht benachteiligt werden. Die Regelung entspricht dem Maßregelungsverbot des § 612a BGB.

Ausschreibung als Teilzeitarbeitsplatz

§ 7 Abs. 1 TzBfG sieht vor, dass ein ArbG, der einen Arbeitsplatz ausschreibt, diesen **auch** als **Teilzeitarbeitsplatz auszuschreiben** hat, **wenn sich der Arbeitsplatz dafür eignet**. Da der ArbG einen Teilzeitanspruch eines ArbN nur ablehnen kann, wenn dafür betriebliche Gründe vorliegen (vgl. unten), entfällt die Verpflichtung zur Ausschreibung als Teilzeitarbeitsplatz auch nur dann, wenn betriebliche Gründe den Arbeitsplatz für Teilzeit als ungeeignet erscheinen lassen. Eine Sanktion für den Fall, dass der ArbG die Ausschreibung als Teilzeitarbeitsplatz unterlässt, ist gegenwärtig nicht zu erkennen. Mittelbare Sanktionen über § 99 BetrVG werden in der Literatur zwar diskutiert, jedoch fehlt es hier bislang an einer höchstrichterlichen Rechtsprechung.

Informationspflichten des Arbeitgebers

Hat der **ArbN gegenüber dem ArbG** den **Wunsch auf Änderung** von Dauer und Lage seiner vertraglichen Arbeitszeit angezeigt, hat ihn der ArbG gem. § 7 Abs. 2 TzBfG über entsprechende freie oder demnächst frei werdende Arbeitsplätze in Betrieb und Unternehmen zu **informieren**. Die Information hat individuell zu erfolgen. Sanktionen für einen Verstoß gegen dieses Gebot sind aber gegenwärtig keine zu erkennen. Schadensersatzansprüche nach § 280 Abs. 1 BGB sind denkbar, der Schaden dürfte aber schwer zu begründen sein.

Gem. § 7 Abs. 3 TzBfG hat der ArbG den **Betriebsrat** über Teilzeit in Betrieb und Unternehmen zu **informieren**, insbesondere über vorhandene und geplante Teilzeitarbeitsplätze und über die Umwandlung von Teilzeitarbeitsplätzen in Vollzeitarbeitsplätze oder umgekehrt.

Kündigungsverbot

Die Kündigung eines Arbeitsverhältnisses wegen der Weigerung eines ArbN, von einem Vollzeit- in ein Teilzeitarbeitsverhältnis oder umgekehrt zu wechseln, ist gem. § 11 TzBfG unwirksam.

Hierbei handelt es sich um einen besonderen Unwirksamkeitsgrund gem. § 13 KSchG, der **auch auf Arbeitsverhältnisse Anwendung findet, die nicht dem KSchG unterliegen**. Die Kündigung aus anderen Gründen bleibt hiervon allerdings unberührt, insbesondere auch die betriebsbedingte Änderungskündigung.

2. Inhalt des Teilzeitarbeitsverhältnisses

Teilzeitarbeitsverhältnisse unterliegen den Regelungen des Arbeitsrechts. Besonderheiten sind jedoch zu beachten bei Überstundenbezahlung, Urlaub und Urlaubsentgelt, Entgeltfortzahlung im Krankheitsfall, Feiertagsentgelt und bei der Ermittlung der Beschäftigtenzahl eines Betriebs, hier werden Teilzeitarbeitnehmer oft nur anteilig gerechnet (z. B. § 622 Abs. 5 BGB, § 23 KSchG).

Überstunden

Der Teilzeitarbeitnehmer ist genau wie ein anderer ArbN nur dann zur Überstundenleistung verpflichtet, wenn sein Arbeitsvertrag dies vorsieht. Die **Überstundenvergütung** erfolgt mit dem normalen Stundensatz. Soweit Tarifverträge einen **Zuschlag** für Überstunden vorsehen, ist dieser erst **bei der Überschreitung der Stundenzahl eines Vollzeitarbeitnehmers zu leisten** (EuGH v. 15.12.1994 – C-399/92, C-409/92, C-425/92, C-34/93, C-50/93, C-78/93 – NZA 1995, 218).

Beispiel: Paula Part ist halbtags tätig und arbeitet normalerweise vier Stunden. Die betriebliche Normalarbeitszeit beträgt acht Stunden. Tarifliche Überstundenzuschläge werden auch für Paula erst fällig, wenn sie mehr als acht Stunden arbeitet. Die 5.–8. Stunde sind mit dem normalen Entgelt zu bezahlen.

Urlaub und Urlaubsentgelt

Ein Teilzeitarbeitnehmer hat ebenfalls Anspruch auf **24 Werktage Erholungsurlaub**. Unproblematisch ist dies, wenn sich die Arbeitszeit gleichmäßig auf die Wochentage verteilt (z. B. täglich vier Stunden). Ist die Arbeitszeit ungleichmäßig auf die einzelnen Wochentage verteilt, kommt es darauf an, ob der Urlaubsanspruch des ArbN in Werk- oder in Arbeitstagen geregelt ist. Ausgehend von der gesetzlichen Regelung berechnet sich der Urlaub eines Teilzeit-ArbN wie folgt:

Urlaubsanspruch des VollzeitarbN in Arbeitstagen ÷ Arbeitstage im Betrieb x Wochenarbeitstage des TeilzeitarbN = Urlaubstage des TeilzeitarbN in Arbeitstagen

Beispiel: Paula Part arbeitet jeweils montags und dienstags, den Rest der Woche hat sie frei. Paula erhält 24 Werktage Urlaub, dies entspricht acht Arbeitstagen.

Das **Urlaubsentgelt** orientiert sich gem. § 11 BUrlG an dem durchschnittlichen Arbeitsentgelt der letzten 13 Wochen (= 3 Monate). Dies ist wiederum unproblematisch bei einer **gleichmäßigen Verteilung** der Arbeitszeit auf die Wochentage.

(Verdienst der letzten 13 Wochen ÷ 13) ÷ Arbeitstage pro Woche = Urlaubsentgelt pro Urlaubstag

Bei einer ungleichmäßigen Verteilung berechnet sich der durchschnittliche Arbeitsverdienst wie folgt:

Arbeitsentgelt der letzten 13 Wochen ÷ (13 x Arbeitstage des Teilzeitarbeitnehmers) = durchschnittlicher Arbeitsverdienst/Arbeitstag

Entgeltfortzahlung im Krankheitsfall

Der TeilzeitarbN hat im Fall der Erkrankung ebenfalls **Mitteilungs- und Nachweispflichten** zu beachten. Gem. § 5 EFZG ist die Arbeitsunfähigkeit unverzüglich anzuzeigen. Dies gilt auch dann, wenn der erste Tag der Erkrankung kein Arbeitstag des TeilzeitarbN ist.

Beispiel: Paula Part arbeitet montags und dienstags, am Mittwoch erkrankt sie. Sie hat bereits am Mittwoch dem ArbG die Arbeitsunfähigkeit und deren voraussichtliche Dauer mitzuteilen.

Dauert die Erkrankung länger als drei Tage, müssen auch TeilzeitarbN eine **Arbeitsunfähigkeitsbescheinigung** am darauf folgenden Arbeitstag vorlegen.

Beispiel: Paula Part arbeitet montags und dienstags, sie erkrankt am Mittwoch. Die drei Kalendertage sind am Freitag abgelaufen. Sie muss am nächsten Arbeitstag, das ist der Montag, eine Arbeitsunfähigkeitsbescheinigung vorlegen, wenn sie weiterhin krank ist.

Die **Berechnung des fortzuzahlenden Entgelts** ist bei einer gleichmäßigen Verteilung der Arbeitszeit auf die Wochentage bzw. bei festgelegten Arbeitstagen pro Woche unproblematisch.

Der ArbN erhält grundsätzlich das Arbeitsentgelt weitergezahlt, das er erhalten hätte, wenn er gearbeitet hätte (Lohnausfallprinzip).

Besonderheiten bestehen bei variablen Teilzeitformen wie dem Jobsharing und der Abrufarbeit. Bei **Abrufarbeit** (vgl. dazu unten) besteht das Problem, dass häufig nicht feststeht, wann und wie lange der ArbN abgerufen worden wäre, wenn er nicht erkrankt wäre. Erkrankt der ArbN während der gesamten Arbeitswoche und steht der Umfang der Wochenarbeitszeit fest, so bekommt der ArbN das entsprechende Arbeitsentgelt fortgezahlt.

Beispiel: Student Toni arbeitet in einem Abrufarbeitsverhältnis. Es sind zwölf Stunden pro Woche vereinbart. Erkrankt Toni die ganze Woche, erhält er Entgeltfortzahlung für die ausgefallenen zwölf Stunden.

Schwieriger wird die Lage, wenn der ArbN nur während einiger Tage der Woche erkrankt. Ist für diese Tage bereits Arbeitsleistung angefordert worden, erhält der ArbN Entgeltfortzahlung, ansonsten kann der ArbG die Wochenarbeitszeit noch an den verbleibenden Tagen abrufen.

Beispiel: Student Toni ist von Montag–Donnerstag erkrankt. Für Donnerstag hatte der ArbG bereits sechs Stunden Arbeitsleistung abgerufen. Insoweit erhält Toni Entgeltfortzahlung. Die restliche Arbeitszeit kann der ArbG noch für Freitag abrufen.

Beim **Jobsharing** (vgl. dazu unten) kommt es darauf an, ob die Jobsharing-Partner bereits einen Arbeitsplan vorgelegt haben. Hätte der erkrankte ArbN laut Arbeitsplan arbeiten müssen, erhält er Entgeltfortzahlung. Liegt noch kein Arbeitsplan vor, muss sich der ArbG auf die Aussagen seiner ArbN, wer gearbeitet hätte, verlassen.

Feiertagsentgelt

Voraussetzung für den Anspruch auf Feiertagsentgelt ist, dass die Arbeit infolge des Feiertages ausfällt. Hätte der ArbN an dem Feiertag sowieso nicht gearbeitet, erhält er auch kein Feiertagsentgelt.

Beispiel: Sekretärin Anna arbeitet jeweils Montag–Mittwoch. Für Feiertage, die auf einen Donnerstag oder Freitag fallen, erhält sie kein Entgelt.

Bei Abrufarbeit wird man nicht vom ArbG erwarten können, dass er für Feiertage Arbeitsleistung abruft. Beim Jobsharing ist der Arbeitsplan entscheidend, welchem der Jobsharingpartner das Feiertagsentgelt zusteht.

3. Anspruch auf Teilzeitarbeit

§ 8 TzBfG enthält einen Anspruch des ArbN auf Teilzeit. Der Anspruch ist nur ausgeschlossen, wenn der ArbG entgegenstehende betriebliche Gründe darlegen kann.

Voraussetzungen

Die Voraussetzungen für den Anspruch sind:

- Der ArbN muss länger als sechs Monate in dem Unternehmen beschäftigt sein (§ 8 Abs. 1 TzBfG).
- Der ArbG beschäftigt in seinem Unternehmen, unabhängig von der Zahl der Auszubildenden, in der Regel mehr als 15 ArbN (§ 8 Abs. 7 TzBfG).
- Das letzte Verringerungsverlangen liegt zwei Jahre zurück (§ 8 Abs. 6 TzBfG).

Beispiel: ArbN Alex ist seit dem 1.1.2016 bei ArbG Bachner mit 30 Stunden/Woche beschäftigt. Bachner beschäftigt fünf TeilzeitarbN in der Verwaltung und zwölf VollzeitarbN in der Produktion. Alex kann erstmals am 1.7.2016 den Anspruch auf Verringerung seiner Arbeitszeit stellen. Dass er bereits in Teilzeit beschäftigt ist, steht dem Anspruch nicht entgegen.

Verfahren der Antragstellung

Der ArbN muss die Verringerung seiner Arbeitszeit und den Umfang der **Verringerung spätestens drei Monate vor deren Beginn geltend machen** (§ 8 Abs. 2 TzBfG). Dabei soll er auch die gewünschte Verteilung der Arbeitszeit angeben. Daraufhin hat der ArbG mit dem ArbN das Verlangen mit dem Ziel der Einigung zu erörtern. Kommt es zu einer **Einigung**, ist dem ArbN hierüber ein Nachweis zu erteilen (§ 3 NachwG).

Kommt es zu keiner Einigung, weder im Hinblick auf die Verringerung noch auf die Verteilung, hat der ArbG dem ArbN seine Entscheidung **spätestens einen Monat vor dem gewünschten Termin schriftlich** mitzuteilen (§ 8 Abs. 5 TzBfG). Gründe muss diese Mitteilung nicht enthalten. Versäumt der ArbG die Mitteilungsfrist, tritt gem. § 8 Abs. 5 TzBfG eine **gesetzliche Fiktion** ein. Die Arbeitszeit verringert sich dann entsprechend dem Begehren des ArbN, und auch die gewünschte Verteilung wird entsprechend dem Arbeitnehmerwunsch festgelegt.

Einigen sich ArbG und ArbN **zwar** über die **Verringerung**, **nicht** aber über die **Verteilung** der Arbeitszeit, muss hinsichtlich der Verteilung wieder die Frist des § 8 Abs. 5 TzBfG beachtet werden. Existiert ein Betriebsrat, ist dessen Mitbestimmungsrecht gem. § 87 Abs. 1 Nr. 2 BetrVG zu beachten. Der ArbN kann seinen Wunsch auf **Verringerung** der Arbeitszeit so mit der **Verteilung** der Arbeitszeit **verbinden**, dass beides voneinander abhängt (notfalls durch Auslegung zu ermitteln). In diesem Fall handelt es sich um einen einheitlichen Antrag auf Vertragsänderung, der auch nur einheitlich vom ArbG angenommen werden kann (BAG v. 18.02.2003 – 9 AZR 356/02 – NZA 2003, 911).

Betriebliche Gründe zur Ablehnung

Der Arbeitgeber hat der Verringerung der Arbeitszeit zuzustimmen und ihre Verteilung entsprechend den Wünschen des ArbN vorzunehmen, soweit betriebliche Gründe nicht entgegenstehen (§ 8 Abs. 4 TzBfG).

Ein **betrieblicher Grund** soll gem. § 8 Abs. 4 S.2 TzBfG insbesondere dann vorliegen, wenn die Verringerung der Arbeitszeit die Organisation, den Arbeitsablauf oder die Sicherheit im Betrieb wesentlich beeinträchtigt oder unverhältnismäßig hohe Kosten verursacht. Entgegen dem ursprünglichen Gesetzentwurf, muss es sich nicht um dringende betriebliche Gründe handeln, sondern um rational nachvollziehbare Gründe, die hinreichend gewichtig sein müssen (BAG v. 18.02.2003 – 9 AZR 164/02 – NZA 2003, 1392). Nach der Rechtsprechung ist die Frage, ob dem Verlangen nach Verringerung der Arbeitszeit gewichtige betriebliche Gründe entgegenstehen in **drei Stufen zu prüfen** (BAG v. 18.02.2003 – 9 AZR 356/02 – NZA 2003, 911):

- Zunächst ist das vom ArbG aufgestellte und durchgeführte Organisationskonzept festzustellen, das der vom ArbG als betrieblich erforderlich angesehenen Arbeitszeitregelung zugrunde liegt.
- In einer zweiten Stufe ist zu prüfen, inwieweit die Arbeitszeitregelung dem Arbeitszeitverlangen des ArbN tatsächlich entgegensteht. Dabei ist auch zu prüfen, ob der ArbG den Wünschen des ArbN durch zumutbare Änderungen der betrieblichen Abläufe oder des Personaleinsatzes gerecht werden kann. Ist dies nicht möglich, ist
- in einer dritten Stufe das Gewicht der entgegenstehenden betrieblichen Gründe zu prüfen: Werden durch den ArbN-Wunsch die in § 8 Abs. 2 TzBfG genannten besonderen betrieblichen Belange oder das betriebliche Organisationskonzept und die ihm zugrunde liegende unternehmerische Aufgabenstellung in besonderer Weise beeinträchtigt?

Beispiel: ArbN Konrad ist Softwarespezialist und hat eine Reihe von betriebsinternen Schulungen hinter sich, die ihn in die Lage versetzen, die bei seinem ArbG laufende Software zu warten und bei Störungen sofort einzugreifen. Konrad möchte seine Arbeitszeit halbieren. Der ArbG sucht nach einem weiteren Spezialisten, der die entstehende Lücke schließen könnte, findet aber niemanden. Auch die Agentur für Arbeit kann nicht helfen, es gibt keine entsprechende Teilzeitkraft. Hier stehen betriebliche Gründe einer Änderung der Arbeitszeit entgegen, da die ausgefallene Arbeitszeit nicht durch Einstellung einer Teilzeitkraft ausgeglichen werden kann (vgl. auch BAG v. 09.12.2003 – 9 AZR 16/03 – NZA 2004, 921).

Beispiel: Eine Teppichverkäuferin möchte ihre Arbeitszeit von 37,5 Std auf 25 Std reduzieren. Der ArbG lehnt dies ab, da die kontinuierliche Anwesenheit der Verkäufer während der Ladenöffnungszeiten von 60 Std zur serviceorientierten und durchgehenden Kundenbetreuung notwendig sei. Das BAG hat hier zwar das Organisationskonzept anerkannt, die Beeinträchtigung wurde aber nicht als wesentlich anerkannt. Bei 60 Std–Öffnungszeit ist auch mit VollzeitarbN keine Rund-um-die-Uhr-Betreuung möglich (BAG v. 30.09.2003 – 9 AZR 665/02 – NZA 2004, 382).

Spezielle Regelungen für Ansprüche auf Teilzeitarbeit bestehen nach dem PflegezeitG, dem FPflZG und dem BEEG (vgl. S. 74 ff. und 71 f.)

4. Verlängerung der Arbeitszeit

§ 9 TzBfG sieht vor, dass ein teilzeitbeschäftigter ArbN dem ArbG den Wunsch auf eine Verlängerung der vertraglich vereinbarten Arbeitszeit anzeigen kann. Daraufhin ist der ArbG gem. § 7 TzBfG verpflichtet, den ArbN über entsprechende **freie Arbeitsplätze** zu **unterrichten**. Besteht ein entsprechender freier Arbeitsplatz, ist der ArbN bei der Besetzung bevorzugt zu berücksichtigen, wenn er die **gleiche Eignung** wie andere Bewerber hat. Unter dieser Voraussetzung besteht für den **ArbG ein Kontrahierungszwang.**

Will ein ArbG einen erhöhten Arbeitskräftebedarf durch Erhöhung der Arbeitszeit teilzeitbeschäftigter ArbN decken, ist er allerdings frei, welchen ArbN er zu diesem Zweck eine Vertragsänderung anbietet. Der ArbG ist aus § 9 TzBfG nicht gezwungen das gestiegene Arbeitszeitvolumen anteilig auf alle TeilzeitarbN zu verteilen (BAG v. 13.02.2007 – 9 AZR 575/05 – NZA 2007, 807).

5. Teilzeitformen

Das TzBfG regelt die „klassische“ Teilzeitarbeit, die Abrufarbeit, das Jobsharing und die Turnusarbeit. Für spezielle Teilzeitformen, wie z. B. die Altersteilzeit, Pflegeteilzeit, Familienpflegezeit sowie die Elternteilzeit etc., bestehen Sonderregelungen.

Klassische Teilzeit

Bei der klassischen Teilzeit ist entweder die tägliche Arbeitszeit des ArbN verkürzt (z. B. auf täglich fünf Stunden) oder die Arbeitsleistung konzentriert sich auf bestimmte Wochentage (z. B. Arbeit am Montag und Dienstag).

Arbeit auf Abruf

Abrufarbeit oder auch KapovAz (kapazitätsorientierte variable Arbeitszeit) wird von § 12 TzBfG geregelt. Zum Schutz des TeilzeitarbN bestimmt das Gesetz, dass

- ein bestimmtes Arbeitszeitvolumen geregelt wird,
- eine Ankündigungsfrist eingehalten wird und
- ein gewisser Mindesteinsatz gewährleistet ist.

Arbeitszeitvolumen und Mindesteinsatz

Mit der **Vereinbarung** eines Abrufarbeitsverhältnisses muss die **wöchentliche und tägliche Arbeitszeit** festgelegt werden. Ist die Dauer der wöchentlichen und täglichen Arbeitszeit nicht festgelegt, gilt eine Arbeitszeit von zehn Stunden pro Woche als vereinbart und der tägliche Abruf muss mindestens drei Stunden umfassen (§ 12 Abs. 1 S. 3, 4 TzBfG). Der ArbG muss dann die entsprechenden Zeiten auch abrufen, sonst gerät er in Annahmeverzug (§ 615 BGB) und muss trotzdem Entgelt zahlen. Die Fiktion greift aber nur dann ein, wenn es keine vertragliche Regelung gibt. Bei einer einvernehmlichen Vereinbarung können auch weniger als zehn Stunden pro Woche und weniger als drei Stunden täglich vereinbart werden.

Beispiel: Studentin Eva vereinbart ein Abrufarbeitsverhältnis, wonach sie auf Anforderung wöchentlich fünf Stunden Arbeit zu leisten hat, der einzelne Arbeitseinsatz soll jeweils ein bis zwei Stunden betragen.

Die Vertragsparteien können wirksam vereinbaren, dass der ArbN über die vertragliche Mindestarbeitszeit hinaus Arbeit auf Abruf leisten muss. Die vom ArbG **einseitig abrufbare Arbeitszeit** darf dann aber nicht mehr als **25 %** der vereinbarten wöchentlichen Mindestarbeitszeit betragen (BAG v. 07.12.2005 – 5 AZR 535/04 – NZA 2006, 423).

Ankündigungsfrist
Gem. § 12 Abs. 2 TzBfG ist der ArbN nur dann zur Arbeitsleistung verpflichtet, wenn der ArbG ihm die Lage der Arbeitszeit mindestens vier Tage im Voraus mitteilt.

Jobsharing

§ 13 TzBfG regelt den Fall, dass sich mehrere ArbN die Arbeitszeit an einem Arbeitsplatz teilen (Jobsharing), so kann ein Arbeitsplatz permanent besetzt bleiben. Die **Verteilung der Arbeitszeit** regeln die Jobsharingpartner grundsätzlich selbst. Nur wenn die Partner keine Einigung erzielen, greift das Direktionsrecht des ArbG. Zum Schutz der Jobsharingpartner enthält § 13 Abs. 1 TzBfG eine Vertretungsregelung und § 13 Abs. 2 TzBfG eine Kündigungsregelung.
Ist einer der Jobsharingpartner an der Erbringung der Arbeitsleistung gehindert, so sind die anderen nur dann zur **Vertretung** verpflichtet, wenn sie im Einzelfall zustimmen. Die generelle Vereinbarung einer Vertretung ist nur für den Fall eines dringenden betrieblichen Erfordernisses möglich. Selbst dann kann allerdings der einzelne zur Vertretung Verpflichtete ablehnen, wenn ihm die Vertretung im konkreten Einzelfall nicht zumutbar ist (z. B. weil ein erkranktes Kind gepflegt werden muss).
Scheidet ein ArbN aus der Arbeitsplatzteilung aus, so ist die darauf gestützte **Kündigung** des (der) anderen Partner(s) gem. § 13 Abs. 2 TzBfG unwirksam. Auch eine entsprechende auflösende Bedingung wäre aus diesem Grund unwirksam.

Turnusarbeit

Wechseln sich Gruppen von ArbN in bestimmten Zeitabschnitten auf bestimmten Arbeitsplätzen ab, spricht man von Turnusarbeit (§ 13 Abs. 3 TzBfG). Für Turnusarbeit gelten die Jobsharingregelungen entsprechend.

Aushilfsarbeitsverhältnis

Aushilfsarbeitsverhältnisse gibt es befristet oder unbefristet, in Vollzeit oder in Teilzeit. Beim unbefristeten Aushilfsarbeitsverhältnis bzw. beim befristeten Aushilfsarbeitsverhältnis mit vereinbarter ordentlicher Kündigungsmöglichkeit ist jedoch die Kündigung erleichtert.

Die Kündigungsfrist kann einzelvertraglich gem. § 622 Abs. 5 Nr. 1 BGB abgekürzt werden.

Die Verkürzungsmöglichkeit besteht dabei uneingeschränkt. Es kann auch eine **entfristete** ordentliche Kündigung vereinbart werden. Ein wichtiger Grund ist für diese Kündigung nicht nötig.

Beispiel: Student Arnold wird am 1.6. zur Aushilfe eingestellt. Sein Arbeitsvertrag regelt, dass er mit sofortiger Wirkung gekündigt werden kann.

Die Abkürzung der Kündigungsfrist gilt allerdings **nur für die ersten drei Monate** des Aushilfsarbeitsverhältnisses. Wird dieses über den Zeitraum von drei Monaten hinaus fortgesetzt, gelten die normalen gesetzlichen bzw. tariflichen Kündigungsfristen. Entscheidend ist der Zugang der Kündigungserklärung, auch wenn das Ende der Kündigungsfrist außerhalb des Dreimonatszeitraums liegt.

Beispiel: Sollte Arnold auch im September noch arbeiten, gilt für ihn die normale Kündigungsfrist gem. § 622 Abs. 1 BGB.

Besonderheiten bestehen beim **Aushilfsarbeitsverhältnis hinsichtlich des Entgeltfortzahlungsanspruchs** im Krankheitsfall und hinsichtlich des Urlaubsanspruchs. Aushilfsarbeitnehmer werden oft nicht die gem. § 3 Abs. 3 EFZG für einen Entgeltfortzahlungsanspruch im Krankheitsfall vorgesehene Wartezeit (vier Wochen) erreichen. Ihr **Urlaubsanspruch** besteht erst nach einer Wartezeit von sechs Monaten. Sollten sie vorher aus dem Arbeitsverhältnis ausscheiden, erhalten sie einen Teilurlaubsanspruch. Dieser beträgt für jeden **vollen** Monat des Bestehens des Arbeitsverhältnisses 1/12 des gesetzlichen Urlaubsanspruchs (§ 5 Abs. 1 BUrlG).

Beispiel: Student Arnold wird vom 1.6. bis zum 27.6. als Aushilfe eingestellt. Er hat bei Ausscheiden keinen Urlaubsanspruch, da das Arbeitsverhältnis keinen vollen Monat bestand.

Probearbeitsverhältnis

Angesichts der weitgehenden kalendermäßigen Befristungsmöglichkeiten gem. § 14 Abs. 2 und 2a TzBfG sind Probearbeitsverhältnisse immer seltener geworden. Werden sie jedoch vereinbart, unterscheidet man

- das unbefristete Arbeitsverhältnis mit vorgeschalteter Probezeit,
- das befristete Probearbeitsverhältnis und
- das Arbeitsverhältnis mit einer Mindestvertragslaufzeit.

1. Unbefristetes Arbeitsverhältnis mit Probezeit

Wird ein von Anfang an unbefristetes Arbeitsverhältnis mit Probezeit vereinbart, so ist während der Probezeit die **Kündigungsmöglichkeit** erleichtert.

Die gesetzliche Probezeitkündigungsfrist beträgt gem. § 622 Abs. 3 BGB zwei Wochen.

Die vereinbarte Probezeit darf dann allerdings die Dauer von **sechs Monaten** nicht überschreiten. In Tarifverträgen finden sich häufig noch kürzere Probezeitkündigungsfristen, die Dauer der Probezeit ist dann allerdings auch meist verkürzt. Im Geltungsbereich eines solchen Tarifvertrages können auch die nicht tarifgebundenen ArbG und ArbN die kürzeren Probezeitkündigungsmöglichkeiten einzelvertraglich vereinbaren (§ 622 Abs. 4 BGB).

Die verkürzte Kündigungsfrist gilt für alle Kündigungen, die bis zum letzten Tag der Probezeit ausgesprochen werden.

Beispiel: Bei einer Probezeit vom 1.1. bis zum 30.6. kann noch am 30.6. mit der verkürzten Probezeitfrist gekündigt werden. Es kommt auf den Zugang der Kündigungserklärung an.

Im Übrigen ist bei dieser Form des Probearbeitsverhältnisses das **Kündigungsschutzrecht** zu **beachten**: Es gelten z. B. Kündigungsverbote (z. B. § 9 MuSchG), die Schriftform ist einzuhalten (§ 623 BGB), der Betriebsrat ist anzuhören (§ 102 BetrVG).

2. Befristetes Probearbeitsverhältnis

Ein Probearbeitsverhältnis kann grundsätzlich befristet abgeschlossen werden, da die **Erprobung** des ArbN ein **sachlicher Grund** für die Befristung ist (§ 14 Abs. 1 Nr. 5 TzBfG). Ist ein befristetes Probearbeitsverhältnis gewollt, muss dieses ausdrücklich vereinbart werden. Im Zweifel ist von einem unbefristeten Arbeitsverhältnis mit Probezeitvereinbarung auszugehen (BAG v. 29.07.1958 – 3 AZR 49/56 – BAGE 6, 228). Das befristete Probearbeitsverhältnis endet mit Fristablauf, ohne dass es einer Kündigung bedarf. Hat sich der ArbN bewährt, kann im Anschluss ein unbefristetes Arbeitsverhältnis abgeschlossen werden. Da hier keine Kündigung notwendig ist, greifen auch Kündigungsverbote nicht.

Beispiel: Anna ist vom 1.1. bis zum 30.6. befristet zur Probe eingestellt. In dieser Zeit wird sie schwanger. Ihr Arbeitsverhältnis endet trotzdem am 30.6. Sollte der ArbG allerdings nur wegen der Schwangerschaft kein unbefristetes Anschlussarbeitsverhältnis abschließen, ist die Berufung auf die Befristung rechtsmissbräuchlich (BAG v. 28.11.1963 – 2 AZR 140/63 –, BAGE 15, 132).

3. Probezeit als Mindestvertragszeit

Die dritte, relativ seltene Form der Probezeit sieht vor, dass während der Probezeit die Möglichkeit einer ordentlichen Kündigung ausgeschlossen wird. Eine solche Gestaltung findet man höchstens bei Wissenschaftlern, die eine ungestörte Einarbeitungszeit brauchen.

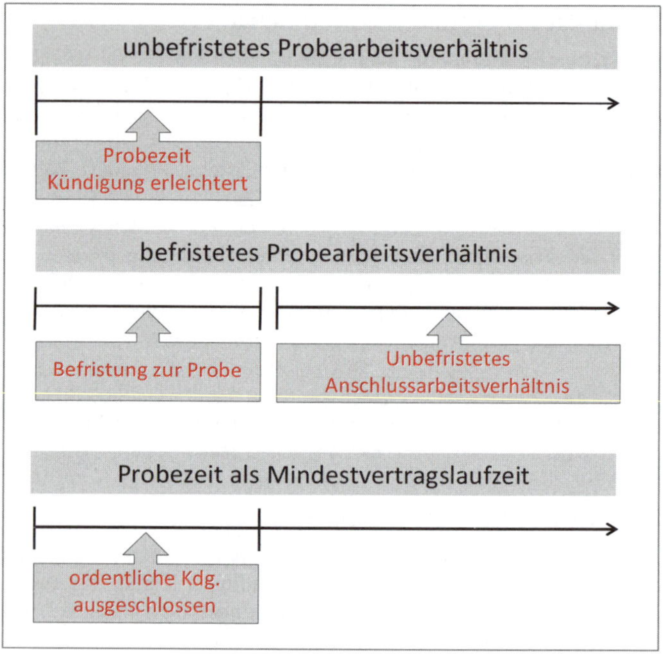
unbefristetes Probearbeitsverhältnis
Probezeit
Kündigung erleichtert
befristetes Probearbeitsverhältnis
Befristung zur Probe
Unbefristetes
Anschlussarbeitsverhältnis
Probezeit als Mindestvertragslaufzeit
ordentliche Kdg.
ausgeschlossen

Beendigung des Arbeitsverhältnisses

Eine Reihe der Beendigungstatbestände wurden bereits erörtert. Ein **Arbeitsverhältnis kann enden durch**

- Befristung,
- auflösende Bedingung,
- Aufhebungsvertrag,
- Kündigung,
- Anfechtung,
- gerichtliche Auflösung gem. §§ 9, 10 KSchG,
- Lösung vom faktischen Arbeitsverhältnis,
- Tod des ArbN und
- Erreichen des Rentenalters mit einer Vereinbarung gem. § 41 SGB VI.

Keine Beendigungsgründe sind dagegen der Tod des ArbG (die Erben treten gem. § 1922 BGB in das Arbeitsverhältnis ein), früher der Wehr- oder Zivildienst (hier ruhte das Arbeitsverhältnis nach dem ArbPlSchG bzw. ZDG), die Elternzeit nach dem BEEG, der Streik und die suspendierende Aussperrung, der Betriebsübergang gem. § 613a BGB und die Insolvenz (der Insolvenzverwalter kann aber kündigen).

Zu den häufigsten Beendigungstatbeständen gehören der Aufhebungsvertrag und die Kündigung.

Aufhebungsvertrag

1. Zulässigkeit des Aufhebungsvertrages

Aufgrund der im Arbeitsrecht geltenden **Vertragsfreiheit** können sich ArbG und ArbN auf die Beendigung ihrer Vertragsbeziehungen einigen. Der Aufhebungsvertrag ist dabei auch zulässig mit Personen, die einem **besonderen Kündigungsschutz** unterliegen, wie z. B. Schwangere oder behinderte Menschen.

Unzulässig ist ein aufschiebend bedingter Aufhebungsvertrag, da damit Kündigungsschutzbestimmungen umgangen werden können. Ebenfalls unzulässig ist die Rückdatierung, um eventuelle Sperrzeiten der Agentur für Arbeit beim Arbeitslosengeldbezug zu umgehen.

2. Form des Aufhebungsvertrages

Aufhebungsverträge unterliegen gem. § 623 BGB der Schriftform.

Hierbei handelt es sich um ein konstitutives Schriftformerfordernis. Wird die Schriftform nicht eingehalten, ist der Aufhebungsvertrag nichtig (§ 125 BGB). Das Arbeitsverhältnis besteht dann fort.

3. Widerruf und Anfechtung des Aufhebungsvertrages

Nach der Schuldrechtsreform war umstritten, inwieweit der ArbN als Verbraucher i. S. d. § 13 BGB anzusehen ist. Diese Frage kann man angesichts des eindeutigen Wortlauts des § 13 BGB nur bejahen. Daran knüpfte sich aber die weitere Frage, ob dem ArbN ein Widerrufsrecht eines Aufhebungsvertrages gem. § 312 Abs. 1, § 355 BGB zusteht. In der Literatur wurde deshalb vielfach vertreten, dass der Aufhebungsvertrag mit einer Rechtsmittelbelehrung gem. § 312 Abs. 2 BGB versehen werden muss, erst dann laufe die zweiwöchige Widerrufsfrist (§ 355 Abs. 2 BGB). Hierzu gibt es mittlerweile die klärende BAG – Rechtsprechung.

§ 312 BGB (Widerrufsrecht bei Verbraucherverträgen) ist auf arbeitsrechtliche Aufhebungsverträge grundsätzlich nicht anwendbar.

Nach der Entstehungsgeschichte des § 312 BGB unterfallen Aufhebungsverträge, die im Personalbüro des ArbG geschlossen werden nicht dem Anwendungsbereich der Norm. § 312 BGB setze eine überraschende Situation voraus, die sich aus dem Verhandlungsort ergebe (Haustürgeschäft), das Personalbüro ist aber ein Ort an dem typischerweise arbeitsrechtliche Fragen (vertraglich) geregelt werden (BAG v. 27.11.2003 – 2 AZR 177/03 und – 2 AZR 135/03 – NZA 2004, 597). Dass das BAG entschieden hat, dass der ArbN als Verbraucher i. S. d. § 13 BGB anzusehen ist (BAG v. 25.05.2005 – 5 AZR 572/04 –NZA 2005, 1111), ändert daran nichts.

Unter den Voraussetzungen der §§ 119, 123 BGB kann der ArbN den Aufhebungsvertrag anfechten.

In der Praxis wird von ArbN oftmals vorgebracht, dass der ArbG mit einer **fristlosen Kündigung gedroht** habe, sollte der ArbN sich weigern einen Aufhebungsvertrag abzuschließen. Abgesehen von der Beweisproblematik des ArbN in solchen Fällen ist die Drohung mit der außerordentlichen Kündigung **nur dann widerrechtlich**, wenn ein **verständiger ArbG** eine solche Kündigung nicht ernsthaft in Erwägung hätte ziehen dürfen (BAG v. 05.12.2002 – 2 AZR 478/01 – NZA 2003, 1055).

4. Risiken des Aufhebungsvertrages

Die Risiken des Aufhebungsvertrages liegen im Sozialversicherungsrecht.

- Der ArbN kann von Sperrzeiten beim Bezug des Arbeitslosengeldes gem. § 159 SGB III bedroht sein, wenn er durch die Vertragsaufhebung arbeitslos wird.
- Der Anspruch auf Arbeitslosengeld kann gem. § 158 SGB III ruhen.

Die früher im § 147a SGB III vorgesehene Erstattungspflicht des Arbeitslosengeldes für ältere Arbeitnehmer ist am 31.12.2012 weggefallen.

Grundsätzlich ist es Aufgabe des ArbN, sich über diese sozialversicherungsrechtlichen Folgen eines Aufhebungsvertrages zu informieren. Erkennt der ArbG aber, dass sich der ArbN über die Folgen des Aufhebungsvertrages ersichtlich nicht im Klaren ist, gebietet es die **Fürsorgepflicht**, den ArbN aufzuklären (BAG v. 17.10.2000 – 3 AZR 605/99 – NZA 2001, 206). Gleiches gilt, wenn der ArbN den ArbG nach den Folgen fragt. Fühlt sich der ArbG hier nicht kompetent, kann er an eine zuständige Stelle – die Agentur für Arbeit – verweisen. Klärt der ArbG selbst auf und macht dabei Fehler, kann er schadensersatzpflichtig werden.

Eine gewisse Erleichterung bietet hier die neuere Rechtsprechung des BSG. Danach kann sich ein ArbN auf einen – die Sperrzeit ausschließenden – wichtigen Grund für die Lösung des Beschäftigungsverhältnisses berufen, wenn ihm ansonsten eine rechtmäßige ArbG-Kündigung aus nicht verhaltensbedingten Gründen zum gleichen Zeitpunkt droht (BSG v. 17.11.2005 – B 11a/11 AL 69/04 R –, BSGE 95, 232). Schließt ein Arbeitnehmer angesichts einer drohenden betriebsbedingten Kündigung einen Aufhebungsvertrag mit Abfindung, die sich im Rahmen des § 1a KSchG hält, so steht ihm ein wichtiger Grund zur Seite, der eine Sperrzeit ausschließt (BSG v. 02.05.2012 – B 11 AL 6/11 R – BSGE 111, 1).

Die Bundesagentur für Arbeit hat dem durch eine entsprechende Durchführungsanweisung Rechnung getragen. Eine Sperrzeit wird nicht verhängt, wenn sich die Abfindung im Rahmen des § 1a Abs. 2 KSchG bewegt.

Kündigung

Es ist zwischen der ordentlichen (fristgemäßen) und der außerordentlichen (fristlosen) Kündigung zu unterscheiden. Die Kündigung kann vom ArbN oder vom ArbG ausgesprochen werden. Das Kündigungsrecht des ArbG wird allerdings eingeschränkt durch Kündigungsschutzbestimmungen.

1. Allgemeines zur Kündigung

Bevor die einzelnen Kündigungsarten dargestellt werden, soll auf allgemeine Voraussetzungen und Folgen der Kündigung eingegangen werden. Zu beachten sind hier die Kündigungserklärung, allgemeine Unwirksamkeitsgründe, die Betriebsratsanhörung und die für alle Kündigungsarten geltende gerichtliche Geltendmachung der Unwirksamkeit einer Kündigung

Kündigungserklärung

> Die Kündigung ist eine einseitige empfangsbedürftige Willenserklärung, die gem. § 130 BGB mit Zugang wirksam wird.

Dass es sich bei der Kündigung um eine **einseitige Willenserklärung** handelt, hat folgende Auswirkungen:

- Die Kündigung eines **Minderjährigen** ohne Zustimmung der gesetzlichen Vertreter ist nicht schwebend unwirksam, sondern gem. § 111 BGB nichtig.
- Die Kündigung verträgt grundsätzlich **keinen Vertreter ohne Vertretungsmacht** (§ 180 S. 1 BGB). Eine Kündigung, die durch einen vollmachtlosen Vertreter ausgesprochen wird, ist dem Arbeitgeber vorerst nicht zuzurechnen und somit unwirksam. Sie kann allerdings nachträglich von diesem genehmigt werden, sofern die fehlende Vertretungsmacht bei Ausspruch der Kündigung nicht beanstandet wurde (BAG v. 16.12.2010 – 2 AZR 485/08 – NZA 2011, 571).
- Die von einem Bevollmächtigten erklärte Kündigung ist unwirksam, wenn sie vom Kündigungsempfänger **unverzüglich zurückgewiesen** wird und der Bevollmächtigte keine Vollmachtsurkunde vorlegt (§ 174 BGB). Das Zurückweisungsrecht ist allerdings ausgeschlossen, wenn der Bevollmächtigte im Betrieb eine Stellung einnimmt, die üblicherweise mit dem Kündigungsrecht verbunden ist (BAG v. 30.05.1972 – 2 AZR 298/71 –, BAGE 24, 273) bzw. wenn der Vollmachtgeber den Anderen von der Bevollmächtigung in Kenntnis gesetzt hatte. U. U. kann sich eine früher vorgelegte Vollmacht auch auf später vorgenommene Kündigungen erstrecken (BAG v. 24.9.2015 – 6 AZR 492/14 – BB 2015, 3068).

Beispiel: Die Kündigung ist vom Personalchef unterschrieben und wird dem ArbN auch von diesem überreicht. Die Zurückweisung gem. § 174 BGB ist hier ausgeschlossen, weil der Personalchef erkennbar Kündigungsrecht hat (ähnlich beim Prokuristen oder Generalbevollmächtigten).

- Als einseitige Erklärung wird die Kündigung nicht wirksam, wenn dem Erklärungsempfänger vor dem Zugang oder gleichzeitig ein Widerruf zugeht (§ 130 Abs. 1 S. 2 BGB).
- Ist die Kündigung zugegangen, kann sie einseitig **nicht widerrufen** oder **zurückgenommen** werden, die Wirkung der Kündigung kann nur noch einvernehmlich aufgehoben werden.

Die Kündigung muss klar und eindeutig erklärt werden; der Wille, das Arbeitsverhältnis zu beenden, muss deutlich werden.

Eine **Begründung** muss die Kündigung grundsätzlich nicht enthalten, es sei denn, der ArbN hat bei der außerordentlichen Kündigung die Mitteilung des Kündigungsgrundes gem. § 626 Abs. 2 S. 3 BGB oder bei der betriebsbedingten Kündigung die Mitteilung der Gründe, die zur Sozialauswahl führten, gem. § 1 Abs. 3 S. 1 KSchG verlangt. Darüber hinaus kann sich eine Mitteilungspflicht des Kündigungsgrundes aus einem anwendbaren Tarifvertrag, einer Betriebsvereinbarung oder dem Arbeitsvertrag ergeben.

Die Kündigung ist grundsätzlich bedingungsfeindlich.

Die Kündigung darf nicht von einer Bedingung abhängig gemacht werden, der Erklärungsempfänger muss wissen, ob sein Arbeitsverhältnis endet oder nicht. Eine Ausnahme besteht jedoch für Bedingungen, deren Eintritt vom Willen des Erklärungsempfängers abhängt. Solche Bedingungen sind häufig in Form der **Änderungskündigung** gem. § 2 KSchG anzutreffen. Die Änderungskündigung zielt auf die Beendigung des Arbeitsverhältnisses in Verbindung mit dem Angebot der Fortsetzung des Arbeitsverhältnisses unter geänderten Arbeitsbedingungen.

Beispiel: ArbN Anton hat eine Stelle im Auge, bei der er 3 €/Stunde mehr verdienen würde. Sein alter Betrieb gefällt ihm aber gut, und er möchte eigentlich bleiben. Anton kündigt sein Arbeitsverhältnis, bietet aber die Fortführung mit einem um 3 € erhöhten Stundenlohn an. Der ArbG kann jetzt entscheiden, ob er die Kündigung wirksam werden lässt oder Anton mehr bezahlt.

Die Kündigung wird mit Zugang wirksam (§ 130 Abs. 1 BGB).

Der **Zeitpunkt des Zugangs** entscheidet u. a. darüber, ob die Kündigungsfrist eingehalten wird und ab wann die Klagefrist für den ArbN läuft, wenn er gerichtlich gegen die Kündigung vorgehen will. Die **Beweislast** für den Zugang trägt der Kündigende. Der Zugang erfolgt, sobald die Kündigung in die tatsächliche Verfügungsgewalt des Erklärungsempfängers gelangt. Dies kann durch Übergabe erfolgen, durch Einwurf in den Hausbriefkasten oder durch Hinterlegung im Postfach des Empfängers. Hinzukommen muss die Möglichkeit des Empfängers zur Kenntnisnahme. Der Zugang erfolgt dann, wenn regelmäßig mit der Kenntnisnahme zu rechnen wäre.

Beispiel: ArbG Augner möchte dem ArbN Anton kündigen. Augner fährt am Abend an Antons Wohnung vorbei und wirft die Kündigung in den Briefkasten. Hier ist der Zugang erst erfolgt, wenn Anton am nächsten Morgen den Briefkasten leert, da Briefkästen normalerweise im Laufe des Tages geleert werden.

Die urlaubsbedingte Abwesenheit eines ArbN hindert den Zugang nicht (BAG v. 16.03.1988 – 7 AZR 587/87 – NZA 1988, 875). Versäumt der ArbN aber durch den Urlaub die Klagefrist des § 4 KSchG, kann er einen Antrag auf nachträgliche Zulassung der Klage gem. § 5 KSchG stellen.

Den sichersten Zugangsbeweis kann der Kündigende durch Übergabe mit Empfangsbestätigung führen. Ist der ArbN nicht im Betrieb anwesend ist die Übergabe durch einen Boten mit einem entsprechenden Protokoll empfehlenswert. Nicht geeignet ist eine Einschreibesendung, da hier u. U. nur der Benachrichtigungsschein im Postkasten des Empfängers landet (zum Einwurfeinschreiben vgl. LAG Berlin/Brandenburg ZTR 2007, 468).

Die Kündigung unterliegt gem. § 623 BGB der Schriftform.

Die Schriftform ist hier **Wirksamkeitsvoraussetzung**. Sie gilt für ArbN und ArbG. Bei Nichteinhaltung der Schriftform ist die Kündigung gem. § 125 BGB nichtig.
Die Kündigung muss vom Kündigenden oder dessen bevollmächtigten Vertreter eigenhändig unterschrieben werden oder mittels notariell beglaubigtem Handzeichen unterzeichnet sein (§ 126 Abs. 1 BGB). Nicht ausreichend sind Faksimilestempel, digitale Signaturen, Fotokopie und Fax etc.

Allgemeine Unwirksamkeitsgründe

Die Kündigung unterliegt den allgemeinen zivilrechtlichen Maßstäben gem. §§ 134, 138, 242 BGB. **Sittenwidrig** ist z. B. eine Kündigung, wenn sie aus Rachsucht ausgesprochen wird. Eine besondere Ausgestaltung der Sittenwidrigkeit ist das **Maßregelungsverbot** des **§ 612a BGB,** das Kündigungen wegen in zulässiger Weise ausgeübter Arbeitnehmerrechte verbietet.

Unter den Voraussetzungen der §§ 119 ff. BGB kann eine Kündigungserklärung auch nach allgemeinen Regeln angefochten werden.

Beteiligung des Betriebsrats

Gem. § 102 BetrVG ist der Betriebsrat vor jeder Kündigung anzuhören.

Die Anhörung ist **Wirksamkeitsvoraussetzung.** Eine **ohne** Anhörung oder **ohne ordnungsgemäße** Anhörung des Betriebsrates gleichwohl erfolgte Kündigung ist **unheilbar unwirksam**.

Zeitpunkt der Anhörung

Die Anhörung muss vor Ausspruch der Kündigung erfolgen, d. h. bevor die Kündigung den Machtbereich des Kündigenden verlässt. Sinn der Anhörung ist, dass der Betriebsrat die Möglichkeit hat durch seine Stellungnahme auf den Kündigungsentschluss des ArbG einzuwirken.

Das Anhörungsverfahren muss grundsätzlich abgeschlossen sein, bevor die Kündigung den Machtbereich des ArbG verlässt.

Da der Betriebsrat bei einer ordentlichen Kündigung eine Woche und bei einer außerordentlichen Kündigung drei Tage Äußerungsfrist hat, muss der ArbG diese **Frist grundsätzlich abwarten** bevor er die Kündigung ausspricht. Nicht ausreichend ist es, wenn das Anhörungsverfahren vor Zugang der Kündigung abgeschlossen ist (BAG v. 11.07.1991 – 2 AZR 119/91 – NZA 1992, 38). Wird die Kündigung jedoch vor Ablauf des Anhörungsverfahrens einem Kurierdienst übergeben und trägt der ArbG dafür Sorge, dass die Zustellung erst so spät erfolgt, dass er sie noch verhindern kann, wenn der Betriebsrat wider Erwarten doch zu der Kündigungsabsicht Stellung nimmt, dann ist die Kündigung nach einer BAG-Entscheidung ausnahmsweise wirksam (BAG v. 08.04.2003 – 2 AZR 515/02 – NZA 2003 S. 961). Die Übergabe des Kündigungsschreibens an den Kurierdienst kommt hier der Lagerung in der Schublade des ArbG gleich.

Anhörungsverfahren

Der ArbG hat dem Betriebsrat die **notwendigen Informationen** zu geben. Er hat schriftlich oder mündlich Angaben zu machen über:

- die Person des betroffenen ArbN, mit allen Sozialdaten wie Betriebszugehörigkeit, Alter, Familienstand, Zahl der Unterhaltsberechtigten eventueller Sonderkündigungsschutz und Schwerbehinderteneigenschaft;
- die Art der Kündigung (ordentliche, außerordentliche Kündigung, Änderungskündigung),
- den Kündigungstermin und die Kündigungsfrist,
- die für den Kündigungsentschluss maßgeblichen Gründe. Hierzu genügt nicht die schlagwort- oder stichwortartige Benennung des Kündigungsgrundes. Der ArbG muss den maßgebenden Sachverhalt unter Angabe der Tatsachen, aus denen er den Kündigungsentschluss herleitet, so benennen, dass der Betriebsrat keine zusätzlichen eigenen Nachforschungen anstellen muss, um die Stichhaltigkeit der Kündigungsgründe zu überprüfen. Bei der betriebsbedingten Kündigung sind ferner die Gründe für die Sozialauswahl zu benennen.

Der ArbG wird in einem Kündigungsschutzverfahren nur mit den Gründen gehört, die er dem Betriebsrat im Anhörungsverfahren mitgeteilt hat. Ein **Nachschieben von Kündigungsgründen** ist nur möglich, wenn die Gründe im Zeitpunkt der Kündigung bereits vorlagen, dem ArbG aber nicht bekannt waren (BAG v. 11.04.1985 – 2 AZR 239/84 – NZA 1986, 674).

Die Anhörung kann mündlich oder schriftlich erfolgen. Berechtigt zur **Entgegennahme** der Mitteilungen ist gem. § 26 Abs. 2 BetrVG der **Betriebsratsvorsitzende**, im Verhinderungsfall sein Stellvertreter (zu den Voraussetzungen des Anhörungsverfahrens BAG v. 27.06.1985 – 2 AZR 412/84 – NZA 1986, 426). Mängel im Anhörungsverfahren, die in den Verantwortungsbereich des Betriebsrats fallen, führen nicht zur Unwirksamkeit der Kündigung wegen fehlerhafter Anhörung (BAG v. 24.06.2004 – 2 AZR 461/03 – NZA 2004, S. 1330).

Reaktionsmöglichkeiten des Betriebsrates

Der Betriebsrat hat grundsätzlich vier Reaktionsmöglichkeiten, er kann

- der Kündigung zustimmen,

- schweigen (gilt gem. § 102 Abs. 2 S. 2 BetrVG als Zustimmung),
- Bedenken jeglicher Art äußern oder
- bei der ordentlichen Kündigung gem. § 102 Abs. 3 BetrVG widersprechen.

Hat der Betriebsrat gegen eine **ordentliche Kündigung** Bedenken, so hat er diese unter Angabe der Gründe dem ArbG spätestens **innerhalb einer Woche schriftlich** mitzuteilen. Nach Ablauf der Wochenfrist gilt die Zustimmung als erteilt. Hat der Betriebsrat gegen eine **außerordentliche Kündigung** Bedenken, so hat er diese unter Angabe von Gründen dem ArbG **unverzüglich, spätestens innerhalb von drei Tagen** schriftlich mitzuteilen.

Das **Widerspruchsrecht** des Betriebsrates bei einer **ordentlichen Kündigung** regelt § 102 Abs. 3 BetrVG. Der Betriebsrat ist hier an die gesetzlich vorgegebenen Widerspruchsgründe gebunden; ein Widerspruch kann nur aus einem dieser Gründe erfolgen.

Die **Zustimmung** zur Kündigung muss vom Betriebsrat nicht ausdrücklich erklärt werden, es reicht, wenn die Frist verstrichen ist. **Vor Fristablauf** kann der ArbG eine Kündigung nur erklären, wenn eine **abschließende Stellungnahme** des Betriebsrats vorliegt.

Rechtsfolgen

> Die Reaktion des Betriebsrates hat keine Auswirkungen auf das Kündigungsrecht des ArbG.

Dies gilt unabhängig davon, ob der Betriebsrat Bedenken äußert oder der Kündigung widerspricht. Entscheidend ist, dass das Anhörungsverfahren stattgefunden hat, und zwar ordnungsgemäß. Die nicht ordnungsgemäß durchgeführte Anhörung führt ebenfalls zur nicht heilbaren Unwirksamkeit der Kündigung.

Beispiel: ArbG Schnell möchte dem ArbN Klau kündigen, der nachgewiesenermaßen die Kollegen bestohlen hat. ArbG Schnell füllt zu diesem Zweck ein Anhörungsformular aus: Er kreuzt an, dass Klau aus „verhaltensbedingten Gründen" gekündigt werden soll. Der Betriebsrat schweigt zu der Anhörung. Nach einer Woche kündigt Schnell. Diese Kündigung ist unheilbar unwirksam, da kein ordnungsgemäßes Anhörungsverfahren stattgefunden hat.

Widerspricht der Betriebsrat der ordentlichen Kündigung form- und fristgerecht und erhebt der gekündigte ArbN daraufhin Kündigungsschutzklage, so kann er einen **Weiterbeschäftigungsanspruch** gem. § 102 Abs. 5 BetrVG geltend machen, darüber hinaus kann der Widerspruch des Betriebsrats zur absoluten Sozialwidrigkeit der Kündigung führen (vgl. dazu unten S. 174 f.).

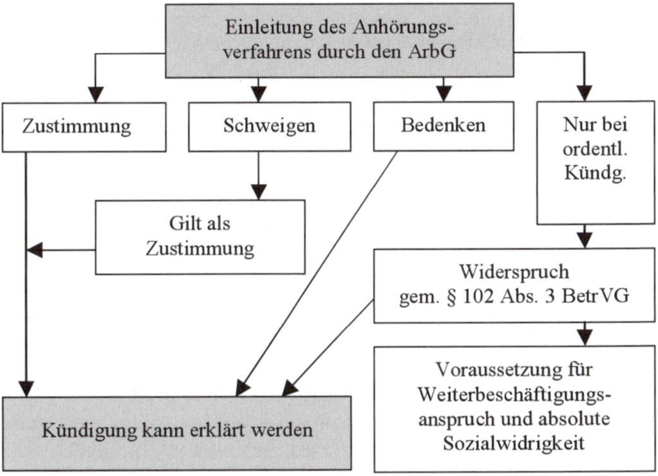

Gerichtliche Geltendmachung der Unwirksamkeit der Kündigung

Die Unwirksamkeit der Kündigung kann nur nach Maßgabe der §§ 4–7 KSchG geltend gemacht werden. Der ArbN muss innerhalb von drei Wochen Klage auf Feststellung erheben, dass die Kündigung das Arbeitsverhältnis nicht aufgelöst hat, sonst wird die Wirksamkeit der Kündigung fingiert.

Die Klagefrist gilt für jede Form der Unwirksamkeit der Kündigung. Die **dreiwöchige Klagefrist gilt für** die Geltendmachung der Unwirksamkeit

- der ordentlichen Kündigung,
- der außerordentlichen Kündigung (§ 13 Abs. 1 Satz 2 KSchG),

- auch im Kleinbetrieb, der dem KSchG nicht unterliegt (§ 23 Abs. 1 Satz 2 und 3 KSchG),
- auch für ArbN die nicht unter den persönlichen Anwendungsbereich des KSchG fallen, weil sie noch nicht länger als sechs Monate beschäftigt werden oder Neueingestellte i. S. d. § 23 Abs. 1 Satz 3 KSchG sind.

Die Klagefrist läuft erst, wenn der ArbN die schriftliche Kündigung erhalten hat. Die Frist berechnet sich gem. §§ 187, 193 BGB.

Die Unwirksamkeit einer lediglich **mündlichen Kündigung** (§ 623 BGB) kann auch noch nach Ablauf der Dreiwochenfrist geltend gemacht werden, die Grenze liegt hier ausschließlich bei der Verwirkung.

Nach der Rechtsprechung des BAG kann ein ArbN darüber hinaus die **Nichteinhaltung oder Falschberechnung der Kündigungsfrist** bei einer ordentlichen Kündigung noch außerhalb der Frist des § 4 KSchG geltend machen (BAG v. 15.12.2005 – 2 AZR 148/05 – NZA 2006, 791), da der ArbN dabei nicht gegen die Kündigung als solche vorgehen wolle. Dies soll nach neuerer Rspr. allerdings nur dann gelten, wenn sich durch Auslegung ermitteln lässt, dass eine fristwahrende Kündigung ausgesprochen werden sollte, sonst gelte die Klagefrist auch für die zu kurz berechnete Kündigungsfrist (BAG v. 01.09.2010 – 5 AZR 700/09 – NZA 2010, 1409).

Ist die Kündigung durch einen vollmachtlosen Vertreter ausgesprochen und erst durch nachträgliche Genehmigung wirksam geworden (s. o.), beginnt die Frist nach § 4 KSchG erst mit Zugang der Genehmigung des Arbeitgebers (BAG, v. 06.09.2012 – 2 AZR 858/11 – NZA 2013, 524).

Versäumt der ArbN die Klagefrist, tritt die Fiktionswirkung des § 7 KSchG ein, d. h. die Kündigung gilt als von Anfang an wirksam. Dies **gilt für alle Unwirksamkeitsgründe**, unabhängig davon, ob sich die Unwirksamkeit z. B. ergibt aus dem Fehlen der sozialen Rechtfertigung nach dem KSchG, dem Fehlen eines wichtigen Grundes bei der außerordentlichen Kündigung, der fehlenden oder unzureichenden Betriebsratsanhörung, einem Verstoß gegen § 9

MuSchG oder einem Verstoß gegen das Kündigungsverbot gem. § 613a BGB. Eine Ausnahme besteht nur für das Schriftformerfordernis gem. § 623 BGB und die sittenwidrige Kündigung (vgl. § 13 Abs. 2 KSchG).

Eine **verspätet erhobene Klage** ist von dem Gericht gem. § 5 KSchG **ausnahmsweise zuzulassen**, wenn der ArbN trotz Anwendung aller ihm nach der Sachlage zuzumutenden Sorgfalt an der rechtzeitigen Klageerhebung gehindert war und wenn er die Zulassung der verspäteten Klage binnen zwei Wochen seit Behebung des Hindernisses beantragt. Mit dem Antrag ist die Klageerhebung zu verbinden.

Der **Klageantrag** ist bei der Kündigungsschutzklage zu richten auf **Feststellung**, dass das Arbeitsverhältnis durch die (konkret zu benennende) Kündigung nicht aufgelöst wurde. Der reine Leistungsantrag (Entgeltklage) ist nicht ausreichend. Sind mehrere Kündigungen streitig, muss jede einzelne Kündigung durch Klage angegriffen werden, um zu verhindern, dass die Fiktionswirkung des § 7 KSchG eintritt (punktueller Streitgegenstandsbegriff BAG v. 27.01.1994 – 2 AZR 484/93 – NZA 1994, 812).

Hat der ArbN innerhalb der Frist des § 4 KSchG Klage erhoben, mit der Klage aber noch nicht alle in Betracht kommenden **Unwirksamkeitsgründe** geltend gemacht, kann er diese noch bis zum Ende der mündlichen Verhandlung **nachschieben** (§ 6 KSchG).

2. Kündigungsarten

Als Kündigungsarten stehen die ordentliche Kündigung, die außerordentliche Kündigung und die Änderungskündigung zur Verfügung.

Ordentliche Kündigung

Charakteristisch für die ordentliche Kündigung ist, dass sie das Arbeitsverhältnis **nicht sofort beendet**, sondern erst nach Ablauf einer **Kündigungsfrist,** und dass sie – zumindest in ihrer reinen Form – nicht vom Vorliegen eines Kündigungsgrundes abhängt. Für Arbeitgeberkündigungen bestehen hier allerdings eine Reihe von **Einschränkungen**, die unter dem Begriff „**Kündigungsschutz**" zusammengefasst werden.

Ausschluss der ordentlichen Kündigung

Die ordentliche Kündigung kann **gesetzlich, tariflich oder einzelvertraglich** ausgeschlossen sein. In Tarifverträgen finden sich häufig Regelungen, die einen Ausschluss der ordentlichen Kündigung älterer ArbN nach langer Betriebszugehörigkeit vorsehen. Inwieweit solche Regelungen AGG-sicher sind, ist immer noch fraglich. § 2 Abs. 4 AGG, der Kündigungen nur den Kündigungsregelungen unterstellt wird teilweise als europarechtswidrig angesehen (vgl. dazu BAG v. 22.10.2009 – 8 AZR 642/08 – NZA 2010, 280).

Auch in der **Befristungsabrede** liegt grundsätzlich ein Ausschluss der ordentlichen Kündigung, es sei denn, die ordentliche Kündigung wurde ausdrücklich vereinbart (§ 15 Abs. 3 TzBfG). Weitere Ausschlussmöglichkeiten bestehen im Rahmen von **Sonderkündigungsschutz**, z. B. ist die ordentliche Kündigung eines Mitglieds des Betriebsrats gem. § 15 KSchG, § 103 BetrVG ausgeschlossen.

Kündigungsfristen

> Die gesetzlichen Kündigungsfristen werden von § 622 BGB geregelt. Danach gilt eine Grundkündigungsfrist von vier Wochen zum Ende eines Monats oder zum 15. eines Monats.

Beispiel: Eine Kündigung, die am 29. Juni erklärt wird, kann erst zum 31. Juli erfolgen. Um den 15. Juli als Kündigungstermin zu halten, müsste die Kündigung spätestens am 17. Juni erklärt werden und auch am gleichen Tag zugehen.

Die **Kündigungsfrist für die Kündigung des Arbeitsverhältnisses durch den ArbG verlängert** sich nach der gesetzlichen Regelung **für (ältere) Arbeitnehmer** in Abhängigkeit von der Dauer der Betriebs- oder Unternehmenszugehörigkeit gem. § 622 Abs. 2 BGB. Zeiten, die vor Vollendung des 25. Lebensjahrs liegen, werden bei der Beschäftigungsdauer nach dem Wortlaut der Norm nicht mitgerechnet. Dieser Teil der Regelung ist aber europarechtswidrig und darf deshalb nicht angewendet werden (EuGH v. 10.01.2010 – RS C 555/07 Kücükdeveci – Ambl. C 79/12). Die Verlängerung der Kündigungsfrist gem. § 622 Abs. 2 BGB gilt somit unabhängig vom Lebensalter.

Für die **Fristberechnung** gelten die §§ 186 ff. BGB. Es handelt sich hier um eine Ereignisfrist gem. § 187 Abs. 1 BGB, maßgeblich ist der Zugang der Kündigung. Wird die Kündigungsfrist nicht eingehalten, ist die Kündigung normalerweise trotzdem wirksam, da sie in eine Kündigung zum nächstzulässigen Termin **umgedeutet** werden kann (§ 140 BGB).

Beispiel: Die Kündigung vom 19. Juni zum 15. Juli, bei der die vierwöchige Frist nicht eingehalten ist, kann in eine Kündigung zum 31. Juli umgedeutet werden.

Eine **Verlängerung** der gesetzlichen und tariflichen **Kündigungsfrist** durch den Einzelarbeitsvertrag ist möglich. Die ArbN Kündigungsfrist darf dann aber nicht länger sein als die Frist für die Kündigung des Arbeitsverhältnisses durch den ArbG (§ 622 Abs. 6 BGB).

Eine **Verkürzung der gesetzlichen Kündigungsfrist** ist in Tarifverträgen möglich (§ 622 Abs. 4 BGB). Im Geltungsbereich eines solchen Tarifvertrages können die kürzeren Kündigungsfristen durch Bezugnahme des Tarifvertrages auch einzelvertraglich zwischen nichttarifgebundenen Arbeitsvertragsparteien vereinbart werden (§ 622 Abs. 4 BGB)

Ansonsten kann einzelvertraglich von der Grundkündigungsfrist des § 622 Abs. 1 BGB (nicht Abs. 2) nur abgewichen werden.

- bei einer Probezeitvereinbarung (§ 622 Abs. 3 BGB),
- in einem Aushilfsarbeitsverhältnis (§ 622 Abs. 5 Nr. 1 BGB) und
- in Kleinbetrieben bis 20 ArbN (§ 622 Abs. 5 Nr. 2 BGB).

Sonderkündigungsfristen bestehen für behinderte Menschen gem. § 86 SGB IX.

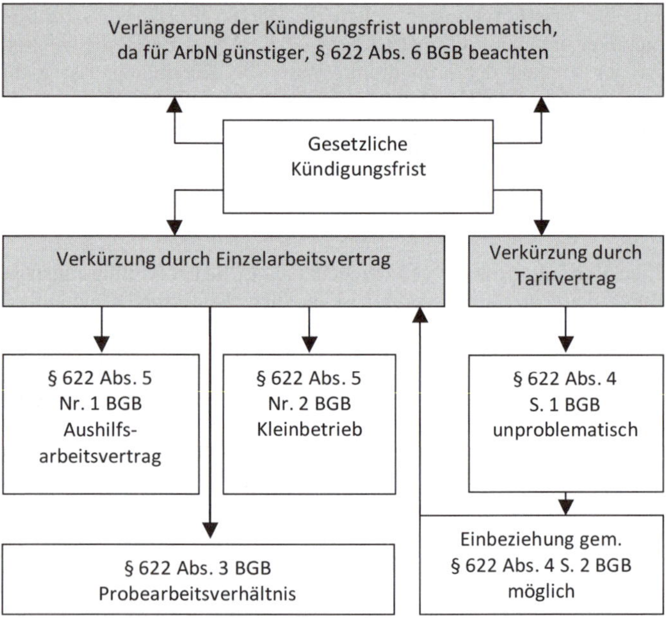

Außerordentliche Kündigung

Im Gegensatz zur ordentlichen Kündigung führt die außerordentliche Kündigung zur sofortigen (fristlosen) Beendigung des Arbeitsverhältnisses. Voraussetzung ist gem. § 626 Abs. 1 BGB, dass ein **wichtiger Grund vorliegt** und dass die **Kündigung innerhalb von zwei Wochen** ab Kenntnis des wichtigen Grundes ausgesprochen wird (§ 626 Abs. 2 BGB). In vielen Fällen wird vor Ausspruch der außerordentlichen Kündigung darüber hinaus eine **Abmahnung** erforderlich sein (§ 314 Abs. 2 BGB bzw. Ultima-ratio-Grundsatz).

Wichtiger Grund

§ 314 Abs. 1 BGB, der die außerordentliche Kündigung von Dauerschuldverhältnissen regelt, wird im Arbeitsrecht von § 626 BGB verdrängt.

Ein wichtiger Grund i. S. d. § 626 Abs. 1 BGB ist dann gegeben, wenn Tatsachen vorliegen, die dem Kündigenden unter Berücksichtigung aller Umstände des Einzelfalls und unter Abwägung der Interessen der Vertragsparteien die Fortsetzung des Arbeitsverhältnisses bis zum vereinbarten Ende (Befristung) oder bis zum Ablauf der Kündigungsfrist unzumutbar machen.

Der wichtige Grund hat somit einen **objektiven (Tatsachen**) und einen **subjektiven (Zumutbarkeit**) **Tatbestand**. Nach der BAG-Rspr. (BAG v. 15.11.1984 – 2 AZR 613/83 – NZA 1985, 661) ist bei einer fristlosen Kündigung daher zweistufig vorzugehen:

- Zuerst ist zu prüfen, ob die vorliegenden Tatsachen geeignet sind, einen wichtigen Grund zu bilden.
- Danach ist zu prüfen, ob im Rahmen der Zumutbarkeit alle Umstände des Einzelfalls bei der Interessenabwägung berücksichtigt wurden und widerspruchsfrei gewürdigt worden sind.

Wichtige Gründe für eine fristlose Kündigung können z. B. sein: dauernde und anhaltende Arbeitsunfähigkeit, Arbeitsverweigerung, Arbeitsvertragsbruch, grobe Treuepflichtverletzungen, Verstöße gegen das Wettbewerbsverbot, Dienstverhinderung durch Freiheitsstrafe, strafbare Handlungen im Zusammenhang mit dem Arbeitsverhältnis. Auch **wiederholte kleinere Pflichtverletzungen** können zusammengenommen einen wichtigen Grund darstellen. Dann ist allerdings vorher eine deutliche Abmahnung des ArbN notwendig.

Beispiel: Sigi Schlaf kommt montags immer schlecht aus dem Bett und deshalb regelmäßig 20 Minuten zu spät zur Arbeit. Einmaliges Zuspätkommen rechtfertigt noch keine fristlose Kündigung, wohl aber wiederholtes (häufiges) Zuspätkommen. Nach einer Abmahnung kann der ArbG beim nächsten Verstoß fristlos kündigen.

Der bloße **Verdacht einer strafbaren Handlung** reicht i. d. R. nicht für eine Kündigung. Eine Ausnahme besteht für ArbN in **Vertrauensstellungen**. Dann müssen aber so **starke Verdachtsmomente** vorliegen, dass das für die Fortsetzung des Arbeitsverhältnisses notwendige Vertrauen zerstört wurde, und der ArbG muss alles getan haben, um den **Verdacht auszuräumen**. Ist ein Strafverfahren gegen den ArbN anhängig, ist die strafrechtliche

Bewertung für die Kündigung grundsätzlich ohne Belang. Erkenntnisse der Strafverfolgungsbehörden können den Verdacht zwar bekräftigen, jedoch genügt der bloße Verweis auf den dringenden Tatverdacht der Behörden nicht, um eine Kündigung zu rechtfertigen (BAG v. 25.10.2012 – 2 AZR 700/11 – NZA 2013, 371).

Der ArbN muss bei einer Verdachtskündigung Gelegenheit zur **Stellungnahme** erhalten haben (BAG v. 20.08.1997 – 2 AZR 620/96 – NZA 1997, 1340).

Abmahnungserfordernis

Aus dem **Verhältnismäßigkeitsgrundsatz** und der Fürsorgepflicht des ArbG wurde früher abgeleitet, dass die Kündigung jeweils nur das letzte zur Verfügung stehende Mittel sein darf, um einen Konflikt zu lösen. Dies gilt insbesondere für die außerordentliche Kündigung. **§ 314 Abs. 2 BGB** stellt das Abmahnungserfordernis seit der Schuldrechtsreform für außerordentliche Kündigungen ausdrücklich klar. Inwieweit 314 Abs. 2 auch für die außerordentliche Kündigung des Arbeitsverhältnisses gilt ist allerdings umstritten, ändert aber nichts an dem grundsätzlichen Abmahnungserfordernis, das sich ansonsten aus dem ultima-ratio-Grundsatz ergibt.

Bei Kündigungen, die auf dem ArbN-Verhalten beruhen, ist zunächst grundsätzlich eine Abmahnung erforderlich.

Eine Abmahnung besteht aus **drei Elementen**:

- Der ArbG weist den ArbN auf seine vertraglichen Pflichten hin und macht ihn auf deren Verletzung aufmerksam,
- der ArbN wird aufgefordert, sich in Zukunft vertragsgetreu zu verhalten, und
- für den Fall einer erneuten Pflichtverletzung wird die Kündigung angedroht.

Nach der Rechtsprechung konnte bei besonders schweren Pflichtverletzungen und bei Störungen im Vertrauensbereich eine **Abmahnung entfallen**, wenn der ArbN davon ausgehen musste, dass sein Fehlverhalten nicht gebilligt wird (BAG v. 07.10.1993 – 2 AZR 226/93 – NZA 1994, 443). Dies gilt auch bei einer grundsätzlichen Anwendung des § 314 Abs. 2 BGB noch, denn § 314 Abs. 2

BGB verweist auf § 323 Abs. 2 BGB, wonach eine Fristsetzung u. a. bei besonderen Umständen entbehrlich ist.

Beispiel: Nach einigen Auseinandersetzungen am Arbeitsplatz dreht ArbN Frech durch und bedroht seinen ArbG mit der Waffe. Hier ist eine Abmahnung entbehrlich.

Mahnt der ArbG das gleiche Verhalten mehrmals ab, ohne dass sich daraus Konsequenzen ergeben, wird die Warnfunktion der Abmahnung abgeschwächt. Dann ist vor einer Kündigung eine besonders eindringliche Abmahnung notwendig, um dem ArbN nun klarzumachen, dass eine weitere Pflichtverletzung die Kündigung nach sich ziehen kann (BAG v. 15.11.2001 – 2 AZR 609/00 – NZA 2002, 968).

Hat der ArbN eine Abmahnung erhalten und hält er diese für unberechtigt, kann er entweder im Rahmen eines sich anschließenden Kündigungsschutzprozesses dagegen vorgehen oder isoliert bereits vor einer Kündigung einen **Anspruch aus § 1004 BGB analog** wegen der Verletzung des Persönlichkeitsrechts geltend machen. Der Anspruch richtet sich auf die **Entfernung der Abmahnung** aus der Personalakte und Vernichtung. Die Abmahnung ist immer dann zu vernichten, wenn sich im Prozess herausstellt, dass **ein** in ihr erhobener Vorwurf nicht den Tatsachen entspricht, auch wenn die sonstigen Vorwürfe zu Recht bestehen (BAG v. 13.03.1991 – 5 AZR 133/90 – NZA 1991, 768).

Kündigungserklärungsfrist

Nach § 626 Abs. 2 BGB **erlischt das Recht zur außerordentlichen Kündigung**, wenn die Kündigung nicht **binnen zweier Wochen** ab Kenntnis des wichtigen Grundes ausgesprochen wird. Die Kündigungserklärungsfrist darf nicht mit der Kündigungsfrist bei der ordentlichen Kündigung verwechselt werden. Nach Ablauf der Kündigungserklärungsfrist wird unwiderlegbar angenommen, dass dem Kündigenden die Fortsetzung des Arbeitsverhältnisses mindestens bis zum Ablauf einer ordentlichen Kündigungsfrist zumutbar ist. Der Kündigungsgegner – i. d. R. der ArbN – darf dann davon ausgehen, dass sein Fehlverhalten folgenlos bleibt. Problematisch ist die Kündigungserklärungsfrist nur **bei zeitlich nicht genau abgrenzbaren Kündigungsgründen.**

Beispiel: ArbN Sigi Schlaf kommt jeden Montag 20 Minuten zu spät. Hier läuft die Kündigungserklärungsfrist jeweils wieder neu an. Hat der ArbG jedoch das Zuspätkommen über einen längeren Zeitraum schweigend hingenommen, ist eine besonders deutliche Abmahnung vor Ausspruch der Kündigung notwendig.

Bei der **Verdachtskündigung** muss der ArbG zunächst Aufklärungsversuche machen. Um ihn hier nicht unter Zeitdruck zu setzen, läuft die Kündigungserklärungsfrist erst, wenn die Aufklärungsversuche abgeschlossen und gescheitert sind.

Umdeutung

Eine unwirksame außerordentliche Kündigung kann in eine ordentliche Kündigung umgedeutet werden (§ 140 BGB), wenn die außerordentliche Kündigung sämtliche Wirksamkeitsvoraussetzungen der ordentlichen Kündigung erfüllt.

In Betracht kommt die **Umdeutung** insbesondere in Fällen, in denen das ArbNVerhalten keinen wichtigen Grund i. S. d. § 626 Abs. 1 BGB darstellt, aber für eine verhaltensbedingte ordentliche Kündigung ausreichen würde. Der Beendigungswille kommt in der Kündigung zum Ausdruck. Voraussetzung ist aber weiter, dass der **Betriebsrat** – zumindest **hilfsweise** – auch **zur ordentlichen Kündigung angehört** wurde oder der außerordentlichen Kündigung zugestimmt hat (BAG v. 16.03.1978 – 2 AZR 424/76 – BAGE 30, 176).

Gerichtliche Auflösung mit Abfindungszahlung

Findet auf das Arbeitsverhältnis das KSchG Anwendung (vgl. dazu unten S.167 ff.) und stellt das Gericht im Rahmen der Kündigungsschutzklage fest, dass die außerordentliche Kündigung unbegründet ist, ist dem ArbN jedoch die **Fortsetzung** des Arbeitsverhältnisses **nicht zuzumuten**, kann der ArbN gem. § 13 Abs. 1 S. 3 KSchG den Auflösungsantrag stellen. Das Gericht löst dann das Arbeitsverhältnis durch **Urteil** auf und verurteilt den ArbG zur Zahlung einer angemessenen **Abfindung**. Als Auflösungszeitpunkt ist der Zeitpunkt festzulegen, zu dem die Kündigung ausgesprochen wurde. Dem ArbG steht der Auflösungsantrag im Fall der außerordentlichen Kündigung nicht zu.

Prüfungsschema außerordentliche Kündigung
▪ Liegt eine eindeutige, hinreichend bestimmte Kündigungserklärung vor, die auf die sofortige Beendigung des Arbeitsverhältnisses gerichtet ist? ▪ Wurde die Schriftform des § 623 BGB eingehalten? ▪ Ist die Kündigung gem. § 130 BGB zugegangen? ▪ Verstößt die Kündigung gegen §§ 138, 242 oder das Maßregelungsverbot des § 612a BGB? ▪ Ist die Kündigung ausgeschlossen? (z. B. § 9 MuSchG) ▪ Wurden eventuelle Zustimmungspflichten beachtet? (Z.B § 15 KSchG i. V. m. § 103 BetrVG) ▪ Wurde der Betriebsrat ordnungsgemäß angehört (§ 102 BetrVG)? Eine Umdeutung ist nur möglich, wenn hilfsweise auch zu einer ordentlichen Kündigung angehört wurde. ▪ Liegt ein wichtiger Grund i. S. d. § 626 Abs. 1 BGB vor? ▪ Wurde eine Abmahnung erteilt oder war diese entbehrlich? ▪ Wurde die Kündigungserklärungsfrist gem. § 626 Abs. 2 BGB eingehalten? ▪ Hat der ArbN innerhalb der Frist des § 4 KSchG Klage erhoben?

Änderungskündigung

Die Teilkündigung einzelner Arbeitsbedingungen ist unzulässig. Gegenstand der Kündigung kann immer nur das Arbeitsverhältnis als Ganzes sein. Möglich ist aber eine Änderungskündigung, wenn der ArbG auf Grund der vertraglichen Festlegungen die Arbeitsbedingungen nicht mittels Direktionsrecht ändern kann (z. B. Änderung der vertraglichen Arbeitszeitregelung).

Eine Änderungskündigung beinhaltet die Kündigung des Arbeitsverhältnisses verbunden mit dem Angebot zur Fortsetzung des Arbeitsverhältnisses unter geänderten Arbeitsbedingungen (§ 2 KSchG).

Beispiel: ArbG Konrad Krise hat seinen ArbN bislang freiwillig ein Weihnachtsgeld in Höhe eines Monatsgehalts gezahlt. Hieraus ist den ArbN ein vertraglicher Anspruch erwachsen (betriebliche Übung). Nun kommt Konrad Krise in Zahlungsschwierigkeiten und möchte die Weihnachtsgeldzahlungen einstellen. Abgesehen von einvernehmlichen Vertragsänderungen geht dies nur im Wege der Änderungskündigung. Konrad kündigt daher allen ArbN die Arbeitsverhältnisse, bietet aber die Fortsetzung ohne die Weihnachtsgeldzahlung an.

Aufgrund einer Änderungskündigung stehen dem ArbN **verschiedene Reaktionsmöglichkeiten** zu:

- Der ArbN kann das Änderungsangebot **annehmen**. Die Kündigung ist dann nicht mehr relevant, da sich ArbG und ArbN auf die geänderten Arbeitsbedingungen geeinigt haben.
- Der ArbN kann das Änderungsangebot **ablehnen**. Die Änderungskündigung wird dann zur Beendigungskündigung. Unter den Voraussetzungen des KSchG kann der ArbN hiergegen Kündigungsschutzklage erheben. Bei der Prüfung der Sozialwidrigkeit der Kündigung wird nur darauf abgestellt, ob die angebotene Änderung der Arbeitsbedingungen sozial gerechtfertigt ist (BAG v. 24.04.1997 – 2 AZR 352/96 – NZA 1997, 1047; BAG v. 19.05.1993 – 2 AZR 584/92 – NZA 1993, 1075).
- Unterliegt die Änderungskündigung dem KSchG, hat der ArbN die Möglichkeit, das Änderungsangebot **unter Vorbehalt** anzunehmen und Änderungsschutzklage zu erheben (§ 2 KSchG). Das Arbeitsgericht prüft dann die soziale Rechtfertigung der Änderungskündigung (§ 1 Abs. 2 und Abs. 3 KSchG). **Prüfungsmaßstab** ist die **soziale Rechtfertigung des Änderungsangebots**. Dabei ist zweistufig vorzugehen. Zunächst müssen die Voraussetzungen des § 1 Abs. 2 Satz 1 bis 3 KSchG vorliegen, z. B. muss festgestellt werden, ob dringende betriebliche Erfordernisse gem. § 1 Abs. 2 KSchG das Änderungsangebot bedingen. Auf der zweiten Stufe muss dann geprüft werden, ob sich der ArbG bei seinem anerkennenswerten Anlass zur Änderungskündigung darauf beschränkt hat, nur solche Änderungen vorzuschlagen, die vom ArbN billigerweise hingenommen werden müssen (BAG v. 15.03.1991 – 2 AZR 582/90 – NZA 1992, 120). Je nach Ausgang des Verfahrens muss der Arbeitnehmer dann unter geänderten Arbeitsbedingungen weiterarbeiten oder er kann rückwirkend wieder seine alten Arbeitsbedingungen verlangen.

Da es sich bei der Änderungskündigung um eine Kündigung handelt, muss vor Ausspruch ebenfalls der **Betriebsrat** gem. § 102

BetrVG angehört werden. Dabei müssen zusätzlich die Gründe für die Änderung der Arbeitsbedingungen und das Änderungsangebot mitgeteilt werden.

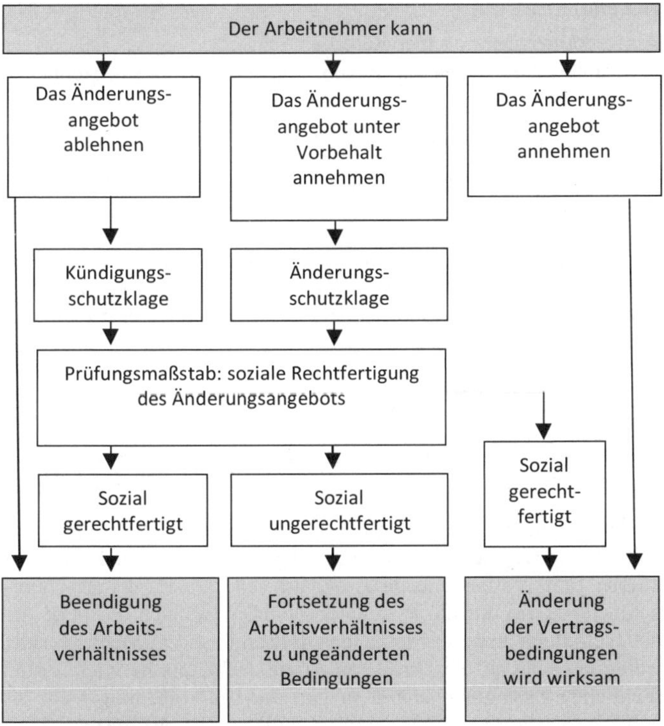

3. Kündigungsschutz

Um dem sozial schwächeren ArbN sein Arbeitsverhältnis möglichst zu erhalten, wird die **ArbG-Kündigung durch Kündigungsschutzbestimmungen beschränkt.** Man unterscheidet den allgemeinen Kündigungsschutz, der grundsätzlich für jeden ArbN gelten kann, und den besonderen Kündigungsschutz, der nur für bestimmte ArbN gilt (z. B. Betriebsräte, behinderte ArbN, Schwangere etc.).

Allgemeiner Kündigungsschutz

Der allgemeine Kündigungsschutz wird vom KSchG geregelt. Er greift **nur dann** ein, **wenn** das **KSchG auf das Arbeitsverhältnis anwendbar** ist.

Anwendungsbereich des KSchG

Man unterscheidet den sachlichen, persönlichen und betrieblichen Anwendungsbereich:

- **Sachlicher Anwendungsbereich**

> Das KSchG gilt nur für die ordentliche Kündigung des Arbeitsverhältnisses durch den ArbG (§ 1 Abs. 1 S. 1 KSchG).

Die Kündigung des Arbeitsverhältnisses durch den ArbN unterliegt nur den BGB-Regelungen. Ferner gilt das KSchG nur für **ordentliche Kündigungen**, das Recht zur außerordentlichen Kündigung bleibt – abgesehen von der Klagefrist des § 4 KSchG – unberührt (§ 13 KSchG).

- **Persönlicher Anwendungsbereich**

> Das KSchG gilt nur für ArbN, die länger als sechs Monate im selben Betrieb oder Unternehmen beschäftigt sind (§ 1 Abs. 1 KSchG).

Unterbrechungen, die sich nicht auf den Bestand des Arbeitsverhältnisses auswirken (Urlaub, Krankheit), sind für den Fristablauf unerheblich. Vorhergehende Arbeitsverhältnisse im selben Unternehmen werden auf die Frist angerechnet, wenn sich das neue Arbeitsverhältnis unmittelbar an das vorhergehende anschließt oder wenn das neue mit dem früheren Arbeitsverhältnis in einem engen sachlichen Zusammenhang steht und die Unterbrechung nicht erheblich war (BAG v. 20.08.1998 – 2 AZR 83/98 – NZA 1999, 314).

Beispiel: ArbN A war zunächst befristet gem. § 14 Abs. 2 TzBfG eingestellt. Nach Ablauf dieser Befristung schließt sich eine weitere Befristung gem. § 14 Abs. 1 TzBfG an.

Das KSchG gilt nicht für ArbN, deren Arbeitsverhältnis in einem Betrieb, in dem in der Regel zehn oder weniger ArbN ausschließlich der zu ihrer Berufsausbildung Beschäftigten beschäftigt werden, nach dem 31.12.2003 begonnen hat (§ 23 Abs. 1 Satz 3 KSchG).

Diese Regelung des persönlichen Anwendungsbereichs wurde durch das Gesetz zu Reformen am Arbeitsmarkt in das KSchG eingefügt. Der Gesetzgeber bezweckte damit in Kleinbetrieben die Einstellung zu fördern und den Arbeitsmarkt anzuregen. Die Sonderregelung gilt allerdings **nur für Betriebe**, die **nicht mehr als zehn ArbN** beschäftigen, wobei **TeilzeitarbN** nach § 23 Abs. 1 Satz 4 KSchG **nur anteilig** in Abhängigkeit vom Umfang der wöchentlichen Arbeitszeit rechnen.

Beispiel: Im Betrieb werden elf ArbN in Vollzeit beschäftigt. Sechs davon waren bereits am 31.12.2003 im Betrieb tätig, weitere fünf ArbN wurden nach dem 31.12.2003 eingestellt. Dieser Betrieb unterliegt dem betrieblichen Geltungsbereich des KSchG (vgl. die nachfolgenden Ausführungen). Die Sonderregelung für die neueingestellten ArbN greift nicht, da der Betrieb mehr als zehn ArbN beschäftigt. Damit haben alle ArbN, die länger als sechs Monate beschäftigt werden, auch persönlich Kündigungsschutz. Wird von diesen elf ArbN einem wirksam gekündigt, verlieren die nach dem 31.12.2003 neu eingestellten ArbN ihren Kündigungsschutz, da nun die Schwelle der zehn ArbN nicht mehr überschritten wird. Hinsichtlich des Kündigungsschutzes der AltArbN kommt es darauf an, ob der Betrieb auch weiterhin dem betrieblichen Anwendungsbereich des KSchG unterliegt.

Entscheidend für die Zuordnung zu den Neueingestellten i. S. d. § 23 Abs. 1 Satz 3 KSchG ist das **Datum der Einstellung**, nicht der Abschluss des Arbeitsvertrages. ArbN, die noch in 2003 einen Arbeitsvertrag geschlossen haben, deren Arbeitsverhältnis aber erst in 2004 beginnt, gelten als Neueingestellte i. S. d. Regelung. Es mutet zwar etwas seltsam an, wenn man im Jahr 2016 noch von einer „Neueinstellung" spricht, obwohl der ArbN bereits 2004 eingestellt wurde, die gesetzliche Regelung hat sich seither aber nicht geändert. Zum Verständnis der Norm ist diese Unterscheidung in „Neu- und Altarbeitnehmer" nach wie vor hilfreich.

ArbN, die nicht unter den persönlichen Anwendungsbereich des KSchG fallen, kann der ArbG nach den BGB-Regelungen kündigen, d. h. es sind grundsätzlich nur die jeweiligen Kündigungsfristen einzuhalten (Ausnahme Sozialauswahl im Kleinbetrieb, vgl. unten S. 174).

- **Betrieblicher Anwendungsbereich**

Beim betrieblichen Geltungsbereich hat sich durch das Gesetz zu Reformen am Arbeitsmarkt mit Wirkung ab 1.1.2004 auch eine Neuerung ergeben. Der grundsätzliche Schwellenwert von fünf ArbN wurde zwar beibehalten, aber auch hier werden neueingestellte ArbN teilweise nicht berücksichtigt.

Der allgemeine Kündigungsschutz gilt nur für Betriebe, die in der Regel mehr als fünf ArbN beschäftigen, ohne die Auszubildenden (§ 23 Abs. 1 Satz 2 KSchG).

Teilzeitarbeitnehmer werden bei der Berechnung anteilig berücksichtigt (bis 20 Stunden wöchentlich mit 0,5, bis 30 Stunden wöchentlich mit 0,75, darüber mit 1).

Beispiel: ArbG Karl Klein beschäftigt im Büro eine Teilzeitkraft mit 15 Stunden wöchentlich, drei Vollzeitarbeiter, drei Arbeiter mit 20 Stunden wöchentlich und einen Auszubildenden. Der Betrieb unterliegt nicht dem KSchG, rechnerisch ergeben sich genau fünf ArbN.

Wird der Schwellenwert überschritten, findet das Gesetz für alle ArbN des Betriebes Anwendung, die unter den persönlichen Anwendungsbereich des KSchG fallen (siehe die vorstehenden Ausführungen). Zu beachten ist aber die **Anrechungsregel für nach dem 31.12.2003 neu eingestellte ArbN.**

In Betrieben in denen in der Regel zehn oder weniger ArbN ausschließlich der zu ihrer Berufsausbildung Beschäftigten beschäftigt werden, werden ArbN, die nach dem 31.12.2003 neu eingestellt wurden bei der Zahl der beschäftigten ArbN nach § 23 Abs. 1 Satz 2 KSchG bis zur Beschäftigung von zehn ArbN nicht berücksichtigt. TeilzeitarbN rechnen anteilig.

Beispiel: Der Betrieb beschäftigt am 31.12.2003 vier VollzeitarbN und zwei ArbN mit 20 Std/Woche. Dieser Betrieb unterliegt nicht dem KSchG, da nicht mehr als fünf ArbN beschäftigt werden (4 + 2 x 0,5 = 5). Im Januar 2004 werden zwei weitere VollzeitarbN und sechs Teilzeitkräfte mit 20 Std/Woche eingestellt (ergibt rechnerisch weitere 5 ArbN: 2 + 6 x 0,5). Der Betrieb unterliegt nach wie vor nicht dem KSchG, da insgesamt nicht mehr als zehn ArbN beschäftigt werden und deshalb die nach dem 31.12.2003 neu eingestellten ArbN bei der Berechnung des Schwellenwerts für den betriebl. Geltungsbereich nicht mitzählen.

Für einen **Kleinbetrieb, der bereits am 31.12.2003 dem KSchG unterlag**, ändert sich durch die Neuregelung des betrieblichen Anwendungsbereichs auf den ersten Blick nichts. In Betrieben bis zu zehn ArbN erlangen die neu eingestellten ArbN jedoch keinen persönlichen Kündigungsschutz.

Beispiel: Der Betrieb beschäftigt am 31.12.2003 fünf VollzeitarbN und einen ArbN mit 20 Std/Woche. Dieser Betrieb unterliegt dem KSchG, da die Fünf-ArbN-Schwelle überschritten wird (5 + 0,5 = 5,5 ArbN). Im Januar 2004 werden zwei weitere VollzeitarbN und vier TeilzeitarbN mit 20 St/Woche eingestellt (ergibt rechnerisch weitere 4 ArbN: 2 + 4 x 0,5). Der Betrieb unterliegt nach wie vor dem KSchG, da aber insgesamt nicht mehr als zehn ArbN beschäftigt werden, haben die neu eingestellten ArbN persönlich keinen Kündigungsschutz.

In Kleinbetrieben, die sich um die 5- bzw. 10-ArbN-Schwelle bewegen, können sich **Veränderungen im Bestand der Arbeitnehmer** erheblich auswirken. Es kommt jeweils darauf an, ob die Veränderung den Bestand der AltArbN (bis zum 31.12.2003 eingestellt) oder der NeuArbN (nach dem 31.12.2003 eingestellt) betrifft.

Beispiele: a) Im Betrieb werden sechs AltArbN und vier NeuArbN beschäftigt. Der Betrieb unterliegt dem KSchG, da aber insgesamt nicht mehr als zehn ArbN beschäftigt werden, genießen die NeuArbN persönlich keinen Kündigungsschutz. Es wird einem AltArbN gekündigt. Ist die Kündigung wirksam, sinkt die Zahl der AltArbN auf fünf, d. h. alle ArbN haben zukünftig keinen Kündigungsschutz.
b) Im Betrieb werden sechs AltArbN und vier NeuArbN beschäftigt. Es wird einem NeuArbN gekündigt. Da der Betrieb weniger als zehn ArbN beschäftigt, genießt der von der Kündigung betroffene NeuArbN keinen Kündigungsschutz, der Betrieb unterliegt aber nach wie vor dem KSchG.

c) Im Betrieb werden sechs AltArbN und fünf NeuArbN beschäftigt. Der Betrieb unterliegt dem KSchG und alle ArbN, die länger als sechs Monate beschäftigt werden, genießen persönlich Kündigungsschutz. Wird einem NeuArbN wirksam gekündigt, verlieren alle NeuArbN ihren persönlichen Kündigungsschutz, da der Betrieb unter die Zehn-ArbN-Schwelle sinkt. Wird einem AltArbN wirksam gekündigt, verlieren alle ArbN den Kündigungsschutz, da der Betrieb unter die Zehn-ArbN-Schwelle sinkt, werden die NeuArbN nicht mehr mitgezählt und der Betrieb sinkt auch unter die Fünf-ArbN-Schwelle.

Da § 23 Abs. 1 S. 3 KSchG auf die **„in der Regel"** im Betrieb beschäftigten Arbeitnehmer abstellt, kommt es für die Betriebsgröße nicht auf die zufällige tatsächliche Anzahl der Beschäftigten im Zeitpunkt des Kündigungszugangs an. Maßgebend ist die Beschäftigungslage, die im Allgemeinen für den Betrieb kennzeichnend ist. Zur Feststellung der regelmäßigen Beschäftigtenzahl bedarf es deshalb eines Rückblicks auf die bisherige personelle Stärke des Betriebs und einer Einschätzung seiner zukünftigen Entwicklung (BAG v. 24.01.2013 – 2 AZR 140/12 – NZA 2013, 726).

Verkompliziert wird die Berechnung des betrieblichen Schwellenwerts zusätzlich durch die neuere Rspr. des BAG, wonach bei der Bestimmung der Betriebsgröße i. S. v. § 23 Abs. 1 Satz 3 KSchG im Betrieb beschäftigte **Leiharbeitnehmer** zu berücksichtigen sind, wenn ihr Einsatz auf einem „in der Regel" vorhandenen Personalbedarf beruht (BAG v. 24.01.2013 – 2 AZR 140/12 – NZA 2013, 726).

Anwendungsbereich des KSchG im Überblick		
sachlich		nur ordentliche Kündigung durch den ArbG
persönlich	in Betrieben mit 5,25 bis zehn ArbN	alle ArbN, die länger als sechs Monate beschäftigt werden und bis zum 31.12.2003 eingestellt wurden
	in Betrieben mit mehr als zehn ArbN	alle ArbN, die länger als sechs Monate beschäftigt werden
betrieblich		mehr als fünf ArbN
	in Betrieben bis zehn ArbN	die nach dem 31.12.2003 neu eingestellten ArbN werden nicht mitgezählt
	in Betrieben mit mehr als zehn ArbN	alle ArbN zählen zum Schwellenwert, unabhängig vom Einstellungsdatum

§ 23 KSchG knüpft dem Wortlaut nach am Betriebs-, nicht am Unternehmensbegriff an.

Das **BVerfG** hat in seiner Entscheidung vom 27.01.1998 (BVerfG – 1 BvL 22/93 – NZA 1998, 469) jedoch klargemacht, dass bei verfassungskonformer Auslegung die **Anzahl der ArbN des Unternehmens** entscheidend ist. § 23 KSchG war historisch auf die besondere Situation der Kleinbetriebe zugeschnitten, die dadurch gekennzeichnet ist, dass zum ArbG ein besonderes Vertrauensverhältnis besteht, weil dieser typischerweise mitarbeitet, dass die Finanzausstattung nicht reicht, um Abfindungszahlungen leisten zu können und dass die Verwaltung durch einen Kündigungsschutzprozess überfordert wäre.

Beispiel: ArbG Schlau betreibt ein Unternehmen mit 20 Einzelbetrieben, die alle nicht mehr als fünf ArbN beschäftigen. Die Kündigungen in diesem Unternehmen nicht unter das KSchG fallen zu lassen, würde nicht der historischen Intention des § 23 KSchG entsprechen.

Liegt jedoch tatsächlich ein Kleinbetrieb i. S. d. § 23 KSchG vor, so konnte der ArbG nach der früheren Rechtsprechung grundsätzlich frei nach BGB kündigen, d. h. es ist kein Kündigungsschutz zu beachten. Die neuere BAG-Rechtsprechung führt hier jedoch zu einer Einschränkung (BAG v. 21.02.2001 – 2 AZR 15/00 – NZA 2001, 833).

Ist in einem Kleinbetrieb bei einer Kündigung unter mehreren ArbN eine Auswahl zu treffen, so hat der ArbG ein durch Art. 12 GG gebotenes Mindestmaß an sozialer Rücksichtnahme zu wahren.

Letztlich hat das BAG hier eine **Sozialauswahl im Kleinbetrieb** eingeführt. Dabei ist zunächst die Auswahlentscheidung des ArbG im Hinblick auf die Sozialdaten (vgl. dazu unten) hin zu überprüfen. Wird dabei evident, dass der zur Kündigung ausgewählte ArbN sozial schützenswerter ist, als ein nicht gekündigter ArbN, kann der ArbG betriebliche, persönliche oder sonstige Gründe vortragen, die ihn dazu bewogen haben, den sozial schützenswerteren ArbN zu entlassen. Die beiderseitigen Interessen sind dann nach Treu und Glauben gegeneinander abzuwägen.

Beispiel: ArbG Klein beschäftigt fünf ArbN, darunter auch seinen 25-jährigen Schwiegersohn. Klein hat bei der notwendigen Kündigung die Auswahl zwischen seinem Schwiegersohn und dem 50-jährigen Pech, der bereits seit 15 Jahren für ihn arbeitet. Klein kündigt Pech. Hier sprechen die Sozialdaten für Pech, Klein kann aber persönliche Gründe entgegenhalten, denen man bei einer Abwägung hier wahrscheinlich den Vorrang einräumen müsste.

Inhalt des Kündigungsschutzes

Eine Kündigung ist rechtsunwirksam, wenn sie sozial ungerechtfertigt ist (§ 1 Abs. 2 KSchG).

Das KSchG nennt zunächst Gründe, die eine Kündigung normalerweise sozial rechtfertigen. Dies sind:

- Gründe in der Person des ArbN,
- Gründe im Verhalten des ArbN und
- dringende betriebliche Erfordernisse.

Liegt einer dieser Gründe vor, kann die Kündigung **trotzdem sozial ungerechtfertigt** sein, wenn einer der **Gründe des § 1 Abs. 2 S. 2 KSchG** gegeben ist.

Danach ist die Kündigung dann sozial ungerechtfertigt, wenn

<table>
<tr>
<td>

- die Kündigung gegen eine Auswahlrichtlinie gem. § 95 BetrVG verstößt
- der ArbN an einem anderen Arbeitsplatz im Betrieb oder Unternehmen weiterbeschäftigt werden kann
- die Weiterbeschäftigung nach zumutbarer Umschulung oder Fortbildung möglich ist und der ArbN damit einverstanden ist
- die Weiterbeschäftigung unter geänderten Arbeitsbedingungen möglich ist und der ArbN damit einverstanden ist

</td>
<td>**und** der Betriebsrat aus einem dieser Gründe form- und fristgerecht gem. § 102 Abs. 3 BetrVG widersprochen hat.</td>
</tr>
</table>

Die Gründe gem. § 1 Abs. 2 Satz 2 KSchG werden auch als Gründe für die **absolute Sozialwidrigkeit** bezeichnet. Liegt ein solcher Grund vor und hat der Betriebsrat form- und fristgerecht widersprochen, ist die Kündigung ohne weitere Prüfung unwirksam, es findet auch keine Interessenabwägung statt.

Widerspricht der Betriebsrat der Kündigung **nicht** bzw. besteht **kein Betriebsrat in dem Betrieb**, sind die Unwirksamkeitsgründe des § 1 Abs. 2 S. 2 und 3 KSchG nicht bedeutungslos. Sie sind dann im Rahmen der **relativen Sozialwidrigkeit** zu berücksichtigen (BAG v. 15.12.1994 – 2 AZR 320/94 – NZA 1995, 413).

Von relativer Sozialwidrigkeit spricht man insofern als neben den drei Fallgruppen von Kündigungsgründen noch weitere Grundprinzipien zu beachten sind. Bei diesen Grundprinzipien handelt es sich um das Prognoseprinzip, das Ultima-Ratio-Prinzip und das Prinzip der Interessenabwägung.

- **Prognoseprinzip**

Die Kündigungsgründe sind **zukunftsbezogen**, die Weiterbeschäftigungsmöglichkeit muss in der Zukunft entfallen. **Maßgeblicher Zeitpunkt** für die Beurteilung ist dabei der Zeitpunkt des **Zugangs der Kündigung** (BAG v. 15.08.1984 – 7 AZR 536/82 – NZA 1985, 357). Fällt der Kündigungsgrund später weg, bleibt die Kündigung trotzdem wirksam. Eventuell kommt aber ein Wiedereinstellungsanspruch des ArbN in Betracht, wenn sich die Prognose noch während der Kündigungsfrist als falsch erweist und der ArbG noch keine weiteren Dispositionen getroffen hat (BAG v. 27.02.1997 – 2 AZR 160/96 – NZA 1997, 757).

Beispiel: ArbGin Sonja Schnell kündigt einer ArbNin rechtmäßig betriebsbedingt, weil durch Auftragsmangel der Arbeitsplatz entfallen ist. Noch während der Kündigungsfrist kommt überraschend einer neuer Auftrag, der die Weiterbeschäftigung zulässt. Die Kündigung ist hier wirksam, da zum Zeitpunkt des Zugangs der Kündigung ein betrieblicher Grund vorlag und keine Weiterbeschäftigungsmöglichkeit bestand. Die betroffene ArbNin kann aber einen Wiedereinstellungsanspruch geltend machen.

- **Ultima-Ratio-Prinzip**

Die Kündigung darf nur das letzte zur Verfügung stehende Mittel eines ArbG sein, um ein Problem zu lösen, gibt es auch mildere Mittel, sind diese einzusetzen. Als mildere Mittel kommen z. B. in Betracht die Versetzung, die Fortsetzung des Arbeitsverhältnisses unter geänderten Vertragsbedingungen, die Weiterbeschäftigung nach Umschulungs- oder Fortbildungsmaßnahmen oder – bei der verhaltensbedingten Kündigung – die Abmahnung.

Versetzung und Änderungskündigung gehen vor Beendigungskündigung.

Ist eine Weiterbeschäftigung auf einem gleichwertigen Arbeitsplatz im Betrieb oder Unternehmen möglich muss der ArbG von sich aus eine Versetzung vornehmen. Besteht nur eine Weiterbeschäftigungsmöglichkeit unter geänderten (schlechteren) Bedingungen kommt eine Versetzung kraft Weisungsrechts nicht mehr in Betracht und der ArbG muss dem ArbN ein Änderungsangebot unterbreiten. Eine Verpflichtung des ArbG, dem ArbN einen Arbeitsplatz zu besseren als den bisherigen Bedingungen anzubieten besteht dagegen nicht, es besteht **kein Beförderungsanspruch** (BAG v. 29.03.1990 – 2 AZR 369/89 – NZA 1991, 181; BAG v. 10.11.1994 – 2 AZR 242/94 – NZA 1995, 566), dem ArbN müssen gleichwertige und **unterwertige Beschäftigungsmöglichkeiten** angeboten werden. Nur in Extremfällen muss eine unterwertige Beschäftigung nicht angeboten werden, wenn der ArbG bei vernünftiger Betrachtung nicht mit der Annahme des neuen Vertragsangebotes rechnen konnte (z. B. Pförtnerstelle für bisherigen Personalchef). Lehnt der ArbN das Beschäftigungsangebot ab, muss der ArbG eine Änderungskündigung aussprechen (BAG v. 21.04.2005 – 2 AZR 132/04 – NZA 2005, 1289).

- **Interessenabwägung**

Der Kündigung hat eine Abwägung des ArbG-Interesses an der Beendigung des Arbeitsverhältnisses mit dem ArbN-Interesse an seinem Bestand vorauszugehen. Die Kündigung ist dann gerechtfertigt, wenn Umstände vorliegen, die sie bei verständiger Würdigung der Interessen der Vertragspartner und des Betriebes als angemessen und billigenswert erscheinen lassen (BAG v. 29.03.1990 – 2 AZR 369/89 – NZA 1991, 181).

Kündigungsgründe

Das Gesetz teilt die Kündigungsgründe in drei Gruppen. Personen- und verhaltensbedingte Gründe kommen aus der Sphäre des ArbN, betriebsbedingte Gründe kommen aus der Sphäre des ArbG. Die Abgrenzung von personen- und verhaltensbedingten Gründen kann im Einzelfall schwierig sein. Personenbedingte Kündigungen beruhen auf einem nicht vorwerfbaren Verhalten (z. B. Fähigkeiten des ArbN), verhaltensbedingte Gründe auf vorwerfbarem Verhalten des ArbN (z. B. Pflichtverletzungen).

Kündigungsgründe aus der Sphäre des ArbN		**Kündigungsgründe aus der Sphäre des ArbG**
nicht steuerbar	steuerbar	
personenbedingte Kündigung	verhaltensbedingte Kündigung	betriebsbedingte Kündigung

- **Personenbedingte Kündigung**

Bei der personenbedingten Kündigung ist der ArbN aus persönlichen Gründen nicht in der Lage, seine arbeitsvertraglichen Verpflichtungen ordnungsgemäß zu erfüllen.

Hauptanwendungsfälle sind die krankheitsbedingte Kündigung und die fehlende Eignung.

Beispiele: Ein ArbN erleidet einen Arbeitsunfall und kann nicht mehr das gewohnte Arbeitsergebnis erzielen (krankheitsbedingte Minderleistung) oder die Arbeitsleistung lässt altersbedingt nach.

Übersicht: personenbedingte Kündigung

Kündigungsgrund	▪ Vertragsstörung ist dem ArbN nicht vorwerfbar ▪ Erhebliche Beeinträchtigung der betrieblichen Interessen
Negativprognose	▪ Vertragsstörung ist auch in der Zukunft zu erwarten
Ultima-Ratio	▪ Versetzung auf einen anderen Arbeitsplatz, gegebenenfalls nach Umschulung ▪ Änderungskündigung ▪ Abmahnung nur, wenn steuerbares Verhaltung die Störung beseitigen kann
Interessenabwägung	▪ Alle Umstände des Einzelfalls (Ursache, Alter, Betriebszugehörigkeit, Unterhaltspflichten, Schwerbehinderung etc.) ▪ Zumutbare Überbrückungsmaßnahmen

Die Prüfung einer **personenbedingten Kündigung** wird grundsätzlich in vier Stufen vorgenommen. Auf der **1. Stufe** muss der Kündigungsgrund festgestellt werden. Der ArbN ist aus persönlichen Gründen nicht mehr in der Lage seinen arbeitsvertraglichen Verpflichtungen nachzukommen und dies führt zu einer erheblichen Beeinträchtigung der betrieblichen Interessen. Auf der **2. Stufe** ist die negative Zukunftsprognose zu stellen, dass die Vertragsstörung auch in Zukunft zu erwarten ist. Auf der **3. Stufe** sind im Rahmen der ultima-ratio vorrangig mildere Mittel zu prüfen und auf der **4. Stufe** hat schließlich eine Interessenabwägung im Einzelfall zu erfolgen, die alle Umstände des Einzelfalls berücksichtigt.

Bei der **krankheitsbedingten Kündigung** unterscheidet man vier Grundtypen: die Kündigung wegen lang andauernder Krankheit, die

Kündigung wegen häufiger Kurzerkrankungen, die Kündigung wegen krankheitsbedingter Minderleistung und die Kündigung wegen krankheitsbedingter Arbeitsunfähigkeit auf Dauer.

Auch die Überprüfung der krankheitsbedingten Kündigung folgt grundsätzlich dem Vier-Stufen-Schema. Es bedarf zunächst einer negativen **Gesundheitsprognose** für die Zukunft. Es müssen objektiv Tatsachen vorliegen, die die Besorgnis weiterer Erkrankungen im bisherigen Umfang rechtfertigen. Die entstandenen und prognostizierten Fehlzeiten müssen zu einer **erheblichen Beeinträchtigung betrieblicher Interessen** führen, z. B. hohe Entgeltfortzahlungskosten (bis zu sechs Wochen muss der ArbG allerdings hinnehmen) oder erhebliche organisatorische Probleme, um den Ausfall des kranken ArbN aufzufangen (BAG v. 02.11.1983 – 7 AZR 272/82 – NJW 1984, 1837). Wie bei allen Kündigungen muss im Rahmen der **Ultima-ratio** eine Beschäftigung auf einem anderen Arbeitsplatz geprüft werden. Oftmals lässt sich so die Störung (z. B. krankheitsbedingte Minderleistung) auf Dauer beseitigen. Unter den Voraussetzungen des § 84 Abs. 2 SGB IX (der für alle ArbN gilt), hat der ArbG zunächst ein betriebliches Eingliederungsmanagement durchzuführen oder darzutun, dass dieses objektiv nutzlos ist (BAG v. 13.05. 2015 – 2 AZR 565/14 – NZA 2015, 1249). Das betriebliche Eingliederungsmanagement ist zwar keine formelle Voraussetzung für eine krankheitsbedingte Kündigung, es ist jedoch ein Verfahren um mildere Mittel zu finden (BAG v. 20.11.2014 – 2 AZR 755/13 –NZA 2015, 612). Im Wege der **Interessenabwägung** muss schließlich festgestellt werden, ob die erheblichen betrieblichen Beeinträchtigungen zu einer unzumutbaren Belastung des ArbG führen. Da hier der ArbN oft besonders schutzbedürftig ist, sind an die Interessenabwägung hohe Maßstäbe zu stellen. Das ArbN-Interesse überwiegt insbesondere dann, wenn die Ursachen im Beschäftigungsverhältnis liegen (z. B. Berufskrankheiten oder Arbeitsunfälle).

Beruht die Kündigung auf fehlender **Eignung** des ArbN für die geschuldete Arbeitsleistung, kommt es zu Störungen im Leistungsbereich. Vor Ausspruch der Kündigung ist deshalb in der Regel eine Abmahnung notwendig.

- **Verhaltensbedingte Kündigung**

Bei einer verhaltensbedingten Kündigung liegt in der Regel eine schuldhafte Verletzung von Haupt- oder Nebenpflichten vor. Die nicht schuldhafte Verletzung von Haupt- und Nebenpflichten rechtfertigt im Allgemeinen keine verhaltensbedingte Kündigung, sondern allenfalls eine personenbedingte Kündigung. Die Störung muss dabei nicht so massiv sein wie bei einer fristlosen Kündigung, es darf sich aber auch nicht um bloße Bagatellen handeln. Für den Kündigungsgrund gilt ein objektiver Maßstab.

Eine verhaltensbedingte Kündigung ist dann gerechtfertigt, wenn ein ruhig und verständig urteilender ArbG eine Kündigung aussprechen würde (BAG v. 16.09.2004 – 2 AZR 406/03 – NZA 2005, 459).

Auch bei der verhaltensbedingten Kündigung gelten die Grundprinzipien. Im Rahmen der **Negativprognose** muss beachtet werden, dass die verhaltensbedingte Kündigung keine Strafe für vergangenes Verhalten ist, sondern das Risiko weiterer Vertragsverletzungen in der Zukunft ausschließen will. Als Konsequenz aus dem Ultima-ratio-Prinzip ist bei einer verhaltensbedingten Kündigung regelmäßig eine **Abmahnung** erforderlich (vgl. zur Abmahnung oben S. 162 f.).

Übersicht: verhaltensbedingte Kündigung

Kündigungsgrund	▪ dem ArbN vorwerfbare Vertragsverletzung
Negativprognose	▪ Gefahr, dass es zu weiteren Vertragsstörungen kommen wird oder ▪ Störung des Vertrauensverhältnisses
Ultima-Ratio	▪ Abmahnung ▪ in Ausnahmefällen Versetzung oder Änderungskündigung bei arbeitsplatzbezogenen Verhaltensmängeln
Interessenabwägung	▪ alle Umstände des Einzelfalls, vorrangig arbeitsvertrags- und sachverhaltsbezogen, private Umstände nur ausnahmsweise

Als Gründe für eine verhaltensbedingte Kündigung kommen in Betracht: strafbare Handlungen in Verbindung mit dem Arbeitsverhältnis, Verletzungen von Nebenpflichten, Verletzung der Anzeigepflicht im Falle der Arbeitsunfähigkeit, Verstöße gegen die betriebliche Ordnung, Schlecht- oder Fehlleistungen.

Beispiel: Friseuse Frieda bietet einer Kundin ihrer ArbGin an, sie auch in der Privatwohnung auf eigene Rechnung zu frisieren. Frieda verstößt hier gegen das Wettbewerbsverbot. Eine verhaltensbedingte Kündigung wäre nach einer Abmahnung gerechtfertigt.

Eine dem § 626 Abs. 2 BGB entsprechende Frist für eine verhaltensbedingte Kündigung gibt es nicht, das Recht des ArbG zur verhaltensbedingten Kündigung kann aber verwirken, der ArbG kann sich den Kündigungsgrund nicht „auf Vorrat" halten. Von Verwirkung ist auszugehen, wenn der ArbG in Kenntnis des Kündigungsgrundes die Kündigung längere Zeit nicht erklärt, obwohl ihm dies möglich und zumutbar wäre (Zeitmoment) und damit beim ArbN das Vertrauen geweckt wird, dass die Kündigung unterbleibt (Umstandsmoment). Wenn Zeitmoment und Umstandmoment kumulativ vorliegen, stellt eine gleichwohl ausgesprochene Kündigung eine unzulässige Rechtsausübung dar und ist gem. § 242 BGB rechtsunwirksam (BAG v. 15.08.2002 – 2 AZR 514/01 – NZA 2003, 795).

- **Betriebsbedingte Kündigung**

Betriebliche Gründe für eine Kündigung können sowohl auf innerbetrieblichen als auch auf außerbetrieblichen Umständen beruhen. Als **innerbetriebliche Gründe** kommen z. B. Rationalisierungsmaßnahmen, Umstellung oder **Einstellung der Produktion in Betracht. Als außerbetriebliche** Umstände sind z. B. Auftragsmangel, Umsatzrückgang, Gewinnverfall und Unrentabilität denkbar. Die betrieblichen Gründe müssen dann zu einer **Unternehmerentscheidung** führen, deren organisatorische Umsetzung den **Arbeitsplatz entfallen lässt**. Dabei ist die unternehmerische Entscheidung grundrechtlich (Art. 12, 14 GG) geschützt und kann von den Arbeitsgerichten nicht auf ihre sachliche Rechtfertigung hin überprüft werden. Sie unterliegt nur der Missbrauchskontrolle, ob sie offensichtlich unsachlich, unvernünftig oder willkürlich ist (BAG v. 29.03.1990 – 2 AZR 369/89 – NZA 1991, 181).

Beispiel: ArbG Gerd Genug beschließt, seinen durchaus rentablen Betrieb stillzulegen und den Rest seiner Tage im sonnigen Süden zu verbringen. Die daraufhin ausgesprochenen Kündigungen beruhen auf einer nicht angreifbaren Unternehmerentscheidung.

Der arbeitsgerichtlichen Kontrolle unterliegt dagegen, ob die behaupteten inner- oder außerbetrieblichen Gründe vorliegen und deren Auswirkung auf die Arbeitsplätze. Die Darlegungs- und Beweislast für die inner- und außerbetrieblichen Ursachen und die Auswirkungen der **unternehmerischen Entscheidung** auf die Arbeitsplätze trägt der ArbG. Es muss ein **Überhang an Arbeitskräften** entstanden sein, durch den unmittelbar die Beschäftigungsmöglichkeit für einen oder mehrere ArbN in der Zukunft entfallen ist. Maßgeblicher Zeitpunkt für die Prognose ist auch hier wieder der Zugang der Kündigungserklärung (BAG v. 30.05.1985 – 2 AZR 321/84 – NZA 1986, 155). Ist bei Zugang der Kündigung die Beschäftigungsmöglichkeit noch nicht entfallen, sind aber die maßgeblichen Entscheidungen für den künftigen Wegfall des Beschäftigungsbedürfnisses bereits getroffen, kommt es darauf an, ob der ArbN zum Kündigungstermin voraussichtlich entbehrlich werden kann (BAG v. 12.04.2002 – 2 AZR 256/01 – NZA 2002, 1205).

Im Rahmen der **ultima-ratio** ist zu prüfen, ob sich die betriebsbedingte Kündigung nicht z. B. durch Überstundenabbau und Abbau von Leiharbeit vermeiden lässt. **Weiterbeschäftigungsmöglichkeiten** auf anderen freien Arbeitsplätzen sind nicht nur betriebsbezogen, sondern unternehmensbezogen zu prüfen, sofern sie vergleichbar sind. Von Vergleichbarkeit ist insofern auszugehen, wenn der ArbG eine Umsetzung mittels Direktionsrecht vornehmen kann. Eine Beförderungsstelle muss nicht angeboten werden (BAG v. 29.03.1990 – 2 AZR 369/89 – NZA 1991, 181). Ist kein vergleichbarer freier Arbeitsplatz vorhanden, ist an zumutbare Fortbildungs- bzw. Umschulungsmaßnahmen zu denken.

Auch eine **Weiterbeschäftigung zu geänderten Vertragsbedingungen** geht der Beendigungskündigung vor. Dabei ist sowohl die Versetzung auf einen anderen Arbeitsplatz zu bedenken, als auch die Weiterbeschäftigung auf demselben Arbeitsplatz unter geänderten Bedingungen, z. B. als Teilzeitverhältnis. Nach der neueren

BAG-Rechtsprechung (BAG v. 21.04.2005 – 2 AZR 132/04 – NZA 2005, 1289) ist der ArbG verpflichtet dem ArbN vor Ausspruch einer Kündigung jede, auch eine unterwertige Beschäftigung anzubieten, bevor eine Kündigung ausgesprochen werden kann. Nur in Extremfällen, wenn der ArbG bei vernünftiger Betrachtung nicht mit der Annahme des neuen Vertragsangebots rechnen kann und ein derartiges Angebot beleidigenden Charakter hätte, muss die unterwertige Beschäftigung nicht angeboten werden. Nach früherer BAG-Rechtsprechung musste der ArbG bei seinem Änderungsangebot ein bestimmtes Verfahren einhalten (BAG v. 27.09.1984 – 2 AZR 62/83 – NZA 1985, 455). Der ArbG musste die Initiative ergreifen und den ArbN zunächst zu einem klärenden Gespräch laden, bei dem er klarstellt, dass bei Ablehnung des Änderungsangebots eine betriebsbedingte Kündigung erfolgt. Dem ArbN war daraufhin eine Überlegungsfrist von einer Woche einzuräumen. Dieses vorgeschaltete Gespräch ist seit neuerer BAG-Entscheidung allerdings nicht mehr zwingend notwendig (BAG v. 21.04.2005 – 2 AZR 132/04 – NZA 2005, 1289). Insbesondere könnte die einwöchige Bedenkzeit eine faktische Verkürzung der Frist nach § 2 Abs. 2 KSchG darstellen. Der Arbeitgeber kann demnach auch ohne vorgeschaltetes Klärungsgespräch die Änderungskündigung aussprechen. Sollte er eine Änderung dennoch vor Ausspruch einer Kündigung anbieten, kann er auf die Änderungskündigung zugunsten einer Beendigungskündigung nur verzichten, wenn der ArbN das Änderungsangebot vorbehaltlos und endgültig abgelehnt hat. Der ArbN hat bei einem vorgeschalteten Klärungsgespräch die Wahl,

- ob er das Änderungsangebot vorbehaltlos annimmt. Dann kommt es zu einer einverständlichen Vertragsänderung und die Kündigung ist überflüssig.
- ob er das Änderungsangebot unter dem Vorbehalt der sozialen Rechtfertigung annimmt (entsprechend § 2 KSchG). Der ArbG muss daraufhin eine Änderungskündigung erklären.
- ob er das Änderungsangebot ablehnt. Der ArbG kann dann die Beendigungskündigung erklären.

Spricht der Arbeitgeber ohne vorheriges oder gleichzeitiges Angebot der geänderten Arbeitsbedingungen sofort eine Beendigungskündigung aus, so ist diese Kündigung regelmäßig sozialwidrig (BAG v. 21.04.2005 – 2 AZR 132/04 – NZA 2005, 1289). Die Weiterbeschäftigung unter geänderten Arbeitsbedingungen muss allerdings möglich sein, d. h. der Arbeitnehmer muss die für die in Betracht kommende Stelle notwendigen Kenntnisse und Fähigkeiten haben. Weiterhin muss das Änderungsangebot hinreichend konkret, also eindeutig bestimmt oder zumindest bestimmbar sein.

Übersicht: betriebsbedingte Kündigung

Kündigungsgrund	▪ freie Unternehmerentscheidung, die kausal zum Wegfall der Beschäftigung führt
Negativprognose	▪ Wegfall der Beschäftigungsmöglichkeit auf Dauer oder nicht absehbare Zeit
Ultima-Ratio	▪ Versetzung, (gegebenenfalls nach Umschulung oder Fortbildung), Weiterbeschäftigung zu geänderten Vertragsbedingungen, Überstundenabbau, Abbau von Leiharbeit
Interessenabwägung	▪ Sozialauswahl gem. § 1 Abs. 3 KSchG

Die Interessenabwägung erschöpft sich bei der betriebsbedingten Kündigung in der Sozialauswahl gem. § 1 Abs. 3 KSchG.

Eine **Sozialauswahl** hat immer dann zu erfolgen, wenn bei einer betriebsbedingten Kündigung nicht nur die Kündigung einer Einzelperson in Betracht kommt, sondern aus einem bestimmten Personenkreis die zu kündigenden Person(en) konkretisiert werden müssen. Ist die Sozialauswahl nicht oder fehlerhaft durchgeführt, ist die Kündigung unwirksam.

Die Sozialauswahl erfolgt auf drei Stufen.

1. Stufe: Es ist der **Kreis der bei der Sozialauswahl zu berücksichtigenden ArbN** festzustellen. Die Sozialauswahl erstreckt sich dabei räumlich auf den Betrieb, innerhalb des Betriebes auf die

ArbN, die hierarchisch miteinander vergleichbar sind, und innerhalb der Hierarchie auf Berufsgruppen, den Ausbildungsberuf und evt. Qualifikationsunterschiede. Nicht einbezogen werden ArbN mit Sonderkündigungsschutz, die nicht entlassen werden können.

Beispiel: Die Lohnbuchhaltung soll in Zukunft extern erledigt werden. Die Sozialauswahl konzentriert sich hier auf die Verwaltung und innerhalb dieser auf die ArbN, die bislang die Lohnbuchhaltung bearbeitet haben. Die in der Lohnbuchhaltung tätige Betriebsrätin wird nicht einbezogen.

2. Stufe: Steht der Kreis der einzubeziehenden ArbN fest, ist in einem 2. Schritt zu fragen, ob einzelne ArbN wieder aus der Gruppe **herauszunehmen sind**, weil an ihrer weiteren Beschäftigung ein berechtigtes betriebliches Interesse besteht. Ein solches ist insbesondere anzunehmen, wenn einzelne ArbN besondere Kenntnisse oder Fähigkeiten und Leistungen aufweisen (**Leistungsträger**) oder zur Sicherung (nicht Schaffung) einer ausgewogenen Personalstruktur (**Altersstruktur**) weiterbeschäftigt werden müssen. Bei der Berücksichtigung von Leistungsträgern ist das Interesse des sozial schwächeren Arbeitnehmers gegen das betriebliche Interesse an einer Herausnahme von Leistungsträgern abzuwägen. Je schutzbedürftiger dabei der sozial schwächere Arbeitnehmer ist, umso gewichtiger müssen die Gründe für die Ausklammerung des Leistungsträgers sein (BAG v. 19.07.2012 – 2 AZR 352/11 – NZA 2013, 86). Nicht unproblematisch im Hinblick auf das AGG ist auch die Erhaltung einer Altersstruktur durch Bildung von Altersgruppen. Das BAG (BAG v. 06.11.2008 – 2 AZR 523/07 – NZA2009, 361) sieht die Bildung von Altersgruppen als zulässig an. Eine Sozialauswahl nach Altersgruppen kann zur Sicherung einer ausgewogenen Personalstruktur des Betriebs i. S. v. § 1 Abs. 3 S. 2 KSchG zulässig sein. Die konkrete Altersgruppenbildung muss zur Sicherung der bestehenden Altersstruktur der Belegschaft geeignet sein. Sind mehrere Gruppen vergleichbarer Arbeitnehmer von den Entlassungen betroffen, muss auch innerhalb der jeweiligen Vergleichsgruppe eine proportionale Berücksichtigung der Altersgruppen an den Entlassungen möglich sein. Die betriebsweite Sicherung der bestehenden Altersstruktur muss die Folge der proportionalen Beteiligung der Altersgruppen an den Entlassungen innerhalb der einzelnen Vergleichsgruppen sein (BAG v. 22.03.2012 – 2 AZR 167/11 – NZA 2012, 1040).

3. Stufe: Auf der letzten Stufe wird schließlich die eigentliche Sozialauswahl durchgeführt. Dabei ist die Sozialauswahl dahin konkretisiert, dass als **Auswahlkriterien** nur die Dauer der Betriebszugehörigkeit, das Lebensalter, die Unterhaltspflichten und eine eventuelle Schwerbehinderung des ArbN herangezogen werden. Der Gesetzgeber will damit die Sozialauswahl für den ArbG rechtssicher gestalten und berechenbar machen. Die in § 1 Abs. 3 KSchG vorgesehene Berücksichtigung des Lebensalters als Sozialdatum stellt zwar eine Ungleichbehandlung dar, die aber gem. § 10 Satz 1, 2 AGG gerechtfertigt ist (BAG v. 06.11.2008 – 2 AZR 523/07 – NZA 2009, 361).

Die Auswahlkriterien sind grundsätzlich gleichwertig. Bei der **Gewichtung** der Kriterien kommt dem ArbG ein gewisser Beurteilungsspielraum zu, sofern er alle Kriterien berücksichtigt. Die Auswahlentscheidung muss sozial vertretbar sein. Der dem Arbeitgeber vom Gesetz eingeräumte Wertungsspielraum führt dazu, dass nur deutlich schutzwürdigere Arbeitnehmer mit Erfolg die Fehlerhaftigkeit der sozialen Auswahl rügen können (BAG v. 22.03.2012 – 2 AZR 167/11 – NZA 2012, 1040). In der Praxis wird man deshalb mit **Punkteschemata** arbeiten. Soweit das BAG früher die Auffassung vertreten hat, dass bei der Anwendung von Punkteschemata noch eine Würdigung des Einzelfalls zu erfolgen hat, erübrigt sich dies durch die Begrenzung der Sozialauswahl auf die genannten Kriterien. Eine Ausnahme besteht nur dann, wenn sich unter den vergleichbaren ArbN ein schwerbehinderter ArbN befindet. Die Behinderung lässt sich schwer in ein Punkteschema fassen.

Beispiel: In der Lohnbuchhaltung entfällt eine Stelle. Für die Kündigung kommen drei ArbNinnen in Betracht. Anna ist 50 Jahre alt, kinderlos, ledig und seit 20 Jahren im Betrieb beschäftigt. Berta ist 45, allein erziehend, hat drei unterhaltspflichtige Kinder, ist allerdings erst seit 15 Jahren im Betrieb tätig. Cecilie ist 25, ledig, ohne Kinder und seit zehn Jahren im Betrieb beschäftigt. Vergibt man hier z. B. für jedes Jahr der Betriebszugehörigkeit zwei Punkte, für das Lebensalter einen Punkt pro Jahr und für die Unterhaltspflichten jeweils fünf Punkte, kommt man zu dem Ergebnis, dass Cecilie am wenigsten schützenswert ist.

Erleichterungen hinsichtlich der Sozialauswahl bringen die Regelungen des § 1 Abs. 4 und 5 KSchG.

Ist in einem Tarifvertrag oder in einer Auswahlrichtlinie nach § 95 BetrVG vorgegeben, wie die sozialen Gesichtspunkte nach § 1 Abs. 3 KSchG im Verhältnis zueinander zu bewerten sind, kann die Bewertung nur auf grobe Fehlerhaftigkeit überprüft werden (§ 1 Abs. 4 KSchG).

Die Tarifvertragsparteien bzw. Betriebspartner dürfen dabei allerdings nur die in § 1 Abs. 3 KSchG genannten Kriterien berücksichtigen, weitere Sozialkriterien können nach der letzten Reform des KSchG nicht mehr eingeführt werden. In der Praxis wird es hier ebenfalls Punktetabellen geben.

Steht nicht nur die Kündigung eines ArbN, sondern mehrerer ArbN aus betrieblichen Gründen an, ist zu prüfen, ob es sich um eine **Massenentlassung** gem. **§ 17 ff. KSchG** handelt (auch bei Änderungskündigungen, BAG v. 20.02.2014 – 2 AZR 346/12 - NZA 2014, 1069). Hier bestehen besondere Regelungen, insbesondere ist die Massenentlassung der Agentur für Arbeit anzuzeigen. Betriebsverfassungsrechtlich kann es sich dann um eine **Betriebsänderung** i. S. d. § 111 BetrVG handeln, so dass der ArbG in Verhandlungen über einen Interessenausgleich und Sozialplan eintreten muss.

Kommt es bei einer Betriebsänderung zu einem Interessenausgleich mit Namensliste, wird gesetzlich vermutet, dass die Kündigung der auf der Namensliste genannten ArbN durch dringende betriebliche Erfordernisse bedingt ist und die Sozialauswahl ist nur noch auf grobe Fehlerhaftigkeit hin überprüfbar (§ 1 Abs. 5 KSchG).

§ 1 Abs. 5 KSchG wurde durch das Gesetz zu Reformen am Arbeitsmarkt 2004 (wieder)eingeführt. Ein Interessenausgleich mit Namensliste führt zur **Vermutung**, dass die Kündigung durch dringende **betriebliche Erfordernisse** bedingt ist. Die Vermutung erstreckt sich sowohl auf den **Wegfall der bisherigen Beschäftigungsmöglichkeit** als auch auf das **Fehlen einer anderen Beschäftigungsmöglichkeit** im Betrieb oder Unternehmen. Die gerichtliche **Überprüfbarkeit** der Sozialauswahl wird umfassend **beschränkt**. Dies gilt für die **Festlegung des auswahlrelevanten Personenkreises**, die **Herausnahme** bestimmter ArbN aus der Sozialauswahl und die **Gewichtung** der Auswahlkriterien. Für den ArbG wird damit ein Anreiz gesetzt, einen Interessenausgleich mit dem Betriebsrat abzuschließen und die Betriebsräte werden bei Kündigungen auf Grund von Betriebsänderungen stärker in die Verantwortung genommen.

Abfindungsanspruch bei betriebsbedingter Kündigung
Durch die Reform des KSchG wurde § 1a KSchG 2004 neu eingeführt, der dem ArbN bei betriebsbedingten Kündigungen u. U. einen gesetzlichen Abfindungsanspruch gewährt.

Kündigt der ArbG betriebsbedingt und erhebt der ArbN innerhalb der Frist des § 4 KSchG keine Kündigungsschutzklage hat der ArbN einen Abfindungsanspruch, wenn der ArbG den ArbN hierauf in der Kündigungserklärung hingewiesen hat (§ 1a Abs. 1 KSchG).

Der **Anspruch setzt voraus**, dass

- es sich um eine **betriebsbedingte Kündigung** handelt,
- der ArbG mit der Kündigung den **Hinweis** gegeben hat, dass ein Abfindungsanspruch entsteht, wenn der ArbN keine Kündigungsschutzklage erhebt. D. h. der ArbG hat das Entscheidungsrecht, ob der Anspruch überhaupt entstehen kann. Die Entscheidung des ArbG wird dabei davon abhängen, wie sicher er sich ist, dass die Kündigung wirksam ist bzw. mit welchen Vergleichsvorschlägen er von Seiten des Arbeitsgerichts zu rechnen hat.
- der ArbN die **Klagefrist** des § 4 KSchG **verstreichen lässt**. Der Abfindungsanspruch setzt voraus, dass der ArbN nicht klageweise gegen die Kündigung vorgeht. Erhebt der ArbN Kündigungsschutzklage oder stellt er nach dem Ablauf der Dreiwochenfrist einen Antrag auf nachträgliche Klagezulassung, können die Voraussetzungen des § 1a KSchG durch Klagerücknahme bzw. Rücknahme des Antrags nach § 5 KSchG nachträglich nicht mehr erfüllt werden (BAG v. 13.12.2007 – 2 AZR 807/06 – AP Nr 6 zu § 1a KSchG 1969).

Der Anspruch **entsteht erst mit Ablauf der Kündigungsfrist** der zugrunde liegenden betriebsbedingten Kündigung. Verstirbt der ArbN davor, kann der Anspruch daher nicht vererbt werden (BAG v. 10.05.2007 – 2 AZR 45/06 – NZA 2007, 1043).

Die **Höhe des Anspruchs** regelt § 1a Abs. 2 KSchG. Danach steht dem ArbN eine Abfindung in Höhe von 0,5 Monatsgehältern für jedes Jahr des Bestehens des Arbeitsverhältnisses zu. Als Monatsverdienst gilt, was dem ArbN bei der für ihn maßgeblichen regelmäßigen Arbeitszeit im Monat an Geld und Sachbezügen zusteht. Für „angebrochene" Jahre gibt es eine Rundungsregelung. Ein Zeitraum von mehr als sechs Monaten wird auf ein volles Jahr aufgerundet.

Beispiel: Ein ArbN scheidet nach zwei Jahren und sieben Monaten aus dem Arbeitsverhältnis aus. Hier wird auf drei Beschäftigungsjahre aufgerundet. Es ist ihm eine Abfindung in Höhe von 1,5 Monatsgehältern zu zahlen.

Der ArbN ist nicht verpflichtet die Klagefrist verstreichen zu lassen. Erhebt er Kündigungsschutzklage, kann das Verfahren mit einem Urteil oder auch mit einem Vergleich unter Zahlung einer – auch von § 1a KSchG abweichenden – Abfindung enden.

Der Gesetzgeber wollte mit dieser Regelung die Praxis des Abwicklungsvertrages normieren. Der ArbN hat auch keine **Nachteile hinsichtlich der Inanspruchnahme von Arbeitslosengeld** zu erwarten, wenn er die Klagefrist verstreichen lässt. Die Rechtsprechung des BSG hat dies mittlerweile klargestellt (BSG v. 02.05.2012 – B 11 AL 6/11 R – BSGE 111, 1).

Prüfungsschema ordentliche Kündigung

- Liegt eine eindeutige, hinreichend bestimmte Kündigungserklärung vor, die auf die Beendigung des Arbeitsverhältnisses gerichtet ist?
- Wurde die Schriftform gem. § 623 BGB eingehalten?
- Ist die Kündigung gem. § 130 BGB zugegangen?
- Verstößt die Kündigung gegen §§ 138, 242 BGB oder das Maßregelungsverbot des § 612a BGB?
- Ist die ordentliche Kündigung ausgeschlossen? (z. B. durch Tarifvertrag oder Arbeitsvertrag oder Gesetz wie § 15 KSchG oder bei einer Befristung ohne Kündigungsvorbehalt)
- Besteht besonderer Kündigungsschutz, der die Kündigungsmöglichkeiten einschränkt?

- Wurden eventuelle Zustimmungs- und Anzeigepflichten beachtet? (z. B. § 15 KSchG i. V. m. § 103 BetrVG; Zustimmung des Integrationsamtes; Massenentlassungsanzeige gem. § 17 KSchG)
- Wurde die maßgebliche Kündigungsfrist eingehalten? (gesetzliche Frist gem. § 622 BGB, tarifliche Frist oder vertragliche Frist)
- Ist das KSchG anwendbar?
  - sachlicher Geltungsbereich: ordentliche ArbG-Kündigung
  - betrieblicher Geltungsbereich: § 23 KSchG mehr als 5 bzw. 10 ArbN
  - persönlicher Geltungsbereich: § 1 Abs. 1 KSchG länger als 6 Monate; aber beachte: § 23 Abs. 1 S. 3 KSchG Sonderregelung für ArbN die nach dem 31.12.2003 in einen Kleinbetrieb mit bis zu 10 ArbN eingestellt wurden
- Ist die Kündigung sozial gerechtfertigt i. S. d. KSchG?
  - absolute Sozialwidrigkeit gem. § 1 Abs. 2 S. 2 und 3 (setzt Widerspruch des Betriebsrats gem. § 102 Abs. 3 BetrVG voraus)
  - relative Sozialwidrigkeit gem. § 1 Abs. 2 S. 1 KSchG:
  - Kündigung personenbedingt, verhaltensbedingt oder betriebsbedingt
  - Prognoseprinzip, Ultima-Ratio (insbesondere bei verhaltensbedingter Kündigung Abmahnung) und Interessenabwägung (bei betriebsbedingter Kündigung Sozialauswahl) beachten
- Wurde der Betriebsrat ordnungsgemäß gem. § 102 BetrVG angehört?
- Hat der ArbN gem. §§ 4 bis 7 KSchG rechtzeitig Kündigungsschutzklage erhoben? (falsche Kündigungsfrist kann u. U. noch nach drei Wochen klageweise geltend gemacht werden)

Besonderer Kündigungsschutz

Besonderer Kündigungsschutz besteht z. B.

- **gem. § 9 MuSchG** für ArbNinnen während der **Schwangerschaft** und bis zum Ablauf von vier Monaten nach der Entbindung. In diesem Zeitraum ist die Kündigung (ordentliche und außerordentliche) unzulässig. Voraussetzung hierfür ist, dass dem ArbG zur Zeit der Kündigung die Schwangerschaft bekannt war oder innerhalb von zwei Wochen nach der Kündigung mitgeteilt wird. In Ausnahmefällen kann die für den Arbeitsschutz zuständige oberste Landesbehörde die Kündigung für zulässig erklären (§ 9 Abs. 2 MuSchG).

- **gem. § 18 BEEG**. Die Kündigung (ordentliche und außerordentliche) ist während der Elternzeit ausgeschlossen. In besonderen Fällen kann jedoch die für den Arbeitsschutz zuständige oberste Arbeitsbehörde die Kündigung für zulässig erklären. Hinsichtlich des Beginns des Kündigungsschutzes ist zu unterscheiden, ob die Elternzeit bis zum vollendeten dritten Lebensjahr des Kindes genommen wird oder ob es sich um aufgesparte Elternzeit zwischen dem dritten Geburtstag und dem vollendeten achten Lebensjahr des Kindes handelt. Bei Elternzeit bis zum dritten Lebensjahr beginnt der Kündigungsschutz ab dem Zeitpunkt von dem an Elternzeit verlangt wurde, frühestens acht Wochen vor Beginn der Elternzeit. Bei Elternzeit ab dem dritten Lebensjahr beginnt der Kündigungsschutz ab dem Zeitpunkt von dem an Elternzeit verlangt wurde, frühestens jedoch vierzehn Wochen vor Beginn der Elternzeit (§ 18 Abs. 1 BEEG). Die Regelung gilt entsprechend, wenn ArbN während der Elternzeit Teilzeit leisten oder, ohne Elternzeit in Anspruch zu nehmen, Teilzeit leisten und Anspruch auf Elterngeld haben (§ 18 Abs. 2 BEEG).
- **gem. §§ 85 ff. SGB IX** für schwerbehinderte Menschen. Die Kündigung eines schwerbehinderten Menschen, dessen Arbeitsverhältnis zum Zeitpunkt des Zugangs der Kündigungserklärung länger als sechs Monate bestanden hat, bedarf der Zustimmung der Integrationsstelle (zu weiteren Einschränkungen und Ausnahmen vgl. §§ 85 ff. SGB IX).
- **gem. § 5 PflegezeitG** für ArbN, die den Anspruch auf Freistellung wegen kurzzeitiger Arbeitsverhinderung oder auf Pflege(teil)zeit nach § 2 und 3 PflegezeitG wahrnehmen. Das Arbeitsverhältnis kann von der Ankündigung bis zur Beendigung der Pflegezeit bzw. kurzzeitigen Arbeitsverhinderung nicht (ordentlich oder außerordentlich) gekündigt werden. In besonderen Fällen kann die Kündigung gem. § 5 Abs. 2 PflegezeitG von der zuständigen Landesbehörde für zulässig erklärt werden.
- **gem. § 2 Abs. 3 FPflZG i.V.m. § 5 PflegezeitG** für Arbeitnehmer, die sich in Familienpflegezeit befinden. Die Kündigung ist ausgeschlossen, kann aber in besonderen Fällen von der für den Arbeitsschutz zuständigen obersten Arbeitsbehörde für zulässig erklärt werden.

- **gem. § 15 Abs. 1 KSchG, § 103 BetrVG** für **betriebsverfassungsrechtliche Funktionsträger**. Mitglieder des Betriebsrates und einer Jugend- und Auszubildendenvertretung sind ordentlich nicht kündbar. Eine Kündigung ist nur aus wichtigem Grund möglich. Selbst in diesem Fall ist die Kündigung zusätzlich erschwert, denn hier reicht nicht die Anhörung des Betriebsrates gem. § 102 BetrVG, der ArbG muss vielmehr gem. § 103 BetrVG die **Zustimmung des Betriebsrats** zur außerordentlichen Kündigung einholen. Verweigert der Betriebsrat die Zustimmung, muss der ArbG das Arbeitsgericht anrufen und sich die Zustimmung zur Kündigung ersetzen lassen. Der besondere Kündigungsschutz besteht **für die Dauer der Amtszeit**. Nach Beendigung der Amtszeit besteht ein **nachgehender Kündigungsschutz** für die **Dauer eines Jahres**. Hier ist die ordentliche Kündigung ebenfalls ausgeschlossen, der ArbG braucht allerdings nicht mehr die Zustimmung des Betriebsrates gem. § 103 BetrVG. Es reicht die Anhörung gem. § 102 BetrVG. Für Mitglieder einer Personalvertretung gilt gem. § 15 Abs. 2 KSchG Entsprechendes.
- **gem. § 15 Abs. 3 KSchG** für Mitglieder des **Wahlvorstandes** und für **Wahlbewerber**. Vom Zeitpunkt der Bestellung an **bis zur Bekanntgabe des Wahlergebnisses** ist die ordentliche Kündigung ausgeschlossen. Der ArbG braucht für die außerordentliche Kündigung zudem die Zustimmung des Betriebsrates gem. § 103 BetrVG oder muss sich die Zustimmung vom Arbeitsgericht ersetzen lassen. **Nachgehender Kündigungsschutz** besteht für **sechs Monate** nach Bekanntgabe des Wahlergebnisses. Hier ist die ordentliche Kündigung ausgeschlossen, es reicht jedoch die Anhörung des Betriebsrates gem. § 102 BetrVG.
- **gem. § 15 Abs. 3a KSchG** für **Arbeitnehmer, die zu einer Wahlversammlung einladen**. Vom Zeitpunkt der Einladung bis zur Bekanntgabe des Wahlergebnisses ist die ordentliche Kündigung ausgeschlossen.

4. Meldepflicht des ArbN

Durch die „Hartz-Gesetze“ wird der ArbN bei Beendigung des Arbeitsverhältnisses durch § 38 SGB III zur **frühzeitigen Stellensuche** verpflichtet. Sobald ein ArbN Kenntnis von der Beendigung des Arbeitsverhältnisses hat, muss er sich persönlich bei der Agentur für Arbeit **arbeitssuchend melden**. Bei unbefristeten Arbeitsverhältnissen besteht die Meldepflicht unverzüglich nach Zugang der Kündigung, bei zweckbefristeten Arbeitsverhältnissen unverzüglich nach der Unterrichtung durch den ArbG bzw. bei Kenntnis der Zweckerreichung und bei zeitbefristeten Arbeitsverhältnissen spätestens drei Monate vor deren Beendigung.

Was als unverzüglich i. S. d. Regelung anzusehen ist, lässt der Gesetzgeber offen. Hier wird § 121 Abs. 1 BGB heranzuziehen sein, unverzüglich heißt **ohne schuldhaftes Zögern**. Meldet sich der ArbN nicht unverzüglich, hat dies leistungsrechtliche Auswirkungen, d. h. das Arbeitslosengeld wird gekürzt. Um dieser Verpflichtung Genüge tun zu können, wird man es als Nebenpflicht des ArbG ansehen müssen, den ArbN zur Meldung bei der Agentur für Arbeit gem. § 629 BGB freizustellen.

Korrespondierend mit der Meldepflicht des ArbN, wird **der ArbG** gem. § 2 Abs. 2 Nr. 3 SGB III **verpflichtet**, ArbN vor der Beendigung des Arbeitsverhältnisses über die Verpflichtung zur unverzüglichen Meldung bei der Agentur für Arbeit **zu informieren**. Die Information kann bereits durch eine entsprechende Klausel im Arbeitsvertrag erfolgen oder im Zusammenhang mit der Kündigung. Verletzt der ArbG seine Informationspflicht, wurde nach der Einführung der Regelung teilweise ein Schadensersatzanspruch des ArbN aus § 280 BGB angenommen, sollte es zu Einbußen beim Bezug des Arbeitslosengeldes kommen. Das BAG hat mittlerweile jedoch entschieden, dass dem ArbN kein Schadensersatzanspruch zusteht, wenn der ArbG den Hinweis unterlässt (BAG v. 29.09.2005 – 8 AZR 571/04 – NZA 2005, 1406). Begründet wird dies damit, dass es sich zum einen um eine bloße Sollvorschrift handelt, die zum anderen nicht den Schutz des ArbN vor finanziellen Einbußen bezweckt, sondern einen arbeitsmarktpolitischen Zweck hat. Die Verpflichtung liegt beim ArbN. Die Regelung ist auch nicht als Schutzgesetz i. S. d. § 823 Abs. 2 BGB anzusehen.

Weiterbeschäftigungsanspruch während des Kündigungsschutzprozesses

Während des **ungekündigten Arbeitsverhältnisses** hat der ArbN einen Anspruch auf tatsächliche **Beschäftigung**. Ist das **Arbeitsverhältnis gekündigt, endet auch die Beschäftigungspflicht**. Eine Ausnahme hierzu bildet der sog. **Weiterbeschäftigungsanspruch**.

Man unterscheidet den gesetzlichen Weiterbeschäftigungsanspruch gem. § 102 Abs. 5 BetrVG und den allgemeinen Weiterbeschäftigungsanspruch, den die Rechtsprechung entwickelt hat.

1. Gesetzlicher Weiterbeschäftigungsanspruch

§ 102 Abs. 5 BetrVG sieht vor, dass ein ArbN unter unveränderten Arbeitsbedingungen **für die Dauer des Kündigungsschutzprozesses** weiter zu beschäftigen ist, wenn

- der ArbG eine ordentliche Kündigung ausgesprochen hat,
- der Betriebsrat dieser Kündigung form- und fristgerecht gem. § 102 Abs. 3 BetrVG widersprochen hat,
- der ArbN fristgerecht Kündigungsschutzklage erhoben hat und
- der ArbN die Weiterbeschäftigung verlangt.

Von dieser Weiterbeschäftigungsverpflichtung kann das Arbeitsgericht den **ArbG auf Antrag durch einstweilige Verfügung entbinden**,

- wenn die Klage des ArbN keine hinreichende Aussicht auf Erfolg bietet oder mutwillig erscheint,
- die Weiterbeschäftigung zu einer unzumutbaren wirtschaftlichen Belastung des ArbG führen würde (wird nur ausnahmsweise der Fall sein, allein die Pflicht zur Entgeltzahlung reicht hier nicht aus, der ArbG erhält ja die Arbeitsleistung des ArbN) oder
- der Widerspruch des Betriebsrates offensichtlich unbegründet war.

Beispiel: Der Betriebsrat widerspricht einer personenbedingten Kündigung, weil die Sozialauswahl nicht richtig durchgeführt wurde. Der Widerspruch des Betriebsrats ist hier formell zulässig, aber offensichtlich unbegründet, weil bei einer personenbedingten Kündigung keine Sozialauswahl vorgenommen wird.

Rechtsfolge des Weiterbeschäftigungsanspruchs ist, dass der ArbN zu **unveränderten Arbeitsbedingungen weiterbeschäftigt** werden muss, d. h. das bisherige Arbeitsentgelt ist weiter zu zahlen und der ArbN muss tatsächlich beschäftigt werden. Obsiegt der ArbN in der Kündigungsschutzklage, besteht das Arbeitsverhältnis fort. Verliert der ArbN die Kündigungsschutzklage, endet das **gesetzliche (Weiter-)Beschäftigungsverhältnis**. Ein Ausgleich der Arbeitsleistung und des Entgelts für die Dauer des Weiterbeschäftigungsverhältnisses findet nicht statt, insbesondere findet kein Bereicherungsausgleich statt. Grundlage für die Arbeitsleistung und Entgeltzahlung war ein gesetzliches Schuldverhältnis, das auf § 102 Abs. 5 BetrVG beruht.

2. Allgemeiner Weiterbeschäftigungsanspruch

Ob dem ArbN über die Regelung des **§ 102 Abs. 5 BetrVG hinaus ein arbeitsvertraglicher** Weiterbeschäftigungsanspruch zusteht, war in Rechtsprechung und Schrifttum lange umstritten. Der **Große Senat des BAG** hat hier 1985 eine Klärung herbeigeführt (BAG v. 27.02.1985 – GS 1/84 – NZA 1985, 702). Besteht kein Betriebsrat oder widerspricht dieser der Kündigung nicht form- und fristgerecht oder handelt es sich um eine außerordentliche Kündigung, sind die Voraussetzungen des § 102 Abs. 5 BetrVG nicht gegeben. In diesen Fällen kommt der allgemeine arbeitsvertragliche Weiterbeschäftigungsanspruch in Betracht.

Der gekündigte ArbN ist über den Ablauf der Kündigungsfrist hinaus bis zum rechtskräftigen Abschluss des Kündigungsschutzprozesses auf Verlangen weiter zu beschäftigen, wenn überwiegende schützenswerte Interessen des ArbG einer solchen Beschäftigung nicht entgegenstehen.

Normalerweise überwiegen bei einer **Kündigung** die Interessen des ArbG, es sei denn, es handelt sich um eine **offensichtlich unwirksame Kündigung.** Im Fall einer offensichtlich unwirksamen Kündigung kann der ArbN die Weiterbeschäftigung verlangen.

Beispiele: Offensichtlich unwirksame Kündigungen: eine Schwangere wird ohne die Zustimmung der Arbeitsbehörde (§ 9 MuSchG) gekündigt. Ein Mitglied des Betriebsrates wird ordentlich gekündigt (§ 15 KSchG, § 103 BetrVG). Die Kündigung wird ohne Betriebsratsanhörung ausgesprochen (§ 102 BetrVG).

Liegt bereits ein **erstinstanzliches Urteil** vor, das die Unwirksamkeit der Kündigung feststellt, sind die **Interessen des ArbG** von diesem **Zeitpunkt an nicht mehr schutzwürdig**. Der ArbN hat einen einklagbaren Anspruch auf Weiterbeschäftigung bis zum rechtskräftigen Abschluss des Verfahrens.

Endet der Kündigungsschutzprozess mit der Feststellung, dass die Kündigung unwirksam war, besteht das Arbeitsverhältnis ungekündigt fort. Endet der Kündigungsschutzprozess jedoch mit der Feststellung, dass die **Kündigung wirksam** war, ist dem ArbG für die Dauer des Prozesses **Arbeitsleistung aufgedrängt** worden, für die er bezahlen musste, die er aber nicht haben wollte. Das Arbeitsverhältnis ist durch die Kündigung beendet worden, ein Rechtsgrund für die Beschäftigung und Entgeltzahlung bestand daher nicht. Die Weiterbeschäftigung ist im Gegensatz zum gesetzlichen Weiterbeschäftigungsanspruch dann über **Bereicherungsrecht** rückabzuwickeln (kein faktisches ArbVerh.).
Der Ausgleich über Bereicherungsrecht scheidet nur dann aus, wenn ArbG und ArbN eine Fortsetzungsvereinbarung getroffen haben, um die Risiken des Kündigungsschutzprozesses zu minimieren. Rechtsgrund für die Beschäftigung ist dann die Fortsetzungsvereinbarung.

Rechtsfolgen der Beendigung des Arbeitsverhältnisses

Ist das Arbeitsverhältnis wirksam beendet, ist der ArbG verpflichtet, dem ArbN ein Zeugnis auszustellen, ihm die Arbeitspapiere auszuhändigen und Freizeit zur Stellensuche zu gewähren.

1. Zeugnisanspruch

Die Pflicht zur Zeugniserteilung wird von § 109 GewO geregelt. Danach hat jeder ArbN bei der Beendigung eines Arbeitsverhältnisses einen Anspruch darauf, dass ihm der ArbG ein schriftliches Zeugnis über das Arbeitsverhältnis und dessen Dauer erteilt (**einfaches Zeugnis**).

Beispiel: Herr Meier war bei uns in der Zeit von … bis … als … beschäftigt.

Auf Verlangen des ArbN ist das Zeugnis auch auf die Leistungen und die Führung des ArbN zu erstrecken (**qualifiziertes Zeugnis**). Das Zeugnis ist schriftlich zu formulieren und muss vom ArbG oder einem zuständigen Vorgesetzten unterschrieben sein. Die äußere Form muss gehörig sein (Firmenbogen, Zeichensetzung und Rechtschreibung beachten). Die elektronische Form ist ausgeschlossen.

Beispiel: ArbG Lässig erteilt einem Arbeitnehmer auf einem abgerissenen Stück Butterbrotpapier ein Zeugnis. Hier besteht der Anspruch aus § 109 GewO nach wie vor.

Ein **Endzeugnis** ist bereits in dem Augenblick zu erteilen, in dem dem ArbN die Kündigung zugegangen ist, denn der ArbN braucht das Zeugnis normalerweise zur Stellensuche. Einen Anspruch auf ein Zeugnis vor Beendigung des Arbeitsverhältnisses (**Zwischenzeugnis**) regelt das Gesetz nicht. Aus der Fürsorgepflicht kann sich aber ein Anspruch ableiten lassen, wenn der ArbN ein berechtigtes Interesse an einem Zwischenzeugnis hat (z. B. für eine Bewerbung).

Das qualifizierte Zeugnis muss klar und verständlich formuliert sein, darf nicht übertrieben loben oder tadeln (§ 109 Abs. 2 GewO). Kritische Äußerungen sind jedoch zulässig. Entspricht das Zeugnis nicht den Anforderungen oder enthält es falsche Angaben, kann der ArbN eine **Berichtigung** des Zeugnisses verlangen. Die Berichtigung kann auch im Klagewege durchgesetzt werden. Dabei hat der ArbN allerdings keinen Anspruch auf eine bestimmte Formulierung.

2. Arbeitspapiere

Bei Beendigung des Arbeitsverhältnisses sind dem ArbN die Arbeitspapiere herauszugeben. Hierzu gehören:

- die Arbeitsbescheinigung gem. § 312 SGB III,
- die Lohnsteuerbescheinigung gem. § 41b EStG,
- die Urlaubsbescheinigung gem. § 6 BUrlG,
- die Bescheinigung gem. § 25 DEÜV (Bescheinigung über die Meldungen an die Sozialversicherung) und
- sonstige bei Begründung des Arbeitsverhältnisses übergebene Arbeitspapiere, wie Sozialversicherungsausweis, Gesundheitspass, Arbeitserlaubnis etc.

3. Freizeit zur Stellensuche

Nach der Kündigung eines dauernden Arbeitsverhältnisses hat der ArbG dem ArbN auf Verlangen angemessene Zeit zum Aufsuchen eines anderen Arbeitsverhältnisses zu gewähren (§ 629 BGB).

Der **Anspruch setzt** die Kündigung eines dauernden Arbeitsverhältnisses **und** ein entsprechendes Freizeitverlangen des ArbN **voraus.** Von einem dauernden Arbeitsverhältnis kann nicht nur bei unbefristeten Arbeitsverhältnissen ausgegangen werden. Auch bei befristeten und bedingten Arbeitsverhältnissen besteht ein Freistellungsanspruch, wenn sie eine gewisse Zeit gedauert haben. Hier ist das Freizeitverlangen ab dem Zeitpunkt zu gewähren, der vor der Beendigung als Beginn der Kündigungsfrist in Betracht kommt. Lediglich kurzfristige Befristungen und Aushilfsarbeitsverhältnisse unterliegen nicht dem § 629 BGB.

Der ArbN hat das **Freizeitverlangen rechtzeitig zu stellen**. Die Bestimmung der Freizeit erfolgt durch den ArbG unter Beachtung der Interessen des ArbN (§ 315 BGB) und der betrieblichen Belange. Kann der ArbN einen Vorstellungstermin nur zu bestimmten Zeiten wahrnehmen, gehen seine Interessen selbst schwerwiegenden betrieblichen Belangen vor.

§ 629 BGB kann nicht vertraglich abbedungen werden.

Der **Freizeitumfang** richtet sich nach dem Zweck, es ist angemessene Freizeit zu gewähren. Es kommt jeweils auf die Umstände des Einzelfalls an.

Beispiel: Der ArbN erhält eine Einladung zu einem Vorstellungstermin an einem entfernten Ort. Die An- und Abreise ist nicht mehr am gleichen Tag möglich. Hier kann der Anspruch auf Freizeitgewährung mehrere Tage umfassen.

§ 629 BGB gibt nur einen Anspruch auf Freizeit. Die **Vergütung** für diesen Zeitraum richtet sich dagegen nach § 616 BGB. Es kann sein, dass der Freizeitanspruch die Entgeltfortzahlungsdauer gem. § 616 BGB überschreitet, da nach § 616 BGB nur die Vergütung für eine verhältnismäßig nicht erhebliche Zeit aufrechterhalten bleibt.

Multiple-Choice-Tests mit Lösungen

Test 1: Grundlagen des Arbeitsrechts

1. Ist Ihnen der ArbN-Begriff geläufig? Bitte entscheiden Sie, welche der folgenden Aussagen richtig sind:	
a) Jeder, der Arbeit leistet, ist ein ArbN.	☐
b) Wenn ein Vertrag als Werkvertrag bezeichnet wird, kann es sich nicht um einen ArbN handeln.	☐
c) Ein ArbN muss wirtschaftlich abhängig sein.	☐
d) Eine werkvertragliche Verpflichtung schließt eine ArbN-Stellung aus.	☐
e) Die wichtigsten Indizien für die ArbN-Stellung sind der Umfang der Weisungsgebundenheit und die Eingliederung in den Betriebsablauf.	☐
2. Bitte entscheiden Sie jeweils, welche der folgenden Aussagen richtig sind:	
a) Alle Grundrechte haben unmittelbare Drittwirkung, der ArbN kann sich seinem ArbG gegenüber direkt auf die Grundrechte berufen.	☐
b) Im Verhältnis Tarifvertrag zur Betriebsvereinbarung gilt das Spezialitätsprinzip, die speziellere Betriebsvereinbarung geht als betriebsnahe Lösung dem Tarifvertrag vor.	☐
c) Tarifliche Regelungen gelten wie ein Gesetz in der jeweiligen Branche.	☐
d) Ein Abweichen von einem Tarifvertrag zugunsten des ArbN ist auch bei beiderseitiger Tarifbindung möglich.	☐
e) Die Betriebsabsprache gilt nur schuldrechtlich zwischen ArbG und BR und kann deshalb auch Fragen regeln, die Gegenstand eines Tarifvertrages sind; § 77 Abs. 3 BetrVG gilt hier nicht.	☐

3. Bitte entscheiden Sie jeweils, welche der folgenden Aussagen richtig sind:	
a) Europäische Richtlinien sind kein unmittelbar geltendes Recht. Sie sind verbindlich hinsichtlich ihrer Ziele und müssen noch von den einzelnen Nationalstaaten umgesetzt werden.	☐
b) Wird eine Richtlinie von einem Nationalstaat nicht rechtzeitig umgesetzt, kann sich der einzelne ArbN gegenüber einem privaten ArbG trotzdem nicht auf die Richtlinie berufen.	☐
c) Europäische Verordnungen sind in den Nationalstaaten unmittelbar geltendes Recht.	☐
d) Alle nationalen Gerichte sind verpflichtet, das Verfahren auszusetzen und dem EuGH vorzulegen, wenn es um die Auslegung europäischen Rechts geht.	☐

Lösungen zu Test 1

Frage 1

a) ist falsch: Es gibt zwar Ansätze, das Arbeitsrecht so zu definieren. Die h. L. trennt aber scharf zwischen Selbstständigen und unselbstständigen ArbN.

b) ist falsch: Ob jemand ArbN ist oder nicht, muss objektiv bestimmt werden.

c) ist falsch: Zwar sind die meisten ArbN auch wirtschaftlich von ihrem ArbG abhängig, eine Voraussetzung für den ArbN-Begriff ist dies jedoch nicht.

d) ist richtig: Wer sich werkvertraglich verpflichtet, muss selbst entscheiden können, wie er den geschuldeten Erfolg herbeiführt.

e) ist richtig: Die wichtigsten Indizien für die ArbN-Stellung sind der Umfang der Weisungsgebundenheit und die Eingliederung in den Betriebsablauf.

Frage 2

a) ist falsch: Nur Art. 9 Abs. 3 GG hat unmittelbare Wirkung. Alle anderen Grundrechte gelten im Arbeitsverhältnis nur mittelbar über die Generalklauseln des Zivilrechts.

b) ist falsch: Vgl. § 77 Abs. 3 BetrVG; eine Ausnahme gilt nur bei einer tariflichen Öffnungsklausel.

c) ist falsch: Tarifvertragliche Regelungen gelten nur zwischen den beiderseits Tarifgebundenen; Ausnahme Allgemeinverbindlicherklärung, vgl. § 4 und 5 TVG.

d) ist richtig: Vgl. § 4 Abs. 3 TVG.

e) ist richtig: Die Regelungssperre des § 77 Abs. 3 BetrVG betrifft nur Betriebsvereinbarungen; die Betriebsabsprache gilt allerdings auch nicht normativ und muss durch den ArbG einzelvertraglich umgesetzt werden, was bei beiderseitiger Tarifbindung nur zugunsten des ArbN geht.

Frage 3

a) ist richtig: Vgl. Art. 288 III AEUV.

b) ist richtig: Nach der Rechtsprechung des EuGH kommt eine unmittelbare Wirkung einer nicht umgesetzten Richtlinie nur im Über-/Unterordnungsverhältnis in Betracht; im Arbeitsrecht deshalb nur im öffentlichen Dienst.

c) ist richtig: Vgl. Art. 288 II AEUV.

d) ist falsch: Vgl. Art. 267 AEUV. Die Gerichte der ersten und zweiten Instanz können aussetzen, müssen dies aber nur, wenn gegen ihre Entscheidungen kein Rechtsmittel mehr gegeben ist. Die obersten Bundesgerichte müssen aussetzen und ein Vorabentscheidungsverfahren anstreben.

Test 2: Begründung des Arbeitsverhältnisses

1. Nach § 99 BetrVG ist der Betriebsrat bei der Einstellung eines ArbN zu beteiligen. Welche Aussagen sind richtig?	
a) Der Betriebsrat ist nur in größeren Betrieben mit mehr als 20 ArbN zu beteiligen.	☐
b) Der ArbG muss dem Betriebsrat sämtliche Bewerbungsunterlagen vorlegen, auch die der nicht zur Einstellung anstehenden Bewerber.	☐
c) Bevor das Beteiligungsverfahren abgeschlossen ist, darf der ArbG niemals einstellen.	☐
d) Der Betriebsrat kann seine Zustimmung nur aus bestimmten Gründen verweigern.	☐
e) Eine nur mündliche Zustimmungsverweigerung hindert den ArbG nach einer Woche nicht, die Einstellung vorzunehmen.	☐
f) Verweigert der Betriebsrat die Zustimmung, darf der ArbG in keinem Fall einstellen, kann aber ein Zustimmungsersetzungsverfahren beim Arbeitsgericht einleiten.	☐

2. ArbG A schließt mit ArbN B mündlich folgenden Arbeitsvertrag: „Herr B wird ab dem 1.10.2015 befristet für die Dauer von sechs Monaten als Mauerer eingestellt; im Übrigen gelten die tariflichen Regelungen.“ Welche der folgenden Aussagen sind richtig?	
a) Der Arbeitsvertrag ist nichtig, Arbeitsverträge unterliegen dem Schriftformerfordernis.	☐
b) Mündliche Arbeitsverträge sind grundsätzlich wirksam, es muss aber ein Nachweis über die Vertragsbedingungen gegeben werden.	☐
c) Da die Befristung dem Schriftformerfordernis des § 14 Abs. 4 TzBfG unterliegt, ist der Vertrag nichtig.	☐
d) Es ist ein unbefristetes Arbeitsverhältnis entstanden.	☐
e) Es wurde ein faktisches Arbeitsverhältnis begründet.	☐
f) Sollte ein tarifliches Schriftformerfordernis eingreifen, ist der Vertrag auf jeden Fall nichtig.	☐
3. Welche der folgenden Fragen sind im Einstellungsgespräch zulässig?	
a) Allgemein die Frage nach Krankheiten.	☐
b) … nach Schwangerschaft.	☐
c) … nach Schwerbehinderung.	☐
d) … nach allen Gewerkschaftsmitgliedschaften.	☐
e) … nach Straßenverkehrsdelikten eines Kraftfahrers.	☐
f) … allgemein nach Vorstrafen.	☐
4. Was halten Sie von folgendem Ausschreibungstext? „Gesucht wird ein junger Mann mit juristischen Grundkenntnissen, der unser Team verstärken kann.“	
a) Die Ausschreibung kann so veröffentlicht werden.	☐
b) Die Ausschreibung ist diskriminierend, es gibt dafür allerdings keine Sanktionen.	☐
c) Die nicht geschlechtsneutrale Ausschreibung führt zu einer Beweislastumkehr.	☐
d) Wenn sich die Stelle für Teilzeit eignet, hätte sie auch entsprechend ausgeschrieben werden müssen.	☐
e) Eignet sich der Arbeitsplatz auch für einen schwerbehinderten Menschen, ist dies der Agentur für Arbeit zu melden.	☐

5. Der Arbeitsvertrag enthält u. a. folgende Klausel: „Dem ArbN steht ein Weihnachtsgeld in Höhe von ½ Monatsgehalt zu …“ Der ArbG A zahlt aber ohne Kommentar dem ArbN seit 5 Jahren ein Monatsgehalt als Weihnachtsgeld aus. Welche Aussagen sind richtig?	
a) Der ArbN hat nach wie vor nur einen Anspruch auf ½ Monatsgehalt Weihnachtsgeld. Eine längere Handhabung kann an den vertraglichen Regelungen niemals etwas ändern.	☐
b) Hätte der ArbG die Zahlung mit einem Vorbehalt versehen, wäre kein Anspruch entstanden.	☐
c) Der ArbG kann den entstandenen Anspruch mit einer Änderungskündigung beseitigen, wenn deren Voraussetzungen vorliegen.	☐
d) Der Anspruch kann vom ArbG jederzeit durch Widerruf beseitigt werden.	☐
e) Eine doppelte Schriftformklausel verhindert das Entstehen eines Anspruchs aufgrund einer betrieblichen Übung.	☐

Lösungen zu Test 2

Frage 1

a) ist falsch: § 99 Abs. 1 BetrVG orientiert sich an der Unternehmensgröße.

b) ist richtig: Nur so kann der Betriebsrat sein Beteiligungsrecht ausüben und z. B. feststellen, ob die Einstellung gegen ein Gesetz verstößt.

c) ist falsch: Wenn sachliche Gründe hierfür vorliegen, kommt eine vorläufige personelle Maßnahme gem. § 100 BetrVG in Betracht.

d) ist richtig: Vgl. § 99 Abs. 2 BetrVG.

e) ist richtig: Vgl. § 99 Abs. 3 BetrVG.

f) ist falsch: Unter den Voraussetzungen des § 100 BetrVG besteht die Möglichkeit einer vorläufigen personellen Maßnahme

Frage 2

a) ist falsch: Ein Arbeitsvertrag kann auch mündlich abgeschlossen werden.

b) ist richtig: Vgl. NachwG.

c) ist falsch: Nur die Befristungsabrede unterliegt dem Schriftformerfordernis.

d) ist richtig: Da die Befristungsabrede nicht schriftlich formuliert wurde, ist ein unbefristetes Arbeitsverhältnis entstanden.

e) ist falsch: Da der Vertrag nicht nichtig ist, kommt auch kein faktisches Arbeitsverhältnis zustande.
f) ist falsch: Tarifliche Formerfordernisse, die die Begründung eines Arbeitsverhältnisses betreffen, sind in der Regel nur deklaratorisch.

Frage 3

a) ist falsch: Die allgemeine Frage nach dem Gesundheitszustand geht zu weit, nur arbeitsplatzspezifisch darf nach Krankheiten gefragt werden.
b) ist falsch: Die Frage nach der Schwangerschaft ist grundsätzlich unzulässig.
c) ist falsch: Nach der früheren Rechtsprechung konnte zwar immer nach einer Schwerbehinderung gefragt werden. Durch das Inkrafttreten des AGG wird man die Frage nach einer Behinderung nunmehr als unzulässig ansehen müssen. Nur noch im Rahmen des § 8 AGG wird man nach bestimmten Beeinträchtigungen fragen dürfen.
d) ist falsch: Die Frage nach allen Gewerkschaftsmitgliedschaften ist auf jeden Fall unzulässig. Ob der ArbG angesichts der gegenwärtig geltenden Tarifpluralität nach einer bestimmten Gewerkschaftszugehörigkeit fragen darf, hat das BAG ausdrücklich offen gelassen (BAG vom 18.11.2014 – 1 AZR 257/13).
e) ist richtig, da für den Arbeitsplatz relevant.
f) ist falsch: Nach Vorstrafen darf nur arbeitsplatzspezifisch gefragt werden.

Frage 4

a) ist falsch: Die Ausschreibung ist nicht geschlechtsneutral formuliert und enthält eine Altersdiskriminierung (§§ 11, 7 AGG).
b) ist falsch: Eine nicht geschlechtsneutrale Ausschreibung ist ein Indiz für eine Benachteiligung, es kommt zur Beweislastumkehr, § 22 AGG; gleiches gilt für die Altersdiskriminierung.
c) ist richtig: Die nicht geschlechtsneutrale Ausschreibung führt zu einer Beweislastumkehr (vgl. § 22 AGG).
d) ist richtig: Vgl. § 7 Abs. 1 TzBfG; sanktioniert ist die Regelung allerdings nicht.
e) ist richtig: Vgl. § 81 Abs. 1 SGB IX.

Frage 5

a) ist falsch: Durch eine regelmäßige Wiederholung kann eine betriebliche Übung entstehen, die den Arbeitsvertrag modifiziert.
b) ist richtig: Ein Anspruch aufgrund einer betrieblichen Übung entsteht, wenn das ArbG-Verhalten Angebotsqualität hat. Bei einem Vorbehalt findet keine stillschweigende Vertragsänderung statt. Zu beachten ist allerdings, dass der Vorbehalt unter der Geltung der §§ 305 ff. BGB eindeutig formuliert sein muss.

c) ist richtig: Zu bedenken ist allerdings, dass eine Änderungskündigung, die dem KSchG unterliegt, sozial gerechtfertigt sein muss.
d) ist falsch: Da ein vertraglicher Anspruch entstanden ist, ist ein einseitiger Widerruf nur möglich, wenn die Zahlung unter Widerrufsvorbehalt geleistet wurde, dann muss aber der Widerruf eindeutig formuliert sein und die Widerrufsgründe müssen im Vertrag enthalten sein.
e) ist richtig: Nach der neueren Rechtsprechung muss die Klausel aber einen Hinweis auf den Vorrang der Individualabrede enthalten.

Test 3: Inhalt des Arbeitsverhältnisses

1. Friseuse A bietet den Kundinnen ihres ArbG an, diese nach Feierabend zu frisieren. Welche der folgenden Aussagen sind richtig?	
a) Im laufenden Arbeitsverhältnis darf A ihrem ArbG keine Konkurrenz machen.	☐
b) Die Nebentätigkeit der A wird von Art. 12 GG geschützt und ist damit zulässig.	☐
c) Ein ArbN darf keinerlei Nebentätigkeiten ausüben, weil er sonst morgens müde ist.	☐
d) Nebentätigkeiten müssen immer vom ArbG genehmigt werden.	☐
e) Die Wettbewerbstätigkeit der A berechtigt den ArbG zur verhaltensbedingten Kündigung.	☐
f) Der ArbG kann vertraglich verlangen, dass jede Nebentätigkeit angezeigt wird.	☐
2. ArbN A bekommt laut Arbeitsvertrag monatlich 1.500 Euro für eine 38 Stundenwoche. Welche der folgenden Aussagen sind richtig?	
a) Arbeitet A 40 Stunden in der Woche, leistet er zwei Überstunden, die mit 125 % zu bezahlen sind.	☐
b) A ist verpflichtet, auf Anordnung des ArbG Überstunden zu leisten.	☐
c) Der ArbG kann Schadensersatzansprüche, die er gegen den ArbN hat, nur bedingt gegen den Entgeltanspruch aufrechnen.	☐
d) Der ArbN kann sein Arbeitseinkommen unbeschränkt abtreten.	☐
e) Das Arbeitseinkommen unterliegt der Verjährung. Ist die Verjährung eingetreten, ist der Anspruch entfallen.	☐

3. ArbN A kommt am Rosenmontag nicht zur Arbeit, da ihm der Karneval wichtiger ist. Welche der folgenden Aussagen sind richtig?	
a) A hat für den Rosenmontag Anspruch auf Feiertagsentgelt.	☐
b) Im Rheinland ist es einem ArbN unzumutbar, am Rosenmontag zu arbeiten.	☐
c) Die ausgefallene Arbeitszeit muss A nachholen.	☐
d) Unentschuldigtes Fehlen kann eine verhaltensbedingte Kündigung nach sich ziehen.	☐
e) Für die ausgefallene Arbeitszeit bekommt A kein Arbeitsentgelt.	☐
4. ArbN A ist seit vier Wochen bei ArbG B beschäftigt, als seine Großmutter stirbt. A kommt drei Tage nicht zur Arbeit, um an der Beerdigung seiner Großmutter teilnehmen zu können. Welche der folgenden Aussagen sind richtig?	
a) A hat für die drei Tage Anspruch auf Entgeltfortzahlung.	☐
b) Entgeltzahlungen für die Teilnahme an familiären Ereignissen können arbeitsvertraglich abbedungen werden.	☐
5. ArbN A ist zum 1.8. eingestellt worden. Er arbeitet immer Freitag und Samstag im Einzelhandel. Welche der folgenden Aussagen sind richtig?	
a) Er hat für das laufende Jahr 24 Werktage Urlaub.	☐
b) Er kann im Einstellungsjahr keinen Urlaub nehmen.	☐
c) Der volle Urlaubsanspruch des A beträgt für das Kalenderjahr acht Arbeitstage.	☐
d) A Kann sich den Urlaub für das Einstellungsjahr abgelten lassen.	☐
e) Die Festlegung des Urlaubszeitpunkts obliegt dem ArbG.	☐
6. ArbN A ist Pförtner. Bei einer Sportveranstaltung am Wochenende verletzt er sich den linken Daumen. Welche der folgenden Aussagen sind richtig?	
a) A ist arbeitsunfähig und hat Anspruch auf Entgeltfortzahlung im Krankheitsfall gem. § 3 EFZG.	☐
b) Eine Verletzung bei einer Sportveranstaltung am Wochenende steht einem Entgeltfortzahlungsanspruch grundsätzlich nicht entgegen.	☐

c) Ein verletzter Daumen ist keine Krankheit und kann niemals einen Entgeltfortzahlungsanspruch begründen.	☐
7. ArbN A fällt betrunken die Treppe runter und bricht sich ein Bein. Er ist acht Wochen arbeitsunfähig. Welche der folgenden Aussagen sind zutreffend?	
a) A hat gegen seinen ArbG Anspruch auf Entgeltzahlung für acht Wochen.	☐
b) Wenn es sich um einen Unfall außerhalb des Betriebes handelt, hat A niemals einen Anspruch.	☐
c) Alkoholbedingte Treppenstürze sind verschuldet i. S. d. EFZG.	☐
d) Auch im Entgeltfortzahlungsrecht gilt, dass Verschulden bereits bei leichtester Fahrlässigkeit vorliegt.	☐
8. ArbN A wird von seinem Arzt für sieben Wochen arbeitsunfähig krankgeschrieben. ArbG B erinnert sich daraufhin, dass A noch in der Probezeit ist und er deshalb noch mit einer Frist von zwei Wochen kündigen kann. B spricht die Kündigung sofort nach der Krankschreibung aus. Welche Aussagen sind zutreffend?	
a) Unabhängig von der Kündigung muss B dem A für die Dauer von sechs Wochen Entgeltfortzahlung leisten.	☐
b) Da das Arbeitsverhältnis durch die Kündigung nach zwei Wochen endet, muss B auch nur zwei Wochen Entgeltfortzahlung leisten.	☐
c) Sollte B beweisen können, dass die Krankheit nicht der Anlass für die Kündigung war, endet die Entgeltfortzahlung mit dem Arbeitsverhältnis.	☐
d) Aufgrund des zeitlichen Zusammenhangs der Kündigung mit der Arbeitsunfähigkeit, besteht ein Beweis des ersten Anscheins, dass die Kündigung aus Anlass der Arbeitsunfähigkeit ausgesprochen wurde.	☐
9. Welche der folgenden Aussagen sind zutreffend?	
a) Erkrankt ein ArbN, muss zwischen Anzeige- und Nachweispflicht unterschieden werden.	☐

b) Der ArbG kann verlangen, dass der ArbN bereits am ersten Tag einer krankheitsbedingten Arbeitsunfähigkeit zum Arzt geht und eine Arbeitsunfähigkeitsbescheinigung vorlegt.	☐
c) Auch ein TeilzeitarbN muss seinem ArbG die Arbeitsunfähigkeit unverzüglich anzeigen, selbst wenn er an diesem Tag nicht gearbeitet hätte.	☐
d) Der Beweiswert einer inländischen Arbeitsunfähigkeitsbescheinigung ist hoch, aber nicht absolut. Der Beweiswert kann durch besondere Umstände erschüttert werden.	☐
e) Ein ArbN, der arbeitsunfähig ist, muss zu Hause bleiben und möglichst im Bett liegen.	☐
f) Erkrankt ein ArbN während des Urlaubs, werden die Krankheitstage trotzdem auf den Urlaub angerechnet.	☐
10. ArbN A arbeitet für ArbG B als LKW-Fahrer. Nach jahrelangen unfallfreien Fahrten verursacht A bei seiner Tätigkeit für B leichtest fahrlässig einen Unfall, bei dem der LKW beschädigt wird und der Pkw eines Dritten. An beiden Fahrzeugen entsteht ein Sachschaden von 4.000 Euro. Welche Aussagen sind richtig?	
a) A haftet seinem ArbG gem. § 280 Abs. 1 BGB bzw. § 823 Abs. 1 BGB auf vollen Schadensersatz.	☐
b) A haftet seinem ArbG nicht für den Schaden.	☐
c) Der Dritte hat gegen den ArbN A ganz normal den zivilrechtlichen Schadensersatzanspruch.	☐
d) Da A ArbN ist, entfallen sämtliche Schadensersatzansprüche gegen ihn.	☐
11. ArbN A ist Vertreter. Für seine Tätigkeit nutzt er seinen privaten Pkw. Dafür zahlt ihm sein ArbG aufgrund vertraglicher Abrede die Pkw-Kasko-Versicherung, alle Wartungs- und Reparaturarbeiten am Pkw, das Benzin und für jeden dienstlich gefahrenen Kilometer 1 Euro. Welche der folgenden Aussagen sind zutreffend?	
a) Verursacht A an seinem Pkw bei einer betrieblichen Fahrt einen Schaden, muss ihn der ArbG nicht ersetzen.	☐
b) Für Eigenschäden eines ArbN am Privat-Pkw haftet ein ArbG niemals.	☐

c) Wird ein Privat-Pkw dienstlich genutzt, ist der ArbG für alle Schäden an diesem Fahrzeug verantwortlich, auch wenn sie bei einer privaten Fahrt entstehen.	☐
d) Ein Mitverschulden des ArbN ist bei Schäden am Privat-Pkw aufgrund dienstlicher Nutzung nicht zu berücksichtigen.	☐
12. Martin und Paul sind Möbelpacker. Bei der Auslieferung eines Klaviers ist Paul unachtsam und fixiert die Tragegurte nicht richtig. Deshalb wird Martin durch das abrutschende Klavier verletzt. Martin wird mit Quetschungen ins Krankenhaus gebracht und ist sieben Wochen arbeitsunfähig. Welche Aussagen sind zutreffend?	
a) Martin hat gegen Paul zivilrechtliche Schadensersatzansprüche.	☐
b) Martin kann gegen Paul einen Schmerzensgeldanspruch geltend machen.	☐
c) Martin erleidet einen Arbeitsunfall.	☐
d) Martin hat gegen seinen ArbG für sechs Wochen Entgeltfortzahlungsanspruch. Der ArbG kann sich allerdings die geleisteten Beträge gem. § 6 EFZG von Paul wieder holen.	☐
13. Im Betrieb des A gilt die 40-Stundenwoche, gearbeitet wird Montag bis Freitag. ArbN B hat laut Arbeitsvertrag nur Montag und Dienstag jeweils fünf Stunden zu arbeiten. Welche der folgenden Aussagen sind richtig?	
a) Sollte B mehr als fünf Std arbeiten, hat sie Anspruch auf Überstundenzuschlag. Der Tarifvertrag, der auch für sie gilt, sieht nämlich ganz allgemein für Überstunden einen Zuschlag vor.	☐
b) B hat Anspruch auf 24 Werktage Urlaub.	☐
c) B erkrankt am Mittwoch. Sie muss sich unverzüglich bei ihrem ArbG melden und die Krankheit anzeigen.	☐
d) Sollte der für B geltende Tarifvertrag ein Weihnachtsgeld vorsehen, hat B Anspruch auf einen ihrer Arbeitszeit entsprechenden Anteil.	☐
e) Am Mittwoch ist gesetzlicher Feiertag. B hat für diesen Tag Anspruch auf Feiertagsentgelt.	☐

14. Bitte entscheiden Sie jeweils, welche der folgenden Aussagen richtig sind.	
a) Der ArbG kann dem ArbN auch andere als die vertraglich geschuldete Tätigkeit anweisen.	☐
b) Das Weisungsrecht des ArbG hinsichtlich des Leistungsortes wird vom Vertrag bestimmt.	☐
c) Hinsichtlich der zeitlichen Lage der Arbeitsleistung wird das Weisungsrecht des ArbG durch die Mitbestimmung des Betriebsrats eingeschränkt.	☐
d) Der Umfang der Arbeitszeit bestimmt den Entgeltanspruch und kann vom ArbG kraft Weisungsrecht nicht geändert werden.	☐
e) Ohne vertragliche oder tarifliche Regelung ist ein ArbN grundsätzlich nicht verpflichtet, Überstunden zu leisten.	☐

Lösungen zu Test 3

Frage 1

a) ist richtig: Dies ergibt sich aus der Treuepflicht.

b) ist falsch: Nebentätigkeiten sind grundsätzlich zulässig, aber keine Wettbewerbstätigkeiten.

c) ist falsch: Nebentätigkeiten sind grundsätzlich zulässig, sofern es sich um keine Wettbewerbstätigkeiten handelt und sich der ArbN in den Grenzen des Arbeitszeitrechts bewegt.

d) ist falsch: Möglich ist aber, die Nebentätigkeit vertraglich unter Genehmigungsvorbehalt zu stellen. Der ArbN hat einen Anspruch auf Genehmigung, sofern schützenswerte ArbG-Interessen nicht beeinträchtigt werden.

e) ist richtig: Gegebenenfalls ist vorher jedoch eine Abmahnung notwendig.

f) ist richtig: Nebentätigkeiten können gesetzliche Grenzwerte überschreiten (z. B. ArbzG, Geringfügigkeit).

Frage 2

a) ist falsch: Überstundenzuschläge fallen nur an, wenn sie vertraglich oder tariflich vereinbart sind.

b) ist falsch: Eine Verpflichtung, Überstunden zu leisten, besteht nur dann, wenn dies vertraglich vereinbart ist oder ein dringendes betriebliches Bedürfnis besteht.

c) ist richtig: Vgl. § 394 BGB.

d) ist falsch: Vgl. § 400 BGB.
e) ist falsch: Die Verjährung ist nur eine Einrede in Gestalt eines Leistungsverweigerungsrechts, im Gegensatz zu Ausschlussfristen.

Frage 3

a) ist falsch: Rosenmontag ist in keinem Bundesland gesetzlicher Feiertag.
b) ist falsch: Zumindest wohl h.M.; Kölner mögen dies anders sehen.
c) ist falsch: Vgl. § 275 BGB.
d) ist richtig; eventuell ist zuvor eine Abmahnung zu erteilen.
e) ist richtig: Vgl. § 326 Abs. 1 BGB.

Frage 4

a) ist falsch: § 616 BGB setzt voraus, dass es sich um eine nicht erhebliche Zeit im Verhältnis zur Dauer des Arbeitsverhältnisses handelt.
b) ist richtig: Vgl. § 619 BGB.

Frage 5

a) ist falsch: Es entsteht nur ein Teilurlaubsanspruch gem. § 5 Abs. 1 BUrlG.
b) ist richtig: Die Wartezeit ist nicht erfüllt, Urlaub gibt es dann nur mit Zustimmung des ArbG.
c) ist richtig: 24 Werktage entsprechen im Fall des A acht Arbeitstagen.
d) ist falsch: Eine Urlaubsabgeltung ist nur dann möglich, wenn wegen Beendigung des Arbeitsverhältnisses der Urlaub nicht mehr in Natura genommen werden kann.
e) ist richtig: Er hat allerdings auf die Urlaubswünsche der ArbN Rücksicht zu nehmen. Wenn ein Betriebsrat existiert, ist dieser zu beteiligen.

Frage 6

a) ist falsch: Die Arbeitsunfähigkeit ist arbeitsplatzabhängig. Ein Pförtner kann mit einem verletzten Daumen seiner Tätigkeit nachgehen.
b) ist richtig: Es kommt nur auf das Verschulden des ArbN i. S. d. EFZG an.
c) ist falsch: Krankheit ist jeder regelwidriger Körper- oder Geisteszustand; entscheidend für den Entgeltfortzahlungsanspruch ist die Arbeitsunfähigkeit.

Frage 7

a) ist falsch: Alkoholbedingte Unfälle sind verschuldet i. S. d. EFZG; außerdem würde ein Anspruch nach sechs Wochen enden.
b) ist falsch: Auch Verletzungen im privaten Bereich begründen einen Anspruch auf Entgeltfortzahlung, sofern die Voraussetzungen des § 3 EFZG vorliegen.

c) ist richtig: Verschulden i. S. d. EFZG bedeutet grob unvernünftiges Verhalten, davon muss man bei Alkoholmissbrauch im Normalfall ausgehen.
d) ist falsch: Verschulden i. S. d. EFZG ist ein gröblicher Verstoß gegen das von einem verständigen Menschen im eignen Interesse zu erwartende Verhalten.

Frage 8

a) ist richtig: Vgl. § 8 EFZG.
b) ist falsch: Vgl. § 8 EFZG.
c) ist richtig: Vgl. § 8 EFZG, nur die Kündigung aus Anlass der Arbeitsunfähigkeit berührt den Entgeltfortzahlungsanspruch nicht.
d) ist richtig.

Frage 9

a) ist richtig: Die Anzeige hat sofort zu erfolgen, die Vorlage der Arbeitsunfähigkeitsbescheinigung grundsätzlich erst nach drei Tagen.
b) ist richtig: Vgl. § 5 Abs. 1 Satz 3 EFZG.
c) ist richtig.
d) ist richtig.
e) ist falsch: Der ArbN darf sich nicht so verhalten, dass sich die Heilung verzögert oder die Krankheit verschlechtert. Ein Spaziergang kann aber z. B. einer Heilung durchaus förderlich sein.
f) ist falsch: Vgl. § 9 BUrlG.

Frage 10

a) ist falsch: Bei Schäden aufgrund betrieblich veranlasster Tätigkeit hängt die Haftung des ArbN gegenüber dem ArbG vom Grad des Verschuldens ab.
b) ist richtig: Bei Schäden aufgrund betrieblicher Tätigkeiten, die nur leichtest fahrlässig verursacht wurden, entfällt die Haftung des ArbN gegenüber dem ArbG.
c) ist richtig: Einem Dritten kann man den Schadensersatzanspruch nicht nehmen. A bekommt aber gegen seinen ArbG einen Freistellungsanspruch.
d) ist falsch: Vgl. die obigen Begründungen.

Frage 11

a) ist richtig: Der ArbG leistet hier für die betriebliche Nutzung Zahlungen, die weit über der Kilometerpauschale nach steuerlichen Gesichtspunkten liegen. Damit ist ein eventueller Schaden abgegolten.
b) ist falsch: Nach neuerer Rechtsprechung besteht eine verschuldensunabhängige Risikohaftung des ArbG.

c) ist falsch: Die verschuldensunabhängige Risikohaftung des ArbG besteht nur bei Schäden aufgrund betrieblich veranlasster Tätigkeiten.
d) ist falsch: Es gelten die Grundsätze der ArbN-Haftung.

Frage 12

a) ist falsch: Da es sich für Martin um einen Arbeitsunfall handelt, gilt das Haftungsprivileg des § 105 SGB VII.
b) ist falsch: Das Haftungsprivileg des § 105 SGB VII gilt auch für Schmerzensgeldansprüche.
c) ist richtig: Vgl. § 8 SGB VII.
d) ist falsch: Der Anspruchsübergang gem. § 6 EFZG setzt einen Anspruch voraus, der hier wegen des Haftungsprivilegs des § 105 SGB VII nicht besteht.

Frage 13

a) ist falsch: Überstunden fallen erst an, wenn die im Betrieb übliche Arbeitszeit überschritten wird, nicht wenn die persönliche Arbeitszeit überschritten wird.
b) ist richtig: Die Woche hat sechs Werktage, von denen B allerdings nur an zwei Tagen Arbeit leistet.
c) ist richtig: Die Anzeigepflicht gilt auch für TeilzeitarbN, selbst wenn diese an den betreffenden Tagen nicht arbeiten.
d) ist richtig: Vgl. § 4 Abs. 1 TzBfG.
e) ist falsch: Voraussetzung für den Anspruch aus § 2 EFZG ist, dass die Arbeit wegen des Feiertags ausfällt. B hätte am Mittwoch sowieso nicht gearbeitet.

Frage 14

a) ist falsch: Der ArbN schuldet nur die im Vertrag geregelte Tätigkeit. Enthält der Vertrag keine Verweisungsklausel kann eine andere Tätigkeit nur ausnahmsweise in Betracht kommen.
b) ist richtig: Grundsätzlich kann der ArbN innerhalb des Betriebes an jeden zumutbaren Arbeitsplatz versetzt werden, weitergehende Verweisungsklauseln sind jedoch zulässig.
c) ist richtig: Vgl. § 87 Abs. 1 Nr. 2 BetrVG.
d) ist richtig.
e) ist richtig.

Test 4: Besondere Arbeitsverhältnisse

1. Der 17-jährige Alois nimmt während der Ferien einen Job als Bauhilfsarbeiter an. Als seine Eltern nach zwei Wochen Tätigkeit davon erfahren, verbieten sie jede weitere Arbeitsleistung. Welche Aussagen sind richtig?	
a) Nach zivilrechtlichen Regelungen ist dieser Vertrag nichtig, es findet Bereicherungsausgleich statt.	☐
b) Es findet kein Bereicherungsausgleich statt. Für die zwei Wochen, die Alois gearbeitet hat, erhält er sämtliche vereinbarte Leistungen.	☐
c) Um dem ArbN-Schutz gerecht zu werden, ist hier ein Arbeitsverhältnis entstanden, das vom ArbG gekündigt werden muss.	☐
d) Eine Kündigung ist nicht notwendig, es genügt eine einfache Erklärung, um das Rechtsverhältnis zu beenden.	☐
2. ArbN A wird befristet für drei Monate zur Probe eingestellt. Ihr Arbeitsvertrag enthält außerdem die Regelung, dass das Arbeitsverhältnis während der Probezeit mit einer Frist von zwei Wochen gekündigt werden kann. Welche Aussagen sind zutreffend?	
a) Sollte A während der Probezeit schwanger werden, ist die Befristung hinfällig. Eine Schwangere genießt besonderen Beendigungsschutz gem. § 9 MuSchG.	☐
b) Eine Kündigung des befristeten Arbeitsverhältnisses ist immer unzulässig; die Kündigungsregelung verstößt gegen das TzBfG.	☐
c) Die Erprobung eines ArbN ist kein sachlicher Grund für eine Befristung; Probearbeitsverhältnisse können nur unbefristet abgeschlossen werden.	☐
d) Befristete Probearbeitsverhältnisse sind nur dann zulässig, wenn die Voraussetzungen des § 14 Abs. 2 TzBfG vorliegen.	☐
e) Hat sich die ArbN als nicht geeignet erwiesen, muss der ArbG nur das Ende der Probezeit abwarten, das Arbeitsverhältnis endet dann automatisch.	☐

3. ArbN A wird von ArbG B erstmals befristet für die Zeit vom 1.1.2015 bis 31.12.2015 eingestellt. Ab 1.2.2016 erhält A von B einen weiteren befristeten Arbeitsvertrag bis 31.12.2016 als Schwangerschaftsvertretung für eine andere ArbN. Welche der folgenden Aussagen treffen zu?	
a) Die Befristung richtet sich nach § 14 Abs. 2 TzBfG.	☐
b) Beide Befristungen sind zulässig.	☐
c) Das Arbeitsverhältnis endet spätestens am 31.12.2016.	☐
d) Es ist ein unbefristetes Arbeitsverhältnis entstanden.	☐
4. ArbG A schließt mit ArbN B erstmals ein befristetes Arbeitsverhältnis für die Zeit vom 1.1.2014 bis zum 31.12.2014. Die Schriftform wird beachtet. Am 29.12.2014 erhält B ein Fax von A, wonach sich das Arbeitsverhältnis bis zum 31.12.2015 verlängert. Welche der folgenden Aussagen treffen zu?	
a) Es handelt sich um eine wirksame Befristung gem. § 14 Abs. 2 TzBfG.	☐
b) Das Arbeitsverhältnis endet mit Fristablauf am 31.12.2015.	☐
c) Es ist ein unbefristetes Arbeitsverhältnis entstanden.	☐
d) A kann das Arbeitsverhältnis frühestens zum 31.12.2015 kündigen.	☐
e) Wenn sich B auf das unbefristete Arbeitsverhältnis berufen will, muss B bis zum 21.1.2016 Klage erheben.	☐

Lösungen zu Test 4

Frage 1

a) ist falsch: Der Vertrag ist zwar nichtig, der Bereicherungsausgleich wird im Arbeitsrecht aber allgemein als unbillig angesehen und durch die Lehre vom faktischen Arbeitsverhältnis ersetzt.

b) ist richtig: Es ist ein faktisches Arbeitsverhältnis entstanden.

c) ist falsch: Es ist nur ein faktisches Arbeitsverhältnis entstanden, eine Kündigung ist nicht notwendig.

d) ist richtig: Beim faktischen Arbeitsverhältnis wird damit der Nichtigkeit für die Zukunft Rechnung getragen.

Frage 2

a) ist falsch: § 9 MuSchG verbietet nur die Kündigung, nicht den Fristablauf eines befristeten Arbeitsverhältnisses.

b) ist falsch: Auch im befristeten Arbeitsverhältnis kann eine ordentliche Kündigung vereinbart werden (§ 15 Abs. 3 TzBfG); eine außerordentliche Kündigung ist immer möglich.

c) ist falsch: Vgl. § 14 Abs. 1 Nr. 5 TzBfG; ein unbefristetes Probearbeitsverhältnis ist aber auch möglich.

d) ist falsch: Die Erprobung eines ArbN ist ein Sachgrund; eine Befristung ist deshalb auch dann möglich, wenn bereits zuvor zwischen denselben Vertragsparteien ein Arbeitsverhältnis bestanden hat. Zu beachten ist, dass sich dadurch allerdings die Erprobung erübrigen könnte. Bei einer völlig anders gelagerten Tätigkeit bestehen aber keine Bedenken.

e) ist richtig: § 15 Abs. 1 TzBfG.

Frage 3

a) ist falsch: Es handelt sich nicht um die Verlängerung des ursprünglichen Vertrages.

b) ist richtig: Die erste Befristung nach § 14 Abs. 2 TzBfG, bei der zweiten Befristung handelt es sich um eine mit Sachgrund gem. § 14 Abs. 1 TzBfG.

c) ist richtig: Die Befristung ist zulässig.

d) ist falsch: Da die Befristung zulässig war, ist kein unbefristetes ArbVerh entstanden.

Frage 4

a) ist falsch: Bei der Verlängerung wurde die Schriftform nicht eingehalten.

b) ist falsch: Das Schriftformerfordernis wurde nicht beachtet.

c) ist richtig: Vgl. § 16 TzBfG.

d) ist falsch: Vgl. § 16 Satz 2 TzBfG.

e) ist richtig: Vgl. § 17 TzBfG.

Test 5: Beendigung des Arbeitsverhältnisses

1. Der Personalchef der X-AG stellt die ArbN A befristet zur Probe für sechs Monate im Schreibdienst ein. Sie hatte im Einstellungsgespräch die Frage nach der Schwangerschaft wider besseres Wissen verneint. Zwei Wochen später teilt sie der X-AG ihre Schwangerschaft mit. Zudem ist der Personalchef von der Arbeitsleistung der A alles andere als begeistert. Die Schreibgeschwindigkeit ist äußerst gering und die Fehlerquote sehr hoch. Welche der folgenden Aussagen sind richtig?	
a) Da A die Frage nach der Schwangerschaft arglistig falsch beantwortet hat, kann der Arbeitsvertrag gem. § 123 BGB angefochten werden.	☐
b) Während der Probezeit kann mit einer Frist von zwei Wochen gekündigt werden, die Schwangerschaft steht dem nicht entgegen.	☐
c) Die ordentliche Kündigung ist bei einem befristeten Probearbeitsverhältnis nicht möglich, wenn sie nicht gesondert vereinbart wurde.	☐
d) Das Arbeitsverhältnis der A endet nach sechs Monaten mit Fristablauf, die Schwangerschaft steht dem nicht entgegen.	☐
e) Die geringe Schreibgeschwindigkeit berechtigt zur Anfechtung gem. § 119 Abs. 2 BGB.	☐
2. ArbG A ist mittlerweile 65 Jahre alt und will seine Geschäftstätigkeit aufgeben. Er verkauft sein gut laufendes Unternehmen. Da der Erwerber gerne selbst entscheiden möchte, mit welchen ArbN er arbeitet, entlässt A alle seine ArbN. Welche der folgenden Aussagen sind richtig?	
a) Die Kündigungen sind alle unwirksam.	☐
b) Alle Arbeitsverhältnisse gehen auf den Erwerber über.	☐
c) Soweit den ArbN gegen ihren alten ArbG ein Anspruch auf Weihnachtsgeld aufgrund einer betrieblichen Übung zugestanden hat, muss jetzt der Erwerber das Weihnachtsgeld bezahlen.	☐
d) Kein ArbN wird gezwungen, das Arbeitsverhältnis mit dem Erwerber fortzusetzen.	☐

3. ArbG A spricht eine (nicht bereits offensichtlich) unwirksame ordentliche Kündigung aus. ArbN B erhebt nach einer Woche Kündigungsschutzklage. Einen Betriebsrat gibt es nicht. Welche der folgenden Aussagen sind richtig?	
a) B ist für die Dauer des Verfahrens von A zu beschäftigen.	☐
b) B hat Anspruch auf Zahlung des Arbeitsentgelts für die Dauer des Prozesses.	☐
c) B hat nur dann Anspruch auf Arbeitsentgelt für die Dauer des Prozesses, wenn er dem ArbG seine Arbeitsleistung tatsächlich anbietet.	☐
d) Ein Anspruch des ArbN auf Arbeitsentgelt während des Prozesses besteht erst ab Klageerhebung, da darin das mündliche Angebot der Arbeitsleistung liegt.	☐
4. ArbN A ist mehrfach durch schlechte Arbeitsleistung aufgefallen und hat deshalb bereits eine Abmahnung erhalten. ArbG B ruft ihn deshalb ins Personalbüro und unterbreitet A einen Aufhebungsvertrag. Zur Vermeidung einer Kündigung unterschreibt A diesen. Welche der folgenden Aussagen treffen zu?	
a) A kann den Aufhebungsvertrag gem. § 312 BGB innerhalb von zwei Wochen widerrufen.	☐
b) Der ArbN muss bei einem Aufhebungsvertrag gem. § 357 BGB über sein Widerrufsrecht belehrt werden.	☐
c) Aufhebungsverträge unterliegen der Schriftform.	☐
d) Wird der ArbN zum Abschluss eines Aufhebungsvertrages gezwungen, kann er diesen anfechten.	☐
e) Der Abschluss eines Aufhebungsvertrages birgt für den ArbN sozialversicherungsrechtliche Risiken.	☐
5. ArbN A ist in Urlaub. In dieser Zeit lässt sein ArbG die Kündigung des Arbeitsverhältnisses durch einen Boten überbringen. Der Bote steckt die Kündigung in den Hausbriefkasten des A. Welche Aussagen sind zutreffend?	
a) Die Kündigung kann während des Urlaubs nicht zugehen.	☐
b) Die Kündigung ist zugegangen.	☐

c) Die Kündigung ist zwar zugegangen, die Klagefrist des § 4 KSchG läuft dagegen erst an, wenn der ArbN nach Hause kommt.	☐
d) Wenn die Kündigung nur im Briefkasten liegt, ist sie überhaupt nicht zugegangen.	☐
6. ArbG A will den ArbN B ordentlich kündigen. Am Montag übergibt A dazu dem Betriebsratsvorsitzenden einen Anhörungsbogen, auf dem angekreuzt wurde, dass beabsichtigt ist, dem B die verhaltensbedingte Kündigung zum nächstmöglichen Zeitpunkt auszusprechen. Welche der folgenden Aussagen sind zutreffend?	
a) Die Kündigung ist unwirksam.	☐
b) Wenn sich der Betriebsrat bis Freitag nach Dienstschluss nicht geäußert hat, kann A die Kündigung auf den Postweg geben.	☐
c) Wenn der Betriebsrat der Kündigung zustimmt, kann der ArbN dagegen keine Kündigungsschutzklage erheben.	☐
d) Widerspricht der Betriebsrat der ordentlichen Kündigung aus den Gründen des § 102 Abs. 3 BetrVG, kann der ArbG nicht mehr kündigen.	☐
7. ArbN A erhält von seinem ArbG eine Abmahnung wegen häufigen Zuspätkommens. Welche der folgenden Aussagen sind zutreffend?	
a) Erst nach drei gleichlautenden Abmahnungen kann der ArbG eine Kündigung aussprechen.	☐
b) Wenn A die Abmahnung für ungerechtfertigt hält, muss er unverzüglich dagegen Klage erheben.	☐
c) Wenn in einer Abmahnung mehrere Arbeitsvertragsverstöße enthalten sind und nur einer davon nicht den Tatsachen entspricht, ist die gesamte Abmahnung aus der Personalakte zu entfernen und zu vernichten.	☐
d) Der abgemahnte Vorfall kann nicht mehr als Kündigungsgrund herangezogen werden.	☐
e) Eine Abmahnung wegen häufigen Zuspätkommens reicht aus, um eine Kündigung wegen Streitereien am Arbeitsplatz zu begründen.	☐
f) Wenn ein Fehlverhalten mehrfach abgemahnt wurde, bedarf es vor einer Kündigung einer besonders deutlichen Abmahnung.	☐

8. Betrieb A beschäftigt drei VollzeitArbN, zwei ArbN mit einem 15-Stundenvertrag, eine ArbN mit einem 20-Stundenvertrag und zwei Auszubildende. Unterliegt der Betrieb dem KSchG?	
a) Ja.	☐
b) Nein.	☐
9. Im Betrieb werden am 31.12.2003 vier VollzeitArbN und zwei Teilzeit-ArbN mit 20 Std. pro Woche beschäftigt. Im Januar 2004 werden drei weitere VollzeitArbN und vier weitere TeilzeitArbN mit 20 Std. pro Woche eingestellt. Welche der folgenden Aussagen sind richtig?	
a) Der Betrieb unterliegt nicht dem KSchG.	☐
b) Der Betrieb unterliegt dem KSchG, nur die NeuArbN haben keinen Kündigungsschutz.	☐
c) Alle ArbN des Betriebes haben keinen Kündigungsschutz.	☐
10. Ein Betrieb beschäftigt am 31.12.2003 sieben VollzeitArbN. Im Januar 2004 werden noch drei ArbN mit 20 Std. pro Woche eingestellt und ein VollzeitArbN. Welche der folgenden Aussagen treffen zu?	
a) Der Betrieb unterliegt dem KSchG.	☐
b) Die neueingestellten ArbN haben keinen Kündigungsschutz und erwerben diesen auch nach sechs Monaten nicht.	☐
c) Alle ArbN, die bereits am 31.12.2003 beschäftigt wurden, genießen persönlich Kündigungsschutz, wenn sie länger als sechs Monate beschäftigt werden, auch wenn die sechs Monate erst im Jahr 2004 vollendet werden.	☐
11. Im Betrieb werden am 31.12.2003 sechs ArbN in Vollzeit beschäftigt, im Januar 2004 werden fünf weitere ArbN in Vollzeit eingestellt. Welche der folgenden Aussagen sind zutreffend?	
a) Der Betrieb unterliegt dem KSchG, alle ArbN genießen nach sechs Monaten Beschäftigungszeit Kündigungsschutz.	☐
b) Wird einem AltarbN wirksam gekündigt, verlieren alle ArbN ihren Kündigungsschutz.	☐
c) Wird einem neu eingestellten ArbN wirksam gekündigt, verlieren nur die neu eingestellten ArbN den Kündigungsschutz.	☐

12. ArbN A ist seit vier Jahren bei ArbG B beschäftigt. Seit zwei Jahren erkrankt A sehr häufig. In diesem Jahr belaufen sich die Krankheitszeiten bereits auf zwölf Wochen, im Vorjahr waren es 16 Wochen. Welche der folgenden Aussagen treffen zu?	
a) Hier kann der ArbG eine krankheitsbedingte Kündigung in Erwägung ziehen.	☐
b) Krankheit ist kein Kündigungsgrund.	☐
c) Auch bei einer krankheitsbedingten Kündigung muss der ArbG Weiterbeschäftigungsmöglichkeiten prüfen.	☐
d) Bei der krankheitsbedingten Kündigung findet keine Interessenabwägung statt.	☐
13. Bei einer betriebsbedingten Kündigung muss eine Sozialauswahl stattfinden. Welche der folgenden Aussagen sind zutreffend?	
a) ArbG und Betriebsrat können in Auswahlrichtlinien festlegen, welche Gesichtspunkte bei der Sozialauswahl zu berücksichtigen sind. Vermögensverhältnisse bieten sich z. B. aus sozialen Gesichtspunkten an.	☐
b) Liegt ein Interessenausgleich mit Namensliste vor, kann die Sozialauswahl nur noch auf grobe Fehlerhaftigkeit überprüft werden.	☐
c) Die in die Sozialauswahl einzubeziehenden Personen sind unternehmens- u. U. auch konzernweit festzulegen.	☐
d) Alle Auswahlkriterien des § 1 Abs. 3 KSchG müssen berücksichtigt werden; bei der Gewichtung steht dem ArbG aber ein Entscheidungsspielraum zu.	☐
14. Welche der folgenden Aussagen zur betriebsbedingten Kündigung sind richtig?	
a) Bei jeder betriebsbedingten Kündigung steht dem ArbN ein Abfindungsanspruch zu.	☐
b) Der ArbG kann entscheiden, ob er dem ArbN einen Abfindungsanspruch für den Fall, dass der ArbN keine Klage erhebt, anbietet.	☐
c) Werden mehrere ArbN entlassen, muss geprüft werden, ob es sich um eine Massenentlassung i. S. d. § 17 KSchG handelt.	☐

d) Allein in der Entlassung mehrerer ArbN kann eine Betriebsänderung liegen. Mit der Folge, dass der ArbG mit dem Betriebsrat einen Sozialplan abschließen muss.	☐
15. ArbN A erhält von ihrem ArbG die schriftliche Kündigung. Welche der folgenden Aussagen sind zutreffend?	
a) A muss innerhalb von drei Wochen Klage erheben, sonst gilt die Kündigung als wirksam.	☐
b) Wenn A schwanger ist, verstößt die Kündigung gegen § 9 MuSchG. Eine Klageerhebung ist auch noch nach drei Wochen möglich.	☐
c) Wenn der Betrieb der A nicht dem KSchG unterliegt, muss sie die Klagefrist des § 4 KSchG nicht beachten.	☐
d) Auch eine Kündigung, die nur mündlich erklärt wurde muss innerhalb der Frist des § 4 KSchG mit Klage angegriffen werden, sonst wird sie wirksam.	☐
e) Innerhalb der Frist des § 4 KSchG müssen sämtliche Unwirksamkeitsgründe für die Kündigung geltend gemacht werden.	☐
f) Hat der ArbG mehrfach gekündigt, reicht es aus, dass die ArbN gegen eine Kündigung Klage erhebt.	☐
16. Erhebt der ArbN gegen eine Kündigung Kündigungsschutzklage, sind welche der folgende Aussagen zutreffend?	
a) Endet die Kündigungsfrist, endet auch der Beschäftigungsanspruch des ArbN. Eine Weiterbeschäftigung während des Kündigungsschutzprozesses gibt es nur, wenn der ArbG damit einverstanden ist.	☐
b) Ein Weiterbeschäftigungsanspruch setzt immer den Widerspruch des Betriebsrats voraus. Gibt es keinen Betriebsrat, gibt es auch keine Weiterbeschäftigung.	☐
c) Wurde der ArbN nach § 102 BetrVG weiterbeschäftigt und endet der Kündigungsschutzprozess damit, dass die Kündigung wirksam war, findet für die Weiterbeschäftigungszeit Bereicherungsausgleich statt.	☐

d) Das Arbeitsgericht kann den ArbG auf Antrag durch einstweilige Verfügung von der Weiterbeschäftigung gem. § 102 Abs. 5 BetrVG entbinden, wenn die Klage keine hinreichende Erfolgsaussicht bietet oder mutwillig erscheint.	☐
17. ArbG A hat den ArbN B gekündigt. Welche der folgenden Aussagen sind zutreffend?	
a) A muss den B darauf hinweisen, dass er sich bei der Agentur für Arbeit arbeitslos melden muss, und er muss ihn zu diesem Zweck auch von der Arbeit freistellen.	☐
b) Der ArbN hat einen Anspruch auf Freistellung zur Stellensuche.	☐
c) Der ArbN hat Anspruch auf Bezahlung der Zeit, die er für die Stellensuche benötigt, unabhängig von den arbeitsvertraglichen Regelungen und unabhängig davon, wie viel Zeit er zur Stellensuche benötigt.	☐
18. Welche Aussagen zum Arbeitszeugnis sind zutreffend?	
a) Der ArbN kann jederzeit ein Arbeitszeugnis verlangen.	☐
b) Das Zeugnis muss sich immer auf die Leistungen und Führung des ArbN erstrecken.	☐
c) Entspricht das Zeugnis nicht der Wahrheit, kann der ArbN die Berichtigung im Klagewege durchsetzen.	☐
d) Der ArbN hat keinen Anspruch auf eine bestimmte Formulierung des Zeugnisses, sofern es den Tatsachen entspricht.	☐

Lösungen zu Test 5

Frage 1

a) ist falsch: Nur eine rechtswidrige Täuschung berechtigt zur Anfechtung. Die Täuschung war hier rechtmäßig, da die Frage nach der Schwangerschaft unzulässig ist.

b) ist falsch: Gem. § 9 MuSchG ist jede Kündigung gegenüber einer Schwangeren ausgeschlossen.

c) ist richtig: Vgl. § 15 Abs. 3 TzBfG.

d) ist richtig: § 9 MuSchG verbietet nur die Kündigung. Ein Berufen des ArbG auf den Fristablauf wäre aber treuewidrig, wenn die Schwangerschaft der einzige Grund dafür ist, dass kein unbefristetes Anschlussarbeitsverhältnis abgeschlossen wird.

e) ist falsch: Ein Irrtum über die Leistungsfähigkeit berechtigt nicht zur Anfechtung. Allenfalls kommt eine verhaltensbedingte Kündigung (nach Abmahnung) in Betracht.

Frage 2

a) ist richtig: Hier handelt es sich um einen Betriebsübergang gem. § 613a BGB, gem. § 613a Abs. 4 BGB ist die Kündigung wegen des Betriebsübergangs unzulässig.

b) ist richtig: Vgl. § 613a Abs. 1 BGB.

c) ist richtig: Die Arbeitsverhältnisse gehen über wie sie bestanden haben. Dies gilt auch für Ansprüche aufgrund einer betrieblichen Übung.

d) ist richtig: Die ArbN haben gem. § 613a Abs. 6 BGB ein Widerspruchsrecht, müssen dann allerdings bei ihrem alten ArbG mit einer betriebsbedingten Kündigung rechnen.

Frage 3

a) ist falsch: Ein Weiterbeschäftigungsanspruch besteht nur nach § 102 Abs. 5 BetrVG bzw. bei Vorliegen der Voraussetzungen eines allgemeinen Weiterbeschäftigungsanspruchs.

b) ist richtig: § 615 BGB.

c) ist falsch: §§ 615, 296 BGB.

d) ist falsch: Nach neuerer Rechtsprechung schuldet der ArbG eine Mitwirkungshandlung und gerät bei einer unwirksamen Kündigung automatisch in Annahmeverzug.

Frage 4

a) ist falsch: Zwar wurde dieses Widerrufsrecht in der Literatur diskutiert, das BAG hat aber nach Sinn und Zweck des § 312 BGB anders entschieden.

b) ist falsch: Da kein Widerrufsrecht besteht, kann auch die Belehrung entfallen.

c) ist richtig: § 623 BGB.

d) ist richtig: Die Voraussetzungen des § 123 BGB muss in diesem Fall allerdings der ArbN beweisen.

e) ist richtig: Vgl. §§ 158, 159 SGB III.

Frage 5

a) ist falsch.

b) ist richtig.

c) ist falsch: Der ArbN kann aber gem. § 5 KSchG Antrag auf Zulassung der verspäteten Klage stellen.
d) ist falsch: Die Kündigung muss in die Verfügungsgewalt des Empfängers kommen.

Frage 6

a) ist richtig: Die nur schlagwortartige Benennung des Kündigungsgrundes genügt dem Anhörungsverfahren nicht.
b) ist falsch: Der Betriebsrat hat eine Woche Zeit, um zur Kündigung Stellung zu nehmen. Vor Abschluss des Anhörungsverfahrens darf die Kündigung nicht ausgesprochen werden.
c) ist falsch: Die Entscheidung des BR im Anhörungsverfahren hat keine Auswirkungen auf das Klagerecht des ArbN.
d) ist falsch: Das Kündigungsrecht des ArbG wird dadurch nicht genommen, der ArbN kann aber Klage erheben und einen Weiterbeschäftigungsanspruch gem. § 102 Abs. 5 BetrVG geltend machen.

Frage 7

a) ist falsch: Es reicht eine Abmahnung, die Kündigung ist möglich, wenn A erneut zu spät kommt.
b) ist falsch: Der ArbN kann gesondert gegen die Abmahnung vorgehen, kann aber das abgemahnte Verhalten auch noch im Kündigungsschutzprozess bestreiten.
c) ist richtig.
d) ist richtig: Wenn der ArbG einen Vorfall zum Anlass für eine Abmahnung nimmt, bedarf es eines erneuten Vorfalls, um die Kündigung zu begründen.
e) ist falsch: Das abgemahnte Verhalten muss erneut auftreten.
f) ist richtig: Wenn der ArbG immer nur abmahnt, geht die Warnfunktion der Abmahnung verloren.

Frage 8

a) ist falsch: Es ergeben sich rechnerisch nur 4,5 ArbN; die Schwelle des § 23 KSchG wird nicht überschritten.
b) ist richtig: Es ergeben sich rechnerisch nur 4,5 ArbN; die Schwelle des § 23 wird nicht überschritten.

Frage 9

a) ist richtig: Es ergeben sich rechnerisch fünf AltArbN und weitere fünf NeuArbN; da der Betrieb die 10-ArbNSchwelle nicht überschreitet, zählen die NeuArbN nicht auf die grundsätzliche Betriebsgröße von fünf ArbN, die nicht überschritten wird.

b) ist falsch: Siehe Begründung zu a).
c) ist richtig: Der Betrieb unterliegt nicht dem KSchG.

Frage 10

a) ist richtig: Es werden mehr als fünf anrechenbare ArbN beschäftigt.
b) ist richtig: Da der Betrieb insgesamt nicht mehr als zehn ArbN beschäftigt gilt § 23 Abs. 1 Satz 3 KSchG.
c) ist richtig: Entscheidend ist das Datum der Einstellung.

Frage 11

a) ist richtig: Sowohl die 5-ArbN- als auch die 10-ArbN-Schwelle wird überschritten.
b) ist richtig: Beide Schwellen des § 23 KSchG werden dann nicht mehr überschritten, die neu eingestellten ArbN zählen nicht mehr mit. Jedenfalls wenn die Unterschreitung „in der Regel besteht".
c) ist richtig: Die 10-ArbN-Schwelle wird dann nicht mehr überschritten.

Frage 12

a) ist richtig.
b) ist falsch: Krankheit zählt zu den wichtigsten personenbedingten Kündigungsgründen.
c) ist richtig: Der ultima-ratio-Grundsatz gilt auch hier. Oft kann die Beschäftigung auf einem anderen Arbeitsplatz das Problem lösen.
d) ist falsch.

Frage 13

a) ist falsch: Auch Auswahlrichtlinien müssen sich auf die in § 1 Abs. 3 KSchG genannten Kriterien beschränken.
b) ist richtig: § 1 Abs. 5 KSchG.
c) ist falsch: Die Sozialauswahl beschränkt sich auf den Betrieb.
d) ist richtig.

Frage 14

a) ist falsch: Der Abfindungsanspruch des § 1a KSchG setzt voraus, dass der ArbG mit der Kündigung einen entsprechenden Hinweis gibt und der ArbN keine Kündigungsschutzklage erhebt.
b) ist richtig: Vgl. § 1a KSchG.
c) ist richtig.
d) ist richtig: Vgl. § 112a BetrVG.

Frage 15

a) ist richtig: Vgl. §§ 4, 7 KSchG.

b) ist falsch: Auch bei besonderem Kündigungsschutz muss die Unwirksamkeit der Kündigung innerhalb der Klagefrist geltend gemacht werden.

c) ist falsch: Die Frist gilt für alle Kündigungen, auch für solche außerhalb des KSchG, vgl. § 23 KSchG.

d) ist falsch: Die Frist läuft erst, wenn der ArbN die schriftl. Kündigung erhält. Nur mündliche Kündigungen unterliegen nur der Verwirkung.

e) ist falsch: Vgl. § 6 KSchG.

f) ist falsch: Jede Kündigung muss mit Klage angegriffen werden.

Frage 16

a) ist falsch: Es gibt einen gesetzlichen Anspruch unter den Voraussetzungen des § 102 Abs. 5 BetrVG und den allgemeinen Weiterbeschäftigungsanspruch nach der Rechtsprechung des Großen Senats.

b) ist falsch: Es gibt nach der Rechtsprechung einen allgemeinen Weiterbeschäftigungsanspruch.

c) ist falsch: Es handelt sich um ein gesetzliches Schuldverhältnis, damit wurde mit Rechtsgrund geleistet; etwas anderes gilt beim allgemeinen Weiterbeschäftigungsanspruch.

d) ist richtig.

Frage 17

a) ist richtig: Vgl. § 2 Abs. 2 Nr. 3, § 38 Abs. 1 SGB III.

b) ist richtig: Vgl. § 629 BGB.

c) ist falsch: Der Zahlungsanspruch richtet sich nach § 616 BGB. § 616 BGB kann vertraglich abbedungen werden und geht im Übrigen nur auf verhältnismäßig nicht erhebliche Zeit.

Frage 18

a) ist falsch: Während des Arbeitsverhältnisses kann der ArbN nur dann ein Zwischenzeugnis verlangen, wenn er ein berechtigtes Interesse daran hat.

b) ist falsch: Ein qualifiziertes Zeugnis ist nur auf Verlangen des ArbN auszustellen; ansonsten genügt ein einfaches Zeugnis.

c) ist richtig.

d) ist richtig.

Klausurfälle mit Musterlösungen

Bei den folgenden Klausurfällen handelt es sich um angepasste Originalklausuren. Die Musterlösungen sind kurz gehalten und gehen auf die wesentlichen Gesichtspunkte ein. Auf eine saubere Subsumtion sollte im Klausurfall geachtet werden.

Fall 1: Der fußballbegeisterte Maler Manni Müller

Anton Albrecht betreibt einen kleinen Malerbetrieb. Er beschäftigt vier Maler mit jeweils 38 Stunden pro Woche, zwei Auszubildende und im Büro die Angestellte Frieda Freundlich mit 20 Stunden pro Woche. Die Maler sind alle bereits seit Jahren für ihn tätig. Ein Betriebsrat besteht nicht.

Die Auftragslage ist ganz gut, Anton Albrecht hat jede Menge Aufträge. Als die Fußball-EM 2016 beginnt, sind die Maler sehr enttäuscht, dass doch sehr viele der hoch interessanten Spiele und Vorberichte während der Arbeitszeit laufen. Der Maler Manni Müller hat am Mittwoch, dem 15. Juni 2016 eine Idee. Er fragt bei Albrecht nach, ob man nicht einen tragbaren Fernseher mit zur Arbeitsstelle nehmen könne und bei der Arbeit mit einem Auge die Vorberichte bzw. Spiele verfolgen könnte. Albrecht lehnt diesen Vorschlag mit Bedauern ab. Er verweist darauf, dass die in nächster Zeit anstehenden Aufträge termingebunden sind und im Fall der Terminüberschreitung jeweils eine Vertragsstrafe fällig werden würde. Eine Verzögerung könne er sich nicht leisten. Außerdem stünden gerade Arbeiten an, die nicht ungefährlich seien, da man mit ätzenden Flüssigkeiten alte Holzwände bearbeiten müsse. Er brauche den vollen Arbeitseinsatz seiner Arbeitnehmer und keine Ablenkung durch Fußballberichterstattung. Manni ist darüber äußerst verärgert. Im Beisein der Kollegen erklärt er seinem Arbeitgeber, wenn es keinen Fernseher bei der Arbeit gäbe, dann würde er sich eben krankschreiben lassen. Anton Albrecht erklärt Manni daraufhin sofort mündlich die fristlose Kündigung, seine Papiere könne er sich bei der Angestellten Frieda Freundlich aus dem Büro abholen.

Auf dem Weg zum nächsten Termin fällt Albrecht ein, dass eine Kündigung ja schriftlich erfolgen muss. Er ruft deshalb Frieda an und beauftragt sie, die fristlose Kündigung des Manni schriftlich zu formulieren und mit dem Zusatz „in Vertretung" zu unterschreiben.

Als Manni am 16. Juni im Büro erscheint, übergibt Frieda ihm die Kündigung. Manni schaut sich das Schreiben an und gibt es ihr mit der Bemerkung zurück: „Da kann ja jede Bürotante kommen. Seit wann kannst du mir denn kündigen? So etwas akzeptiere ich nicht!".

Manni bleibt in der Folgezeit erst mal zu Hause und schaut sich die Fußball-EM im Fernsehen an. Am 13. Juli erhebt er Klage beim Arbeitsgericht und beantragt festzustellen, dass die Kündigungen vom Juni unwirksam sind und sein Arbeitsverhältnis ungekündigt fortbesteht.

1 Wie wird das Gericht über die Klage entscheiden?
2 Manni hat für 2016 noch keinen Urlaub erhalten. Welchen Umfang hat sein gesetzlicher Urlaubsanspruch und kann er Abgeltung des Urlaubs verlangen?

Gehen Sie in einem Rechtsgutachten auf alle angesprochenen materiellrechtlichen Fragen ein.

Musterlösung zu Fall 1

Lösung zu Frage 1

Das Arbeitsgericht wird der Klage stattgeben, wenn die Klage zulässig und begründet ist. Die Klage ist begründet, wenn die Kündigungen unwirksam sind.

Lösungsskizze

1. Zulässigkeit

- Rechtsweg § 2 Abs. 1 ArbGG
- Kündigungsschutzklage/Feststellungsklage

2. Mündliche Kündigung

- Kündigungserklärung
- Zugang
- Ausschlussgründe, Anzeige- oder Zustimmungserfordernisse
- Wichtiger Grund, § 626 Abs. 1 BGB
- Abmahnung (§ 314 Abs. 2 BGB, Ultima Ratio)
- Kündigungserklärungsfrist § 626 Abs. 2 BGB
- Schriftformerfordernis § 623 BGB
- Klagefrist §§ 13, 4, 7 KSchG

3. Schriftliche Kündigung

- Kündigungserklärung
- Zugang
- Vertretungsmacht
- Einseitige Willenserklärung, § 174 BGB
- Klagefrist §§ 13, 4, 7 KSchG

1 Die Zulässigkeit der Klage

Anmerkung: Die Fallfrage beschränkt sich zwar auf die materiellrechtlichen Fragen, je nach Studienfortschritt sollte man jedoch im Auge haben, dass bei der Frage „Wie wird das Gericht entscheiden?“ normalerweise auch kurz auf die Zulässigkeit eingegangen werden muss.

1.1 Der Rechtsweg zu den Arbeitsgerichten ist eröffnet, § 2 Abs. 1 Nr. 3b ArbGG.

1.2 Die Klage ist als Feststellungsklage gem. § 256 ZPO zulässig. Die Klage richtet sich auf die Feststellung, dass das Arbeitsverhältnis zwischen Manni und seinem Arbeitgeber über den 16. Juni hinaus ungekündigt fortbesteht. Der Streit ist nur als Feststellungsklage entscheidbar und das Feststellungsinteresse ist bei einem Arbeitsverhältnis als Dauerschuldverhältnis immer gegeben.

2 Die Wirksamkeit der mündlichen Kündigung vom 15. Juni.

Es handelt hier um eine fristlose Kündigung aus wichtigem

Grund gem. § 626 BGB.

2.1 Die Kündigungserklärung ist eindeutig auf die sofortige Beendigung des Arbeitsverhältnisses gerichtet, die Kündigung ist dem ArbN auch zugegangen (§ 130 BGB).

2.2 Gründe für den Ausschluss der fristlosen Kündigung sind nicht ersichtlich, ebenso liegen keine Zustimmungs- oder Anzeigepflichten vor.

2.3 Die Wirksamkeit der Kündigung setzt gem. § 626 Abs. 1 BGB einen wichtigen Grund voraus. Ein solcher ist gegeben, wenn Tatsachen vorliegen, auf Grund derer dem kündigenden ArbG unter Abwägung aller Umstände des Einzelfalls und unter Berücksichtigung der Interessen der Vertragspartner die Fortsetzung des Arbeitsverhältnisses bis zum Ablauf der Kündigungsfrist nicht zugemutet werden kann. Tatsachen die zur fristlosen Kündigung berechtigen, könnten hier in der Äußerung des ArbN liegen, er lasse sich krankschreiben, wenn er keinen tragbaren Fernseher zur Arbeit mitnehmen dürfe. Bei allem Verständnis für die Fußballbegeisterung des ArbN ist das Verhalten des ArbN in keiner Weise zu tolerieren. Die Drohung mit der Krankschreibung stellt eine versuchte Nötigung des ArbG dar, die bereits allein die fristlose Kündigung rechtfertigt, unabhängig davon, ob dann tatsächlich eine Krankschreibung erfolgt. Die Interessenabwägung geht hier zu Lasten des ArbN. Die Unzumutbarkeit der Fortsetzung des Arbeitsverhältnisses bis zum Ablauf der Kündigungsfrist ergibt sich insbesondere auch daraus, dass der ArbN seine Drohung im Beisein der Arbeitskollegen ausgesprochen hat und nachdem der ArbG seine ablehnende Haltung nachvollziehbar begründet hat (wozu er nicht verpflichtet gewesen wäre).

2.4 Die Wirksamkeit der Kündigung könnte jedoch an § 314 Abs. 2 BGB bzw. dem Verhältnismäßigkeitsgrundsatz scheitern, weil der Kündigung keine Abmahnung vorausgegangen ist.

§ 314 Abs. 1 BGB regelt die fristlose Kündigung von Dauerschuldverhältnisses aus wichtigem Grund. Für das Arbeitsverhältnis ist § 626 BGB lex specialis zu § 314 Abs. 1 BGB. § 626

BGB regelt allerdings kein Abmahnungserfordernis. Hier hat die Rechtsprechung bis zur Schuldrechtsreform ein Abmahnungserfordernis aus dem ultima ratio Grundsatz heraus in der Regel für erforderlich angesehen. Die Abmahnung konnte jedoch unterbleiben, wenn die Pflichtverletzung so schwerwiegend war, dass durch die Abmahnung allein die Vertrauensstörung nicht mehr beseitigt werden konnte. Hiervon ist im vorliegenden Fall auszugehen. Die Nötigung des ArbG durch eine Drohung mit einer Krankschreibung stellt eine schwerwiegende Störung des Vertrauensbereichs dar, die durch eine Abmahnung nicht mehr beseitigt werden kann.

Nach der Schuldrechtsreform stellt § 314 Abs. 2 BGB für fristlose Kündigungen wegen einer Pflichtverletzung (hierzu zählt auch die Treuepflichtverletzung, § 241 Abs. 2 BGB) ein grundsätzliches Abmahnungserfordernis auf. Somit ist fraglich, ob nunmehr bei jeder fristlosen Kündigung zunächst eine Abmahnung erforderlich ist. § 314 Abs. 2 BGB verweist jedoch auf § 323 Abs. 2 BGB. Relevant könnte hier § 323 Abs. 2 Nr. 3 BGB sein. Es liegen besondere Umstände vor, die unter Abwägung der beiderseitigen Interessen eine sofortige außerordentliche Kündigung rechtfertigen. Es bleibt damit auch nach der Schuldrechtsreform dabei, dass bei schwerwiegenden Störungen die Abmahnung entbehrlich ist.

2.5 Die außerordentliche Kündigung muss gem. § 626 Abs. 2 BGB innerhalb einer Frist von zwei Wochen erklärt werden, sonst ist sie verfristet und die Fortsetzung des Arbeitsverhältnisses bis zum Ablauf der Kündigungsfrist ist zumutbar. Hier spricht der ArbG die Kündigung sofort aus.

2.6 Die erste Kündigung vom 15.6. könnte jedoch an dem Schriftformerfordernis des § 623 BGB scheitern. Gem. § 623 BGB bedarf eine Kündigungserklärung der Schriftform gem. § 126 BGB. Fehlt die Schriftform, ist die Kündigung nach § 125 BGB nichtig. Da der ArbG hier die Kündigung zunächst nur mündlich erklärt, ist diese mündliche Kündigung nichtig.

2.7 Der Mangel der Schriftform könnte aber unbeachtlich sein, wenn die Nichtigkeitsfolge durch eine verspätet erhobene Kündigungsschutzklage überwunden wird. Gem. § 7 KSchG gilt eine Kündigung als von Anfang an wirksam, wenn die Rechtsunwirksamkeit nicht innerhalb der Frist des § 4 KSchG geltend gemacht wird.

Dies könnte daran scheitern, dass das KSchG nicht anwendbar ist. Hier ist zwischen dem sachlichen, dem betrieblichen und dem persönlichen Geltungsbereich zu unterscheiden.

Der sachliche Geltungsbereich könnte nicht eröffnet sein, weil es sich hier um eine außerordentliche Kündigung handelt und das KSchG gem. § 13 Abs. 1 KSchG grundsätzlich nur für ordentliche Kündigungen gilt. Eine Ausnahme besteht gem. § 13 Abs. 1 S. 2 KSchG jedoch für die Klagefrist des § 4 KSchG. Die Rechtsunwirksamkeit kann gem. § 13 Abs. 1 S. 2 KSchG nur nach Maßgabe der §§ 4 S. 1, 5 bis 7 KSchG geltend gemacht werden, d. h. die Klagefrist ist auch bei einer außerordentlichen Kündigung zu beachten.

Der betriebliche Geltungsbereich ergibt sich aus § 23 KSchG. Der betriebliche Geltungsbereich könnte hier daran scheitern, dass in dem Malerbetrieb nicht mehr als 5 ArbN beschäftigt werden. Allerdings ist der betriebliche Geltungsbereich bei der Klagefrist ebenfalls unbeachtlich, da § 23 Abs. 1 S. 2 KSchG die Klagefrist auch auf Kleinbetriebe erstreckt. Gleiches gilt für den persönlichen Anwendungsbereich. Aus § 13 Abs. 3 KSchG ergibt sich, dass auch ArbN, die nicht unter den persönlichen Anwendungsbereich des KSchG fallen, die Klagefrist des § 4 KSchG beachten müssen. Damit gilt die Klagefrist auch für die vorliegende Kündigung.

Die Klagefrist beginnt mit Zugang der schriftlichen Kündigung und beträgt drei Wochen. Da die Kündigung hier nur mündlich ausgesprochen wurde und damit die Frist des § 4 KSchG nicht zu laufen begonnen hat, kann die Unwirksamkeit auch noch nach drei Wochen gerichtlich geltend gemacht werden. Die Fiktion der Wirksamkeit der Kündigung nach § 7 KSchG greift damit nicht.

3 Die schriftliche Kündigung vom 16.06.

Da die mündliche Kündigung vom 15.06 allein an dem Schriftformerfordernis des § 623 BGB gescheitert ist, fragt sich, ob die von der ArbN Frieda überreichte schriftliche Kündigung das Arbeitsverhältnis nicht sofort beendet hat.

3.1 Die Kündigung kann grundsätzlich noch rechtswirksam nachgeholt werden, da der Kündigungsgrund noch nicht verfristet ist (§ 626 Abs. 2 BGB).

3.2 Die schriftliche Kündigung ist dem ArbN auch zugegangen, sie wurde ihm von der Büroangestellten Frieda persönlich übergeben.

3.3 Problematisch könnte hier allerdings sein, dass die Kündigung nicht vom ArbG, sondern von der Büroangestellten mit dem Zusatz „in Vertretung“ unterzeichnet war.

Gem. § 164 BGB wirkt eine Willenserklärung (hier die Kündigung) für und gegen den Vertretenen, wenn sie ihm Rahmen der Vertretungsmacht des Vertreters abgegeben wird. Hier hatte der ArbG der Frieda ausdrücklich telefonisch Vertretungsmacht erteilt. So dass grundsätzlich von der Wirksamkeit der Kündigungserklärung ausgegangen werden kann.

Hier besteht allerdings die Besonderheit, dass es sich bei einer Kündigung um eine einseitige Willenserklärung handelt, die im vorliegenden Fall an § 174 BGB scheitern könnte. Der ArbN hat hier die Kündigung unverzüglich zurückgewiesen. Da der vertretene ArbG weder den ArbN von der Bevollmächtigung der Frieda in Kenntnis gesetzt hatte, noch Frieda eine entsprechende Vollmachtsurkunde vorweisen kann, ist die Kündigung gem. § 174 BGB unwirksam.

3.4 Die schriftliche Kündigung könnte gem. §§ 4, 7 KSchG aber trotzdem wirksam sein, wenn Manni die Klage zu spät erhoben hat. Das setzt voraus, dass die Klagefrist auch auf den vorliegenden Fall anwendbar ist. Die Klagefrist gilt auch für außerordentliche Kündigungen und Betriebe, die nicht dem KSchG unterliegen (vgl. oben). Manni hätte also die Frist des § 4 KSchG beachten müssen, die am 07.07. abgelaufen ist. Da Manni zu spät Klage erhebt, greift die Fiktion des § 7 KSchG und die schriftliche Kündigung vom 16.06 ist wirksam.

Ergebnis zu Frage 1: Die mündliche Kündigung vom 15.06. ist unwirksam, die schriftliche Kündigung vom 16.06 ist wirksam.

Lösung zu Frage 2

Den Mindesturlaub eines ArbN regelt das BUrlG. Die Dauer des Urlaubs ergibt sich aus §§ 3 ff. BUrlG. Die Urlaubsabgeltung regelt § 7 Abs. 4 BUrlG.

Lösungsskizze

1. Urlaubsdauer

- § 1 BUrlG bezahlter Anspruch in jedem Kalenderjahr
- 24 Werktage gem. § 3 BUrlG
- Wartezeit gem. § 4 BurlG
- Teilurlaub gem. § 5 Abs. 1c BUrlG

2. Abgeltung

- § 7 Abs. 4 BUrlG wegen Beendigung des Arbeitsverhältnisses
- Arbeitsverhältnis beendet

1 Grundsätzlich hat jeder ArbN für jedes Kalenderjahr Anspruch auf bezahlten Erholungsurlaub (§ 1 BUrlG). Der Urlaub beträgt mindestens 24 Werktage (Samstage zählen als Werktage).

1.1 Der volle Urlaubsanspruch entsteht jedoch erst nach einer Wartezeit von sechs Monaten (§ 4 BUrlG). Manni ist bereits seit mehreren Jahren bei Albrecht beschäftigt, d. h. er hat für das Jahr 2016 einen vollen Urlaubsanspruch von 24 Werktagen.

1.2 Dieser Anspruch könnte jedoch auf einen Urlaubsteilanspruch reduziert sein, da die Kündigung des Manni in die Mitte des Kalenderjahres fällt. Ein Teilurlaubsanspruch kommt nur nach der Regelung des § 5 BUrlG in Betracht. Eine Kündigung vom 16.06. liegt in der ersten Jahreshälfte, so dass ein Teilurlaubsanspruch nach § 5 Abs. 1c BUrlG besteht. Manni hat demnach einen Anspruch auf ein Zwölftel des Jahresurlaubs für jeden vollen Monat des Bestehens des Arbeitsverhältnisses in 2016. Dies ergibt einen Urlaubsanspruch von zehn Werktagen (je zwei

Tage für Januar bis Mai).

2 Manni könnte einen Anspruch auf Urlaubsabgeltung gem. § 7 Abs. 4 BUrlG haben. Dies setzt voraus, dass der Urlaub wegen Beendigung des Arbeitsverhältnisses nicht mehr genommen werden kann. Manni hat eine Kündigung erhalten, die wirksam ist. Manni kann seinen Urlaubsanspruch nicht mehr in Natura realisieren. Es besteht ein Anspruch auf Abgeltung gem. § 7 Abs. 4 BurlG.

Ergebnis zu Frage 2: Manni hat Anspruch auf Urlaubsabgeltung für zehn Werktage Urlaub.

Fall 2: Sport ist gesund

Mark Muskel (M) studiert im 5. Semester Wirtschaftsrecht an der Hochschule für Technik und Wirtschaft in Berlin. Um sich die angenehmen Seiten seines Studiums finanzieren zu können, arbeitet er nebenbei als Fitnesstrainer für ein Fitnessstudio, welches im Januar 2010 gegründet wurde und noch im Januar seine Tätigkeit aufnahm. Sein Arbeitgeber, Anton Anabolik (A), beschäftigt neben Mark drei Sportlehrer als Vollzeitmitarbeiter, zwei Halbtagsmasseure, eine Halbtagssekretärin und eine Reinigungskraft für zehn Stunden pro Woche. Der Sportlehrer Berthold Bandage (B) ist gewählter Betriebsrat.

Mark arbeitet jeweils Montag und Freitag acht Stunden. Er bekommt 640 € netto pro Monat (10 € pro Stunde). Sein Arbeitsvertrag wurde am 20.11.2013 abgeschlossen, befristet bis zum 31.7.2016. Mark hatte sich zwar damals über die Befristung geärgert, immerhin hatte er mit Anton bereits vom 1.1.2010 bis zum 31.12.2010 und vom 1.1.2011 bis zum 30.06.2011 befristete Arbeitsverträge, schließlich hat er aber doch unterschrieben. Darüber hinaus braucht Anton dauerhaft einen zusätzlichen Fitnesstrainer.

Am Freitag, dem 24.6.2014 kann Mark nicht zur Arbeit, da er eine Klausur schreiben muss. Leider hat er vergessen, Anton am Montag davon zu unterrichten. Anton ist mehr als sauer, denn er muss, um seine bestellten Kunden nicht zu verlieren, von einem Personalleasingunternehmen für fünf Stunden einen Ersatzfitnesstrainer ordern, der auch noch 10 € pro Stunde mehr kostet als Mark. Hätte Mark rechtzeitig Bescheid gesagt, hätte Anabolik den Dienst- und Trainingsplan so organisieren können, dass kein Schaden entstanden wäre. Als Mark am Montag, dem 27.6. wieder zur Arbeit erscheint, macht ihm Anton Vorhaltungen und kündigt an, dass er Mark das Geld, das er für den Ersatztrainer mehr zahlen musste, vom Arbeitsentgelt für den Juni abziehen werde.

Das bringt Mark für den Rest des Tages aus dem Tritt. Einer Kundin packt er zu viele Gewichte auf die Apparatur. Die Kundin kann die Gewichte nicht halten und hätte sich fast verletzt, wenn nicht der Sportlehrer Paul Pech (P) hilfreich hinzugesprungen wäre. Paul klemmt sich allerdings selbst den Daumen bei der Rettung. Paul muss zum Arzt, der ihn eine Woche krankschreibt.

Nun kommt es für Mark richtig dick. Anton ruft ihn zu sich. In Anwesenheit des Betriebsrats Berthold Bandage erklärt er Mark, dass für ihn ja sowieso der 31.7. der letzte Arbeitstag wäre. Solange wolle er sich aber nicht mehr mit Mark rumärgern. Er übergibt Mark sofort die schriftlich vorbereitete fristlose Kündigung. Der anwesende Betriebsrat erklärt, dass er der fristlosen Kündigung zugestimmt habe.

Nun erinnert sich Mark an seine Kenntnisse aus dem Kurs Arbeitsrecht. Er erklärt, dass sein Fehlverhalten für eine fristlose Kündigung ohne vorherige Abmahnung nicht ausreiche. Außerdem könne sich Anton nicht auf die Befristung des Arbeitsverhältnisses berufen. Er werde sicher noch lange für das Fitnessstudio arbeiten.

Nun ist Anton Anabolik ratlos. Er wendet sich an Sie mit der Bitte um Rechtsrat. Er möchte wissen,

1 ob die fristlose Kündigung rechtswirksam ist.
2 ob das Arbeitsverhältnis mit Mark wirksam befristet wurde.
3 in welcher Höhe er dem Mark für Juni und Juli das Arbeitsentgelt auszahlen muss.

Bitte gehen Sie auf alle angesprochenen Fragen in einem umfassenden Rechtsgutachten ein. Es wird empfohlen, die Fragen der Reihenfolge entsprechend zu bearbeiten.

Musterlösung zu Fall 2

Lösung zu Frage 1: Wirksamkeit der fristlosen Kündigung

Lösungsskizze

- Kündigungserklärung ist gem. § 130 BGB zugegangen
- Kündigung als außerordentliche Kündigung ausgesprochen
- Schriftformerfordernis, § 623 BGB
- Keine Zustimmungs- oder Anzeigepflichten
- Wichtiger Grund § 626 Abs. 1 BGB
- Abmahnungserfordernis, § 314 Abs. 2 BGB
- Kündigungserklärungsfrist gem. § 626 Abs. 2 BGB
- Betriebsratsanhörung gem. § 102 BetrVG

Es handelt sich hier um eine außerordentliche Kündigung aus wichtigem Grund gem. § 626 BGB.

1 Die Kündigungserklärung ist auf die sofortige Beendigung des Arbeitsverhältnisses gerichtet und dem ArbN auch zugegangen (§ 130 BGB), da der ArbG die Kündigung persönlich übergibt.

2 Die Schriftform des § 623 BGB ist beachtet.

3 Gründe für den Ausschluss der fristlosen Kündigung (z. B. § 9 MuSchG) sind nicht ersichtlich, ebenso liegen keine Zustimmungs- oder Anzeigepflichten vor (z. B. § 85 SGB IX).

4 Die Wirksamkeit der fristlosen Kündigung setzt gem. § 626 Abs. 1 BGB einen wichtigen Grund voraus. Ein solcher ist gegeben, wenn Tatsachen vorliegen, auf Grund derer dem Kündigenden unter Abwägung aller Umstände des Einzelfalls und unter Berücksichtigung der Interessen der Vertragspartner die Fortsetzung des Arbeitsverhältnisses bis zum Ablauf der Kündigungsfrist nicht zugemutet werden kann. Die Tatsachen, die zur fristlosen

Kündigung berechtigen, könnten hier zum einen darin liegen, dass Mark am 24.6. unentschuldigt gefehlt hat, zum anderen darin, dass er unachtsam war und einer Kundin ein falsches Sportgerät gegeben hat, was fast zur Verletzung der Kundin und tatsächlich zur Verletzung eines Kollegen geführt hat.

Im Rahmen der Interessenabwägung ist hinsichtlich des unentschuldigten Fehlens zugunsten des ArbN insbesondere zu berücksichtigen, dass es sich wohl um das erste Vorkommnis dieser Art handelt und dass Mark unter Prüfungsstress stand. Andererseits war der ArbG gezwungen eine Ersatzkraft zu beschaffen, um nicht Kundinnen zu verlieren. Eine rechtzeitige Bekanntgabe des Klausurtermins hätte es dem ArbG ermöglicht zu planen und die Dienstpläne entsprechend abzustimmen.

Hinsichtlich des Fehlverhaltens mit den falschen Hantelgewichten, spricht für Mark, dass er kurz vorher ein unangenehmes Gespräch mit seinem ArbG hatte, das seine Konzentration beeinträchtigt. Andererseits geht von solchen Sportgeräten eine erhöhte Verletzungsgefahr aus, man muss also von einem ArbN in diesen Punkten auch erhöhte Aufmerksamkeit verlangen. (Anm.: Man kann hier mit vertretbaren Argumenten sowohl zu dem Ergebnis kommen, dass ein wichtiger Grund vorliegt als auch den wichtigen Grund verneinen.)

Die fristlose Kündigung könnte daran scheitern, dass Mark bislang wegen derartiger Pflichtverletzungen noch keine Abmahnung erhalten hat. Die Kündigung soll nur das letzte zur Verfügung stehende Mittel sein, um eine arbeitsrechtliche Konfliktsituation zu lösen. Darüber hinaus fordert § 314 Abs. 2 BGB für fristlose Kündigungen von Dauerschuldverhältnissen zunächst eine Abmahnung. (Da nach wie vor umstritten ist, ob § 314 Abs. 2 BGB auf die außerordentlich Kündigung eines Arbeitsverhältnisses Anwendung findet, kommt man zu demselben Ergebnis unter Anwendung des Verhältnismäßigkeitsgrundsatzes). Die Abmahnung ist nur dann entbehrlich, wenn besondere Umstände vorliegen, die unter Abwägung der beiderseitigen Interessen eine sofortige Kündigung rechtfertigen (§ 323 Abs. 2 BGB, auf den

§ 314 Abs. 2 BGB verweist). Die Rechtsprechung ist bislang von einer Entbehrlichkeit der Abmahnung ausgegangen, wenn die Pflichtverletzung so schwerwiegend war, dass durch die Abmahnung allein die Vertrauensstörung nicht mehr beseitigt werden kann. Davon wird man im vorliegenden Fall noch nicht ausgehen können. Das einmalige unentschuldigte Fehlen begründet noch keine schwerwiegende Pflichtverletzung und der Fehler mit den Gewichten kann in jedem Sportstudio jederzeit passieren, hier handelt es sich um eine Unachtsamkeit. Die fristlose Kündigung scheitert somit am Fehlen einer Abmahnung (Anm.: Da ein Rechtsgutachten gefordert ist, kann der Bearbeiter an dieser Stelle seine Prüfung nicht beenden. Die weiteren Voraussetzungen der außerordentlichen Kündigung sind zu prüfen.)

5 Die außerordentliche Kündigung muss gem. § 626 Abs. 2 BGB innerhalb von zwei Wochen, nachdem der Kündigungsberechtigte von den zur Kündigung berechtigenden Tatsachen Kenntnis erlangt hat, erklärt werden. Hieraus ergeben sich im vorliegenden Fall keine Probleme, Anabolik kündigt noch am selben Tag.

6 Die Wirksamkeit der Kündigung setzt des Weiteren die Anhörung des Betriebsrats gem. § 102 BetrVG voraus. Die Anhörung muss vor Ausspruch der Kündigung erfolgen, sonst ist die Kündigung unheilbar unwirksam. Der Sachverhalt enthält hier keine näheren Angaben über das Anhörungsverfahren. Der bei der Kündigungsübergabe anwesende Betriebsrat (bei der Größe des Betriebes besteht der Betriebsrat nur aus einer Person, § 9 BetrVG) erklärt aber, „er habe der Kündigung zugestimmt". Es kann daher unterstellt werden, dass das Anhörungsverfahren vor der Kündigung erfolgt ist.

7 Der ArbN muss aber innerhalb von drei Wochen ab Zugang der Kündigung Klage beim Arbeitsgericht erheben, dass die Kündigung das Arbeitsverhältnis nicht aufgelöst hat (§ 4 KSchG) sonst tritt die Fiktionswirkung des § 7 KSchG ein und die Kündigung gilt als wirksam. Die Klagefrist gilt für alle Unwirksamkeitsgründe (Ausnahme: Schriftform) und auch in Betrieben die nicht dem KSchG unterliegen.

Ergebnis: Die fristlose Kündigung ist nicht wirksam, sie scheitert an der fehlenden Abmahnung.

Lösung zu Frage 2: Wirksame Befristung des Arbeitsverhältnisses

Lösungsskizze

- Kalendermäßig befristetes Arbeitsverhältnis, § 3 Abs. 1 TzBfG
- Zulässigkeit der Befristung
  - Befristung mit Sachgrund gem. § 14 Abs. 1 TzBfG
  - Erleichterte Befristung gem. § 14 Abs. 2a TzBfG
  - Zulässigkeit der Befristung aus sonstigen Gründen
- Rechtsfolge, § 16 TzBfG

1 Es handelt sich um einen kalendermäßig befristeten Arbeitsvertrag (§ 3 Abs. 1 TzBfG), das Arbeitsverhältnis mit Mark soll am 31.7.2016 enden.

2 Problematisch könnte die Zulässigkeit der Befristung sein. Gem. § 14 Abs. 1 TzBfG ist die Befristung eines Arbeitsverhältnisses nur zulässig, wenn sie durch einen sachlichen Grund gerechtfertigt ist.

2.1 Sachliche Gründe die eine Befristung rechtfertigen, nennt § 14 Abs. 1 TzBfG. In Betracht könnte hier § 14 Abs. 1 Nr. 1 TzBfG kommen. Es ist aber nicht ersichtlich, dass Anabolik nur einen vorübergehenden Bedarf an einem Fitnesstrainer hat, im Gegenteil, es besteht ein Dauerbedarf. Die Sachgründe des § 14 Abs. 1 TzBfG sind im vorliegenden Fall nicht einschlägig.

2.2 Die Sachgründe des § 14 Abs. 1 TzBfG sind nicht abschließend. Es kommen auch andere Befristungsgründe in Betracht, die die Rechtsprechung bis zum Inkrafttreten des TzBfG anerkannt hat. Denkbar wäre z. B. eine Befristung auf Wunsch des ArbN, wofür aber keine Anhaltspunkte bestehen. Ein anderer sachlicher Grund für die Befristung ist hier nicht ersichtlich.

3 Die Befristung könnte aber gem. § 14 Abs. 2a TzBfG zulässig sein. § 14 Abs. 2a TzBfG regelt die erleichterte kalendermäßige Befristung bei neu gegründeten Unternehmen in den ersten vier Jahren. Sofern die Voraussetzungen des § 14 Abs. 2a TzBfG vorliegen, ist ein Sachgrund für die Befristung nicht notwendig.

3.1 Voraussetzung für die erleichterte Befristung ist zunächst, dass es sich bei dem Fitnessstudio um ein neu gegründetes Unternehmen handelt. Das Fitnessstudio wurde im Januar 2010 gegründet und begann ab diesem Zeitpunkt mit seiner Tätigkeit. Es handelt sich demnach um ein neu gegründetes Unternehmen. Eine Ausnahme nach § 14 Abs. 2a S. 2 ist nach dem Sachverhalt nicht ersichtlich.

3.2 Weitere Voraussetzungen sind, dass es sich um ein kalendermäßig befristetes Arbeitsverhältnis innerhalb der ersten vier Jahre nach Gründung des Unternehmens handelt und die Befristung vier Jahre nicht überschreitet. Mark wurde für die Zeit vom 20.11.2013, also in den ersten vier Jahren nach der Gründung, bis zum 31.7.2016 und damit für weniger als vier Jahre befristet eingestellt. Die Voraussetzungen liegen damit vor.

3.3 Ferner müsste es sich nach § 14 Abs. 2a S. 4 TzBfG, welcher auf eine entsprechende Anwendung des Abs. 2 S. 2 bis 4 verweist, um eine Neueinstellung handeln. Es darf mit demselben ArbG zuvor kein befristetes oder unbefristetes Arbeitsverhältnis bestanden haben. Hieran scheitert nun die Zulässigkeit der Befristung. Mark hatte bereits in den Jahren 2010 und 2011 befristete Arbeitsverhältnisse mit Anabolik. Dass diese Arbeitsverhältnisse bereits länger zurückliegen, ändert nichts an der Unzulässigkeit der Befristung gem. § 14 Abs. 2a, Abs. 2 S. 2 TzBfG. Auch die neueste Rechtsprechung des BAG, wonach es sich um eine Neueinstellung handelt, wenn das letzte Arbeitsverhältnis mehr als drei Jahre zurückliegt ändert daran nichts, da hier die Arbeitsverhältnisse kürzer zurückliegen.

4 Die Befristung des Arbeitsverhältnisses könnte aus sonstigen Spezialregelungen zulässig sein, z. B. nach dem BEEG oder dem WisszeitVG (§ 23 TzBfG). Hierfür bietet der Sachverhalt aber keine Anhaltspunkte.

5 Die Rechtsfolge einer unzulässigen Befristung wird von § 16

TzBfG geregelt. Es ist ein unbefristetes Dauerarbeitsverhältnis entstanden, das vom ArbG frühestens zum Zeitpunkt der vereinbarten Befristung gekündigt werden kann.

Ergebnis: Die Befristung des Arbeitsverhältnisses mit Mark ist unzulässig. Mark steht in einem Dauerarbeitsverhältnis.

Lösung zu Frage 3

Lösungsskizze

1. Anspruch aus § 611 BGB i. V. m. Arbeitsvertrag für den Juni

- Anspruch grundsätzlich entstanden
- Am 24.6. nicht gearbeitet, Teilunmöglichkeit wegen Fixschuldcharakter
- Anspruch gem. § 326 Abs. 1 BGB teilweise entfallen
- Anspruch aufrechterhalten gem. § 616 BGB
  - Persönliche Verhinderung
  - Kein Verschulden
  - Für verhältnismäßig nicht erhebliche Zeit

2. Anspruch für die Zeit vom 27.6. bis 31.7.

- Anspruch aus § 611 BGB i. V. m. Arbeitsvertrag
- Annahmeverzug des ArbG, § 615 BGB
  - Leistungsvermögen des ArbN
  - Ordnungsgemäßes Angebot der Arbeitsleistung
  - Mitwirkungshandlung des ArbG

3. Anspruch teilweise erloschen gem. § 389 BGB

- Aufrechenbarer Gegenanspruch
  - § 280 Abs. 1, § 241 Abs. 2 BGB
  - Verletzung einer Nebenpflicht
  - Pflichtverletzung von Mark zu vertreten
  - Schaden
- Aufrechnungserklärung
  - Zulässigkeit der Aufrechnung, § 394 BGB, §§ 850 ff. ZPO

1 Anspruch aus § 611 BGB i. V. m. dem Arbeitsvertrag für die Monate Juni und Juli

Mark könnte einen Anspruch auf Arbeitsentgelt für den Juni

gegen Anabolik gem. § 611 BGB i. V. m. dem Arbeitsvertrag haben.

1.1 Zwischen Mark und Anabolik besteht ein Arbeitsverhältnis, der Anspruch für Juni ist grundsätzlich entstanden, allerdings hat Mark am 24.6. nicht gearbeitet.

1.2 Der Vergütungsanspruch für den 24.6. könnte gem. § 326 Abs. 1 BGB entfallen sein. Mark hat an diesem Tag seine Arbeitsleistung nicht erbracht. Wegen des Fixschuldcharakters der Arbeit tritt insoweit Teilunmöglichkeit ein. Mark wird für den 24.6. von seiner Leistungspflicht befreit. Er muss nicht nachleisten, verliert für den 24.6. aber auch den Anspruch auf die Gegenleistung gem. § 326 Abs. 1 BGB.

Der Anspruch auf die Arbeitsvergütung für den 24.6. könnte jedoch gem. § 616 BGB aufrechterhalten worden sein. Dies setzt voraus, dass Mark aufgrund eines in seiner Person liegenden Grundes, für verhältnismäßig nicht erhebliche Zeit, ohne sein Verschulden an der Arbeitsleistung verhindert war.

Fraglich ist im vorliegenden Fall der persönliche Verhinderungsgrund. Das Schreiben einer Klausur betrifft nicht nur den Mark allein, sondern eine Vielzahl von Studenten. Die Klausur an diesem Tag ergibt sich aber aus seiner persönlichen Studiensituation, so dass man gut eine persönliche Verhinderung annehmen kann. Die Fehlzeit des Mark ist auch nicht im Hinblick auf die Dauer des Arbeitsverhältnisses zu lang. Ein Ausfall von einem Tag ist, bei einem Arbeitsverhältnis, das bereits seit über drei Jahren besteht, nicht unverhältnismäßig. Ein Verschulden ist nicht erkennbar.

1.3 Nach dem 27.6. hat Mark infolge der fristlosen Kündigung nicht mehr gearbeitet. Auch insoweit ist der vertragliche Anspruch gem. §§ 275 Abs. 1, 326 Abs. 1 BGB entfallen.

1.4 Mark könnte aber für die Zeit ab dem 27.6. bis zum 31.7. einen Anspruch aus § 615 BGB haben, da Anabolik eine unwirksame fristlose Kündigung ausgesprochen hat.

Ein Anspruch aus § 615 BGB setzt voraus, dass sich der ArbG Anabolik in Annahmeverzug befindet. Annahmeverzug liegt vor, wenn der ArbN leistungsfähig und leistungswillig ist, dem ArbG seine Arbeitsleistung angeboten hat und der ArbG die Arbeitsleistung nicht entgegennimmt (§ 293 BGB).

Mark ist leistungsfähig und leistungswillig. Hier könnte der Anspruch jedoch am fehlenden Angebot der Arbeitsleistung scheitern. Grundsätzlich ist gem. § 294 BGB ein tatsächliches Angebot notwendig. Im Falle einer Kündigung ist auch ein wörtliches Angebot gem. § 294 BGB ausreichend. Hier fehlt sowohl das tatsächliche als auch das wörtliche Angebot. Hierbei ist jedoch zu bedenken, dass der ArbG als kalendermäßige Mitwirkungshandlung dem ArbN die Einrichtung und Zuweisung eines Arbeitsplatzes schuldet. Im Fall einer unwirksamen außerordentlichen Kündigung kommt der ArbG dieser Verpflichtung nicht nach. Das Angebot ist damit gem. § 296 BGB entbehrlich und der ArbG gerät ohne weiteres in Annahmeverzug.

Zwischenergebnis: Mark hat für den Monat Juni den Vergütungsanspruch, einschließlich der Vergütung für den 24.6.; ab dem 27.6. besteht ein Anspruch aus Annahmeverzug.

2 Anspruch teilweise erloschen gem. § 389 BGB

Der Anspruch für den Juni könnte gem. §§ 387, 389 BGB teilweise erloschen sein, wenn dem ArbG ein aufrechenbarer Gegenanspruch zusteht.

2.1 Ein aufrechenbarer Gegenanspruch könnte sich aus §§ 280 Abs. 1, 241 Abs. 2 BGB ergeben.

Mark hat am 24.6. gefehlt, ohne dem ArbG rechtzeitig Bescheid zu geben, dass er an diesem Tag wegen einer Klausur verhindert sein würde. Insoweit hat Mark eine Rücksichtnahmepflicht aus dem Arbeitsverhältnis verletzt.

Diese Pflichtverletzung ist von Mark zu vertreten. Klausurtermine werden normalerweise rechtzeitig bekannt gegeben, Mark hätte damit seinen ArbG ebenfalls rechtzeitig informieren können, dass er am 24.6. nicht zur Arbeit erscheinen würde.

Die Pflichtverletzung muss einen Schaden zur Folge gehabt

haben. Der Schaden liegt hier in dem höheren Arbeitsentgelt, das Anabolik der Ersatzkraft bezahlen musste. Hätte Mark rechtzeitig Bescheid gesagt, hätte Anabolik den Dienstplan umstellen können und nicht auf eine teuere Ersatzkraft von einem Personalleasingunternehmen zurückgreifen müssen. Mark hat damit den Schaden verursacht, der in der Differenz zwischen dem normalen Entgelt und dem Entgelt für die Ersatzkraft liegt. Im vorliegenden Fall sind dies 50 €.

2.2 Der ArbG hat gem. § 388 BGB die Aufrechnung erklärt.

2.3 Die Aufrechnung ist gem. § 394 BGB allerdings nur insoweit zulässig, als die Forderung der Pfändung nicht unterworfen ist. Bei der zur Aufrechnung stehenden Forderung handelt es sich um den Anspruch auf Arbeitsentgelt des Mark. Hier könnte die Aufrechnung scheitern, denn Arbeitsentgelt ist gem. §§ 850 ff. ZPO nur bedingt pfändbar. Die Pfändungsgrenzen hängen u. a. von der Höhe des Einkommens und der Zahl der unterhaltspflichtigen Personen ab. Aus § 850c ZPO i. V. m. § 32a Abs. 1 Nr. 1 EStG lässt sich entnehmen, dass das Arbeitseinkommen einer Person, die keine Unterhaltspflichten hat, bis zu einem Betrag von 1.079,99 € nicht pfändbar ist. Marks Einkommen liegt darunter. Die Aufrechnung ist damit nicht zulässig.

Ergebnis: Mark hat sowohl für den Monat Juni als auch für den Juli einen Anspruch auf Arbeitsvergütung in Höhe von jeweils 640 Euro (Monatsverdienst).

Fall 3: Die Pharmaindustrie will auch leben

Manfred Methodan beschäftigt in seiner pharmazeutischen Großhandlung die Arbeitnehmerinnen Anna, Berta und Cäcilie im Büro, Paul Pansch als ausgebildeten Apotheker im Labor, den Lageristen Kurt, die Reinigungskraft Regine und die sechs Kraftfahrer Egon, Fritz, Gustav, Hans, Jakob und Ignatz. Alle arbeiten Vollzeit. Ein Betriebsrat besteht nicht.

Der Umsatz ist seit einiger Zeit stark rückläufig. Insbesondere die Bürodamen sind nicht mehr ausgelastet, da wesentlich weniger Bestellungen eingehen. Manfred Methodan befürchtet durch die neuesten Maßnahmen des Gesundheitsministeriums weitere Umsatzeinbußen, er beschließt daher, sich möglichst bald von einigen Mitarbeitern zu trennen, um seinen Betrieb rentabel zu halten.

1. Als erste Maßnahme beschließt Manfred Methodan sich von Paul Pansch zu trennen. Die Laborarbeiten will Manfred in Zukunft selbst erledigen, schließlich hat er auch ein entsprechendes Studium absolviert. Paul Pansch ist seit vier Jahren bei Manfred beschäftigt, sein Arbeitsvertrag sieht eine Kündigungsfrist von sechs Wochen zum Ende eines Quartals vor. Manfred kündigt Paul am 23. Juni schriftlich zum 31. Juli. Als Paul einwendet, dass die Kündigungsfrist nicht stimmen könne, verweist ihn Manfred auf § 622 BGB, der die Kündigungsfristen schließlich gesetzlich regle.
2. Paul gibt sich damit zunächst zufrieden und liest intensiv Stellenausschreibungen. Mit zwei potentiellen Arbeitgebern vereinbart er telefonisch einen Vorstellungstermin für den 27.6. und 28.6. jeweils am Vormittag. Paul bittet Manfred deshalb, ihm an den beiden Tagen vormittags frei zu geben. Manfred ist wenig erfreut und erklärt, wenn Paul vormittags der Arbeit fern bleibe, werde er sein Junigehalt entsprechend kürzen.
3. Am 27. Juni kündigt Manfred auch der Bürokraft Berta schriftlich mit Wirkung zum 31. Juli. Die 29-jährige ledige Berta ist bereits seit zehn Jahren für Manfred tätig. Manfred erklärt ihr, er habe sich gegen sie entschieden, weil Anna, die erst seit neun Jahren für ihn arbeite, als alleinerziehende Mutter von zwei Kindern den Arbeitsplatz dringender brauche und Cäcilie, die schon seit 20 Jahren für ihn arbeite wie eine Mutter für ihn sei.
4. Bei den Kraftfahrern will Manfred vorläufig noch keine Personaleinsparungen vornehmen, auch wenn diese immer Ärger machen. Der flotte Junggeselle Egon wollte z. B. wieder bei einer Apothekenhelferin Eindruck schinden und hat – entgegen der ausdrücklichen Anweisung seines Chefs, vorsichtig zu sein –

am 20.6. beim Ausliefern teurer Medikamente die Kartons übereinandergestapelt und Jongleurkunststückchen damit vorgeführt. Prompt sind auch einige Glasflaschen zerbrochen. Manfred Methodan entstand ein Sachschaden in Höhe von 250 €, die er Egon von seinen 1.500 € netto Junientgelt abziehen will. Egon ist damit ganz und gar nicht einverstanden.

Bearbeitervermerk: Paul, Berta und Egon wenden sich an Sie mit der Bitte um Rechtsrat.

1 Berta möchte wissen, ob die Kündigung wirksam ist oder sie Kündigungsschutzklage erheben soll.
2 Paul fragt Sie, ob ihm sein Gehalt gekürzt werden kann, wenn er sich auf Stellensuche begibt. Außerdem habe er nun doch Bedenken, ob die Kündigung wirksam ist. Empfiehlt es sich Klage zu erheben?
3 Egon will wissen, ob er den Lohnabzug hinnehmen muss.

Gehen Sie in einem Rechtsgutachten auf alle angesprochenen materiell-rechtlichen Fragen ein.

Musterlösung zu Fall 3 (in Stichpunkten)

1 *Ist die Kündigung der Berta wirksam?*

1.1 ordentliche Kündigung gem. § 622 BGB (+)

1.2 Kündigungserklärung zugegangen, § 130 BGB (+)

1.3 Schriftform gewahrt, § 623 BGB (+)

1.4 Keine Zustimmungserfordernisse, Ausschlussgründe oder Anzeigepflichten ersichtlich

1.5 Kündigungsfrist gem. § 622 Abs. 2 Nr. 1 BGB 1 Monat zum Ende eines Kalendermonats, § 622 Abs. 2 S. 2 BGB: nur die Zeiten ab dem 25. Lebensjahr zählen nach der gesetzlichen Regelung; aber: § 622 Abs. 2 Satz 2 BGB ist europarechtswidrig und muss unangewendet bleiben.

Die Kündigungsfrist würde gemäß § 622 Abs. 2 S. 1 Nr. 4 BGB vier Monate zum Ende eines Kalendermonats betragen.

Damit ist die Kündigung, ausgesprochen am 27.6., erst zum 31.10. wirksam. Dies berührt die Wirksamkeit der Kündigung aber nicht, da sie in eine Kündigung zum nächstzulässigen Termin, hier dem 31.10., nach § 140 BGB umgedeutet werden kann. Unter Berücksichtigung der übrigen Voraussetzungen, welche – wie nachfolgend dargelegt – gegeben sind, würde es sich für Berta im Endergebnis empfehlen Kündigungsschutzklage zu erheben.

1.6 Betriebsratsanhörung entfällt

1.7 Kündigungsschutz

1.7.1 Anwendungsbereich

- betrieblicher Geltungsbereich, § 23 KSchG >fünf ArbN > zehn ArbN (+)
- sachlicher Geltungsbereich, § 1 Abs. 1, § 13 KSchG ordentl. ArbGkündigung (+)
- persönlicher Geltungsbereich, § 1 Abs. 1 KSchG > sechs Monate; § 23 Abs. 1 Betrieb > zehn ArbN und Berta vor dem 31.12.2003 eingestellt (+)

1.7.2 sachliche Rechtfertigung

- Kündigung betriebsbedingt (+)
- Keine absolute Sozialwidrigkeit und keine relative Sozialwidrigkeit gem. § 1 Abs. 2 KSchG (+)
- Sozialauswahl gem. § 1 Abs. 3 KSchG, Kriterien: Lebensalter, Betriebszugehörigkeit, Unterhaltspflichten; Sozialauswahl (+)

Ergebnis: Die Kündigung der Berta ist wirksam, die Kündigungsfrist ist aber falsch berechnet; insoweit ist eine Kündigungsschutzklage empfehlenswert.

2 *Kündigung des Paul*

2.1 Es handelt sich um eine ordentliche Kündigung gem. § 622 BGB (+)

2.2 Die Kündigungserklärung ist zugegangen, § 130 BGB (+)

2.3 Schriftform gewahrt, § 623 BGB (+)

2.4 Keine Zustimmungserfordernisse, Ausschlussgründe oder Anzeigepflichten ersichtlich

2.5 Kündigungsfrist
- Gesetzliche Kündigungsfrist gem. § 622 Abs. 2 Nr. 1 BGB einen Monat zum Ende eines Kalendermonats, zu Ende Juli
- Vertragliche Kündigungsfrist sechs Wochen zum Quartalsende, bedeutet zu Ende September
- Vertragliche Kündigungsfrist länger, zulässig gem. § 622 Abs. 5 S. 3 BGB
- Längere Frist hat Vorrang, Günstigkeitsprinzip
- Umdeutung der Kündigung zum 31. 7. in eine Kündigung zum 30.9. gem. § 140 BGB (+)

2.6 Kündigungsschutz – Geltungsbereich s. o. (+)
- Kündigung betriebsbedingt; Unternehmerentscheidung, die Tätigkeit in Zukunft selbst zu verrichten nicht angreifbar (+)
- Keine absolute und keine relative Sozialwidrigkeit gem. § 1 Abs. 2 KSchG (+)
- Sozialauswahl gem. § 1 Abs. 3 KSchG nicht möglich, da Paul einziger ArbN, der in die Sozialauswahl einzustellen ist
- Klagefrist des § 4 KSchG beachten

Ergebnis: Da die Kündigung erst zum 30.9. wirksam wird, sollte Paul Klage erheben.

3 *Entgeltanspruch des Paul für den Juni*

3.1 Anspruch aus § 611 BGB i. V. m. dem Arbeitsvertrag entstanden

3.2 Anspruch für den 27. und 28.6. vormittags wegen Teilunmöglichkeit entfallen
- Fixschuldcharakter der Arbeit
- Teilunmöglichkeit
- Rechtsfolge, §§ 275 Abs. 1, 326 Abs. 1 BGB

3.3 Anspruch aufrechterhalten gem. § 629 BGB

- § 629 gibt nur einen Freizeitanspruch, keinen Entgeltanspruch

3.4 Anspruch aufrechterhalten gem. § 616 BGB
- Persönliche Verhinderung (+)
- Verhältnismäßig nicht erhebliche Zeit, Dauer des Arbeitsverhältnisses zur Dauer der Freistellung (+)
- Ohne Verschulden (+)
- Vertraglich nicht abbedungen (+)

Ergebnis: Paul Pansch hat für den Juni Anspruch auf volle Gehaltszahlung.

4 *Entgeltanspruch des Egon für Juni*

4.1 Anspruch gem. § 611 BGB i. V. m. Arbeitsvertrag entstanden (+)

4.2 Anspruch durch Aufrechnung teilweise erloschen, §§ 387, 389 BGB
- Aufrechnungslage
  →Aufrechenbarer Gegenanspruch aus §§ 280 Abs. 1, 241 Abs. 2 BGB
  →Begrenzung durch Arbeitnehmerhaftung: Bei einer betrieblichen Tätigkeit kann ein milderer Haftungsmaßstab herangezogen werden, ArbNHaftung abhängig vom Grad des Verschuldens, hier wohl grobe Fahrlässigkeit (ausdrückliche ArbGAnweisung!), deshalb keine Begrenzung der ArbNHaftung
- Aufrechnungserklärung § 388 BGB (+)
- Zulässigkeit der Aufrechnung gem. §§ 394 BGB, 850 ff. ZPO, bei einem Einkommen von 1.500 € netto und keinen Unterhaltspflichten sind gegenwärtig 298 € aufrechenbar.

Ergebnis: Lohnabzug von 250 Euro muss im Juni hingenommen werden.

Bibliografische Information der Deutschen Nationalbibliothek
Die Deutsche Nationalbibliothek verzeichnet diese Publikation in der Deutschen Nationalbibliografie; detaillierte bibliografische Daten sind im Internet über http://dnb.dnb.de abrufbar

ISBN 978-3-648-08458-8 Bestell-Nr. 00730-0013

Prof. Dr. Irmgard Küfner-Schmitt
Arbeitsrecht
13., aktualisierte Auflage 2016

www.haufe.de
info@haufe.de

Redaktion: Ulrich Leinz, Berlin
Redaktionsassistenz: Christine Rüber
Umschlag: Kienle gestaltet, Stuttgart
Umschlagentwurf: RED GmbH, Krailing
Druck: BELTZ Bad Langensalza GmbH, Bad Langensalza

Stichwortverzeichnis